METODOLOGÍAS INNOVADORAS EN LA ENSEÑANZA DEL DERECHO: A LA VANGUARDIA EN LA EDUCACIÓN JURÍDICA

METODOLOGÍAS INNOVADORAS EN LA ENSEÑANZA DEL DERECHO: A LA VANGUARDIA EN LA EDUCACIÓN JURÍDICA

EDICIÓN 2024

Dirección

José Manuel López Jiménez

Decano de la Facultad de Ciencias Jurídicas y Económicas de la Universidad Isabel I

Virginia Saldaña Ortega

Directora del Grado en Derecho de la Universidad Isabel I
Vicesecretaria del Instituto Eurolatinoamericano de Estudios para la Integración

Ester Renedo Santamaría

Coordinadora del Grado en Derecho Universidad Isabel I

COLEX 2024

Calle Costa Rica, número 5, 3.º B (local comercial)
A Coruña, 15004, A Coruña (Galicia)
info@colex.es
www.colex.es

I. S. B. N.: 978-84-1194-646-9
Depósito legal: C 1391-2024

SUMARIO

CARTA AL LECTOR

1. LAS PÍLDORAS VIRTUALES COMO ACTIVIDAD COMPLEMENTARIA EN LA ENSEÑANZA DEL DERECHO

Joel Harry Clavijo Suntura

(Pág. 15)

2. EL CINE Y LAS SERIES COMO METODOLOGÍA DOCENTE DEL DERECHO Y LA CRIMINOLOGÍA

Albert González Jiménez

(Pág. 31)

3.
LA INNOVACIÓN DOCENTE EN EL ÁMBITO DEL DERECHO MIGRATORIO. PERSPECTIVAS DE UN ABOGADO DE EXTRANJERÍA

Jorge A. Jiménez Carrero

(Pág. 45)

4.
EL MARCO LEGISLATIVO DE LA FORMACIÓN VIRTUAL EN EL ÁMBITO UNIVERSITARIO Y LA FORMACIÓN PROFESIONAL

José Manuel López Jiménez y Luis Sebastián Castañares

(Pág. 59)

5.
LOS PÓDCAST COMO HERRAMIENTA DE APRENDIZAJE EN EL DERECHO

Marina Martín Moro

6.
LAS CLÍNICAS JURÍDICAS COMO FORMA DE APRENDIZAJE PRÁCTICO DEL DERECHO

Benjamín Moreno Montes de Oca

7.
A 100 AÑOS DE SU APARICIÓN: APLICACIÓN DE *EL PROCESO* DE KAFKA A LA DIDÁCTICA DE LA TEORÍA DEL DERECHO

Luca Moratal Roméu

8.
LA ENSEÑANZA DEL DERECHO EN UN MUNDO DIGITALIZADO Y GLOBAL

Nuria Puentes Ruiz

9.
MÁS ALLÁ DEL AULA VIRTUAL: LA SINFONÍA DE MOODLE Y REDES SOCIALES EN LA ENSEÑANZA

Ester Renedo Santamaría

10.
LA IMPORTANCIA DE LA ENSEÑANZA DE OTROS MÉTODOS DE ENTENDIMIENTO DEL OBJETO DE ESTUDIO EN LAS CIENCIAS JURÍDICAS Y CRIMINOLÓGICAS

Myriam Rodríguez Lorenzo

(Pág. 161)

11.
LA SIMULACIÓN DE JUICIOS A TRAVÉS DE MEDIOS TELEMÁTICOS

Alberto Manuel Santos Martínez

(Pág. 179)

12.
EXPERIENCIAS EN LA GAMIFICACIÓN DE LA ENSEÑANZA EN DERECHO PROCESAL: DE LO ANALÓGICO A LO VIRTUAL

Ana María Vicario Pérez

(Pág. 193)

CARTA AL LECTOR

La obra colectiva, que el lector tiene en sus manos, es resultado del trabajo realizado en el I Congreso Internacional sobre Innovación Docente en el Ámbito de las Ciencias Jurídicas que tuvo lugar el 6 de mayo de 2024 y organizado por la Universidad Isabel I. En él, docentes e investigadores nacionales e internacionales reflexionaron sobre las principales metas de la docencia jurídica del siglo XXI. El concepto de innovación, paradójicamente, no es en sí mismo contemporáneo, sino que a lo largo de la historia ha convivido con la sociedad en todos los ámbitos posibles. En la actualidad, sin embargo, la innovación en el ámbito docente en general, y en las ciencias jurídicas de forma más específica, aparece indisolublemente unida a las nuevas tecnologías. Efectivamente, y tras la denominada Revolución Industrial 4.0 y más recientemente con el estallido de la pandemia derivada de la Covid-19, los conceptos de espacio y tiempo, así como el uso de las nuevas tecnologías han observado una incidencia innegable en el ámbito docente, hecho este que en caso alguno debe considerarse exclusivo ni excluyente.

En esta obra colectiva investigadores de reconocido prestigio en sus diversas áreas ofrecen una reflexión sobre la enseñanza de una disciplina tradicionalmente tendente a lo estático que debe asumir que el Derecho, en su vertiente global, excede de las propias titulaciones jurídicas lo que propicia una necesidad de su conocimiento no sólo entre aquellos que ejercen esta disciplina si no en la sociedad en su conjunto. La docencia clásica en el ámbito del Derecho tiene su origen en Roma y ha caracterizado la formación jurídica durante milenios en una metodología unidireccional en la cual el alumno ejercía de elemento pasivo sin tener un acceso sencillo a la información más allá de lo expuesto por el docente o los manuales al uso.

Sin embargo, en la actualidad, el estudiante dispone de sistemas ilimitados de acceso a la información lo que supone por una parte una mayor posibilidad de conocimiento y contraste y por otra, la necesidad de desarrollar más si cabe el espíritu crítico del alumno a la hora de analizar la corrección de la información recibida. Es por ello que a través de los excelentes capítulos que conforman este monográfico podrá el lector aventurarse en los nuevos retos que afrontan las ciencias jurídicas en relación con la introducción de nuevas metodologías como pueden ser la incorporación de las píldoras formativas o los pódcast, la inclusión de las redes sociales como herramienta de aprendizaje o la gamificación.

Pero, sobre todo, se observará un carácter abierto al cambio y a la modernidad docente en el que la innovación constituirá una herramienta inseparable de nuestra evolución profesional.

1.

LAS PÍLDORAS VIRTUALES COMO ACTIVIDAD COMPLEMENTARIA EN LA ENSEÑANZA DEL DERECHO[1]

Joel Harry Clavijo Suntura

Profesor Ayudante Doctor de Derecho Civil. Universidad Complutense de Madrid

joelclav@ucm.es

SUMARIO: 1.1. Introducción. 1.2. La implementación de los recursos virtuales. 1.3. La terminología y definición de las píldoras virtuales. 1.4. Tiempo de duración de las píldoras virtuales. 1.5. Utilidad de las píldoras virtuales. 1.6. Ámbito de aplicación de las píldoras virtuales. 1.7. Retos en la aplicación de las píldoras virtuales. 1.8. Conclusiones. 1.9. Bibliografía.

RESUMEN: El trabajo tiene como objetivo analizar la implementación de las píldoras virtuales como actividad complementaria en la enseñanza del derecho. En ese marco, se comenzará el trabajo con una breve introducción sobre el estado del arte doctrinal y el avance que ha tenido esta herramienta en el último cuarto de siglo. Luego, se analizará su implementación que de forma paulatina se ha incrementado en el último tiempo. Asimismo, se realizará un estudio sobre la terminología que se caracteriza por no ser uniforme y su definición que de forma general tiene objetivos parecidos. Igualmente, se valorará el tiempo recomendable de duración para que sea considerada como una herramienta útil. Posteriormente, se debatirá su ámbito de aplicación y los retos que conlleva su aplicación en función de los actores nativos y no nativos digitales. Finalmente, el trabajo concluye con una serie de con-

1 El presente trabajo se ha realizado como parte del proyecto de innovación docente: Desarrollo de competencias escritas y orales para la elaboración de los Trabajos Fin de Grado, concedido por la Universidad Complutense de Madrid para la gestión 2024-2025 en la modalidad INNOVA-DOCENCIA (Decreto Rectoral 28/2023 de 28 de junio, BOUC 29 de junio de 2023).

clusiones sobre el tema propuesto. En esa línea, se priorizará su utilización como un recurso complementario válido no solo para la modalidad de enseñanza no presencial que comprende la enseñanza sincrónica y asincrónica, sino también para la modalidad de enseñanza presencial. En cuanto a la metodología de trabajo se recurre especialmente a los métodos analítico e interpretativo y comparativo.

PALABRAS CLAVE: Actividad complementaria; Enseñanza del Derecho; Píldoras virtuales; Modalidad presencial; Modalidad virtual.

1.1. Introducción

A modo de introducción se debe señalar que la inclusión de las píldoras virtuales como actividad complementaria en la enseñanza del Derecho, hasta hace unos años era un tema que resultaba ajeno y extraño al mundo académico. De hecho, en la actualidad para quienes tienen una visión conservadora y tradicional sobre la enseñanza en los centros universitarios su inclusión en el ámbito de la enseñanza del Derecho es resistida, aunque con menos intensidad que en un principio.

En cuanto al estado del arte sobre el tema, de forma general debemos señalar que la tecnología multimedia interactiva se inicia aproximadamente el año 1985, su contenido se caracteriza por tener un medio de comunicación bidireccional entre el usuario y la máquina[2]. La máquina, ordenador para entender mejor reacciona a solicitud y necesidad del usuario, profesor como sujeto transmitente y estudiante en nuestro caso cuando accede al contenido de los recursos.

Posteriormente, entre los años 2000 y 2001 el profesor David Wiley afirma que la característica principal de los recursos digitales consiste en que pueden ser utilizados y reutilizados para apoyar el proceso de aprendizaje[3]. En

2 Maquilón Sánchez, J. J., y otros, «La Realidad Aumentada (RA). Recursos y propuestas para la innovación educativa», en *Revista Electrónica Interuniversitaria de Formación del Profesorado*, Vol. 20 (2), 2017, pág. 196, afirman que «La tecnología multimedia interactiva podríamos aproximar que se inicia hacia 1985. Desde el punto de vista de la comunicación, podríamos decir que se basa en el principio de la comunicación interactiva entre el usuario y el contenido. Es decir, en un proceso interactivo se produce una retroalimentación, una comunicación bidireccional entre el usuario y la máquina, en el cual la máquina "reacciona" en tiempo real a una acción del usuario sobre ella».

3 *Vid.* Wiley, D. A., «Connecting learning objects to instructional design theory: a definition, a Metaphor and a taxonomy use of learnings objects», en *The instructional use of learning objects*, obra colectiva, coordinador Wiley, D. A., Agency for instructional technology and Association for educational communications and technology, Indiana, 2002, págs. 3-24. Por su parte, Crespo Miguel, M., y Sánchez Saus Laserna, M., «Píldoras formativas para la mejora educativa universitaria: el caso del Trabajo de Fin de Grado en el Grado de Lingüística y Lenguas Aplicadas de la Universidad de Cádiz», en *Revista Education in the Knowledge Society (EKS)*, Vol 21 (10), 2020, pág. 2, señalan que las píldoras formativas: «...tienen como objetivo reforzar la comprensión de conceptos complejos».

nuestro caso, en función del tema objeto de estudio el apoyo en el proceso de aprendizaje se ajusta a la complementariedad en el estudio de una determinada asignatura.

Luego, en épocas recientes, concretamente el año 2010 los profesores Maceiras, Cancela y Goyanes en su artículo sobre la aplicación de nuevas tecnologías en la docencia universitaria utilizan forma expresa el término «píldoras del conocimiento»[4]. En cuanto a la terminología utilizada como se podrá observar en el apartado tercero del trabajo no es uniforme, prueba de ello es que nosotros nos decantamos por la utilización del término píldoras virtuales, porque se ajusta mejor al objetivo del trabajo que radica en su implementación como recurso complementario.

No obstante, el fenómeno de la pandemia el año 2020 marca un antes y después en cuanto a la utilización de este término en el ámbito de la enseñanza, aspecto que posteriormente se expande al ámbito de la enseñanza del Derecho, por cuanto los modelos tradicionales de enseñanza presencial se ven en la necesidad de reajustar el modelo y transformar su contenido a un modelo semipresencial híbrido o incluso a un sistema en su totalidad no presencial.

En ese marco, de forma acertada se afirma que la aparición del COVID 19 repercute en la sustitución de parte de la educación presencial por la educación no presencial, que conlleva la implementación de recursos tecnológicos mediante plataformas digitales[5]. Al respecto, resulta oportuno puntualizar que más que sustituirse la educación presencial por la educación *on line*, ambos sistemas se complementan o mejor dicho los recursos virtuales pueden ser aplicados a ambas modalidades de enseñanza. Es decir, a la modalidad presencial, a la modalidad no presencial o inclusive a un modelo híbrido de enseñanza.

Hasta ese entonces los recursos virtuales eran más propios de la enseñanza *on line*. Sin embargo, la pandemia obliga a reconvertirse a los centros universitarios que primero adoptan una educación híbrida, y luego de la pandemia los centros educativos exclusivamente presenciales amplían y consolidan su oferta académica al ámbito de la enseñanza *on line*, ya sea en sus modalidades sincrónica, o bien asincrónica.

---

4 MACEIRAS, R., y otros, «Aplicación de nuevas tecnologías en la docencia universitaria», en *Revista formación universitaria* Vol. 3(1), 2010, págs. 21-26.

5 FINEZ SILVA, M. J., y otros, «Las pildoras educativas: Su valoración por los estudiantes de Grado de la Universidad de León», en *Revista International Journal of Developmental and Educational Psychology*, Vol. 1 (2), 2021, pág. 294, además señalan que: «Esto coloca a los profesores universitarios en un escenario obligatorio donde poner a prueba su adaptación a los nuevos recursos. Las Píldoras Educativas se proponen como uno de los nuevos recursos a utilizar en el contexto de la Educación Superior».

La estructura del trabajo contempla en primer término una breve introducción sobre el tema que contempla el estudio del arte. Luego de ello, se analiza la implementación de los recursos virtuales. Posteriormente, se realiza un estudio sobre la terminología y su definición. Igualmente, se valorará el tiempo recomendable de duración para que sea considerada como una herramienta útil. Luego, se estudia su ámbito de aplicación y los retos que conlleva su aplicación. Finalmente, el trabajo concluye con una serie de conclusiones sobre el tema propuesto. En cuanto a la metodología de trabajo, nos abocamos a realizar un estudio doctrinal como parte de la dogmática jurídica, es así que recurrimos especialmente a los métodos analítico e interpretativo, así como al método comparativo.

1.2. La implementación de los recursos virtuales

En la actualidad sin titubear se puede afirmar que los recursos virtuales ya forman parte del ámbito de la enseñanza[6]. En nuestro caso, del ámbito de la enseñanza del derecho en mayor y menor medida, porque hay que resaltar que la modalidad presencial de enseñanza —especialmente después de la pandemia— también recurre a los recursos digitales, aunque solo sea para transmitir información general, por ejemplo, apuntes, resúmenes y diapositivas del contenido de las guías docentes.

En función del tema planteado como objetivo de trabajo vamos a referirnos a los contenidos digitales que comprenden los recursos virtuales. Al respecto, conviene puntualizar que no es nuestra intención reemplazar el método tradicional de enseñanza del derecho que, si bien ya ha sufrido un cambio del conductismo al constructivismo —aunque en algunos casos se mantiene la clase magistral como principal instrumento de transmisión de conocimientos—, no deja de basarse en fuentes formales de enseñanza, llámese manuales, obras clásicas del derecho, y artículos científicos como parte de la dogmática jurídica, así como la normativa y Jurisprudencia que también forman parte de la dogmática jurídica.

En esa línea, somos partidarios de incluir los recursos virtuales como método complementario en la enseñanza del derecho en los grados presenciales de enseñanza, porque las instituciones universitarias de enseñanza *on line*, o bien de enseñanza bajo un modelo híbrido ya tienen asumido este tema.

La inclusión de los recursos virtuales —especialmente— es recomendable en los primeros cursos de estudio del Grado en derecho, porque la transición

6 Rodríguez González, V., y otros, «La transición a las aulas virtuales en la acción pedagógica en criminología», en *Conexiones digitales: Las tecnologías como puentes de aprendizaje,* obra colectiva, coodinadores Hervas Gómez, C., y otros, Dykinson, Madrid, 2023, pág. 121, afirman «...estamos viviendo un cambio significativo en las formas de educación y en las condiciones de producción y distribución de la información en el ámbito educativo».

entre el colegio y la universidad requiere un proceso de inmersión y adaptación, por cuanto, salvo excepciones los estudiantes no ingresan a la universidad con conocimientos sólidos sobre la importancia que tienen las fuentes formales —nuevamente hacemos hincapié en los manuales y artículos científicos— para el estudio del derecho[7]. Por este motivo, en primer término, conviene focalizarse en lograr una enseñanza efectiva, que no en todos los casos se logrará únicamente con material de lectura.

Así pues, antes de profundizar en el estudio de una determinada asignatura, concretamente de una determinada figura jurídica, los estudiantes deben familiarizarse con los conceptos básicos, solo una vez que adquieran estos conocimientos se puede profundizar el estudio de una figura jurídica que, por ejemplo, incluye el estudio de diferentes teorías, especialmente cuando no existe uniformidad de criterio en cuanto a su comprensión, alcance, o bien aplicación[8].

En esa línea, el estudiante en ocasiones cuando enfrenta problemas de comprensión o cuando el estudio de una figura jurídica le genera dudas, suele recurrir a información informal alojada en diferentes espacios digitales lo que, en muchos casos en lugar de aclarar las controversias suscitadas, las ahonda porque no son fuentes formales de enseñanza, incluso pone en entredicho lo afirmado por el profesor. En ese sentido, que mejor que sea el profesor como intermediador de la enseñanza quien aclare las dudas mediante la inclusión de recursos virtuales complementarios como elementos que refuercen la formación integral de los alumnos en el estudio del derecho.

En cuanto a las fuentes formales de estudio, resulta oportuno destacar que en los primeros cursos suele ocurrir en el caso de las lecturas complementarias que los estudiantes no recuerdan inclusive quién es el autor del artículo científico, no porque no quieran, sino porque todavía no tienen asimilado o no conocen lo que implica la importancia que tiene por ejemplo cuando hay posturas doctrinales diferentes.

En ese marco, no está por demás puntualizar la importancia que tiene aprender a presentar los trabajos citando a todas las fuentes utilizadas de forma correcta, que también les será de utilidad para el desarrollo del Trabajo

---

7 Al respecto, Crespo Miguel, M., y Sánchez Saus Laserna, M., «Píldoras formativas para la mejora educativa universitaria: el caso del Trabajo de Fin de Grado en el Grado de Lingüística y Lenguas Aplicadas de la Universidad de Cádiz», *op. cit.*, pág. 3, afirman que: «Muchos de los alumnos desconocen la metodología de la investigación, así como las técnicas para validar o refutar hipótesis, lo que se traduce en necesidad de tutelaje constante para resolver más dudas de la metodología científica que del trabajo a desarrollar en sí».

8 Martínez Abad, F., y Hernández Ramos, J. P., «Flipped Classroom con píldoras audiovisuales en prácticas de análisis de datos para la docencia universitaria. Percepción de los estudiantes sobre su eficacia», en *Propuesta de Innovación Educativa en la Sociedad de la Información*, obra colectiva, coordinadores Pérez Aldeaguer, S., y otros, Adaya Press, Eindhoven, pág. 96,

de Fin de Grado (TFG). Al respecto, cabe resaltar que de ello se ocupan actualmente algunos proyectos de innovación docente, incluyendo, entre otros, píldoras virtuales como recursos complementarios, o bien recurriendo a la gamificación o ludoteca jurídicas.

En cuanto a las píldoras virtuales, si bien es recomendable su implementación como actividad complementaria en la enseñanza del derecho, no está por demás puntualizar que forman parte de las Tecnologías de la Información y del Aprendizaje, más conocidas como TICs que entre una de sus finalidades contempla ampliar los escenarios del proceso de aprendizaje[9].

1.3. La terminología y definición de las píldoras virtuales

En primer término, antes de hacer referencia al término píldoras virtuales resulta oportuno hacer referencia al término píldoras formativas. Así pues, se afirma que las píldoras formativas son recursos consistentes de duración breve, llámese imágenes, gráficos, tablas, esquemas y mapas conceptuales, entre otros, que sirven como orientación y guía sobre temas concretos cuya implementación se realiza mediante diferentes aplicaciones, con la finalidad de captar la atención de los estudiantes de forma más dinámica e interactiva[10].

De esta forma, se deduce que las píldoras formativas en sentido amplio se asimilan al término píldoras virtuales, aunque por su contenido consideramos que el término más apropiado es este último, por cuanto hace énfasis en la virtualidad que es más propio de la enseñanza no presencial. En cambio,

---

9 Por su parte, Martínez Abad, F., y Hernández Ramos, J. P., «Flipped Classroom con píldoras audiovisuales en prácticas de análisis de datos para la docencia universitaria. Percepción de los estudiantes sobre su eficacia»
op. cit., pág. 96, afirman que: «las Tecnologías de la Información y la Comunicación (TIC) son incorporadas como herramientas educativas dentro de una metodología docente innovadora», afirman que existe una: «Valoración positiva de los estudiantes de la incorporación de vídeos didácticos en la docencia de materias abstractas. Parece que, tras el desarrollo de la experiencia, los estudiantes son más conscientes del potencial didáctico de los vídeos en la enseñanza de contenidos abstractos. Así queda reflejado en su alta valoración de la mayor parte de los ítems de la dimensión de la satisfacción con las píldoras».

10 De forma concreta, Colomo, E., y Aguilar, A. I., «Píldoras virtuales en la educación online posibilidades y limitaciones», en *Innovación docente y uso de las TIC en educación*, obra colectiva, coordinadores Ruíz Palmero, J., y otros, UMA editorial, Málaga, 2017, pág. 3, afirman que: «Son un recurso consistente en cursos o lecciones de una duración breve que sirven como orientación/especificación sobre temas concretos mediante varios recursos (imágenes, gráficos, mapas conceptuales, esquemas, tablas, etc.) que permiten captar la atención del estudiante, presentando la información de una manera más dinámica e interactiva. Se pueden reproducir con carácter ilimitado, detenerlas para repetir una secuencia concreta o seleccionar la parte deseada de la formación para su visualización».

el término píldoras formativas se encuentra más asimilado a la modalidad presencial de enseñanza.

Por su parte, se utiliza el término píldoras audiovisuales, que consisten en pequeñas piezas de material pedagógico con contenido audiovisual, que se encuentran diseñadas con el objetivo de complementar los modelos de enseñanza tradicionales para que los estudiantes comprendan conceptos que forman parte de una determinada asignatura[11]. Desde nuestro punto de vista, es el término que más se asemeja a la denominación píldoras virtuales, puesto que, describen las características de los videos. Igualmente, se resalta el hecho de que el objetivo principal de las píldoras virtuales consiste en que se utilizan de forma complementaria, aspecto que precisamente resaltamos en el desarrollo del trabajo[12].

Asimismo, las píldoras virtuales son denominadas también píldoras del conocimiento y en menor grado como dosis de conocimiento. A nuestro modo de ver, ambos términos no son propios de la virtualidad, sino que pueden ser implementados inclusive mediante una clase presencial de refuerzo. Motivo por el cual, una vez más consideramos que ambos términos son más propios de la enseñanza presencial, por lo que, desde nuestro punto de vista, consideramos que, al ser parte de las TICs, la denominación que más se ajusta es el término píldoras virtuales.

En cuanto al contenido, de forma general se afirma que la función de los recursos digitales consiste en dar una formación específica a necesidades inmediatas. sin que la ausencia de un experto en la temática demore la adquisición de los conocimientos abordados. De forma más concreta, se afirma que el contenido de las píldoras formativas comprende la presentación de videos. Sin embargo, la definición que más ajusta a las píldoras virtuales como recurso complementario de aprendizaje señala que los recursos digitales contemplan la inclusión de imágenes, videos o audios pregrabados[13].

En cuanto a los videos, resulta oportuno puntualizar que si bien en un momento dado la píldora virtual se caracterizaba únicamente por la grabación hablada del profesor. En la actualidad, se recurre no solo a los videos habla-

---

11 Martínez Abad, F., y Hernández Ramos, J. P., «Flipped Classroom con píldoras audiovisuales en prácticas de análisis de datos para la docencia universitaria. Percepción de los estudiantes sobre su eficacia», *op. cit.*, pág. 95, afirman que: «se debe añadir el hecho de que las píldoras audiovisuales deben ser entendidas como objetos de aprendizaje, esto es, recursos reutilizables en diversos contextos educativos y diversas materias».

12 Al respecto, Colomo, E., y Aguilar, A. I., «Píldoras virtuales en la educación online posibilidades y limitaciones», *op. cit.*, pág. 7, afirman que: «Cuando trabajamos con las píldoras formativas, estamos apostando por un recurso didáctico que debe complementar el proceso de enseñanza-aprendizaje, permitiéndonos lograr tanto la adquisición de las competencias estipuladas como los objetivos que se han fijado».

13 *Vid.* Woods, K., «The development and design of an interactive digital training resource for personal tutors», en *Revista Frontiers in education*, Vol. 5 (100), 2020, págs. 1-11.

dos sin más, sino que se recurre a la animación gráfica para crear esquemas puntuales, o bien a animaciones digitales para dar vida a personajes. Desde nuestro punto de vista, consideramos que las animaciones gráficas ayudan a destrabar la falta de comprensión sobre un determinado tema cuyo alcance no ha sido inicialmente comprendido por los estudiantes.

1.4. Tiempo de duración de las píldoras virtuales

En cuanto al tiempo de duración existe discrepancia sobre el tema para algunos el tiempo oscila entre 90 y 120 minutos, para otros entre 5 a 15 minutos, y finalmente hay quien considera que es un recurso de duración breve. Al respecto, consideramos desorbitante que una píldora virtual se extienda a 120 minutos, porque su duración se asemeja a una especie de clase magistral. En igual sentido, una píldora virtual de 15 minutos generará fatiga y desconcentración, por lo que perderé eficacia.

En ese sentido, debemos puntualizar con relación al tema objeto de estudio, que el término complementariedad, está ligado al tiempo de duración de cada píldora virtual, por lo que, se recomienda no extenderse a más de 5 minutos, porque de lo contrario perderá su finalidad que consiste en transmitir explicaciones puntuales y rápidas sobre un tema[14]. En esa línea, conviene puntualizar que una de las principales características de las píldoras virtuales consiste en que su contenido es condensado, con el objetivo de que cause mayor impacto y sea eficaz[15].

Además, que la extensión a más de 5 minutos corre el riesgo de generar cansancio visual y de concentración en los estudiantes, lo que le haría perder eficacia a la finalidad de la píldora virtual, que consiste en transmitir un contenido concreto sobre un tema desarrollado previamente en una unidad/lección de la asignatura. En ese sentido, una píldora virtual de larga duración se asemejaría a una lectura del texto, aspecto que consideramos importante diferenciar.

---

14 CRESPO MIGUEL, M., y SÁNCHEZ SAUS LASERNA, M., «Píldoras formativas para la mejora educativa universitaria: el caso del Trabajo de Fin de Grado en el Grado de Lingüística y Lenguas Aplicadas de la Universidad de Cádiz», *op. cit.*, pág. 2, señalan que las píldoras virtuales se crean: «...con el objeto de crear tutoriales audiovisuales de corta duración (5 min. máximo) como un recurso formativo para los jóvenes estudiantes, ampliamente familiarizados con este tipo de formato similar al utilizado en YouTube». A su vez, COLOMO, E., y AGUILAR, A. I., «Píldoras virtuales en la educación online posibilidades y limitaciones», *op. cit.*, pág. 6, destacan que: «las píldoras formativas representan un recurso multimedia que permite sintetizar, en videos cortos, las explicaciones sobre los contenidos a trabajar».

15 FINEZ SILVA, M. J., y otros, «Las pildoras educativas: Su valoración por los estudiantes de Grado de la Universidad de León», *op. cit.*, pág. 297, señalan que: «Las Píldoras Educativas se caracterizan por su condensación, mayor impacto, fácil accesibilidad y eficacia para comprender mejor los contenidos de las asignaturas».

Otro aspecto que condiciona la duración de la píldora virtual es la aplicación que se utiliza para transmitir el contenido complementario sobre un tema o sobre una figura jurídica, a modo de ejemplo, la herramienta TikTok permite grabar videos que duran hasta 60 segundos (1 minuto), que se extienden a 3 minutos cuando se trata de videos cargados por el profesor de la asignatura[16].

Al respecto, no está por demás puntualizar que la utilidad de los videos en la actualidad como material didáctico para el aprendizaje es una práctica que se ha extendido entre los docentes, por lo que, ya se aplica con cierta regularidad en los centros universitarios con resultados óptimos[17].

1.5. Utilidad de las píldoras virtuales

Uno de los motivos para justificar la implementación de las píldoras virtuales como recurso complementario de aprendizaje tiene relación con la experiencia positiva, de quienes en su momento detectaron que era necesario innovar en el modelo de enseñanza. En ese sentido, resulta oportuno hacer referencia a Gonzalo Chávez, profesor de economía, un defensor de la implementación de recursos virtuales en la enseñanza universitaria, que en su momento señalaba cuando el TikTok y otros recursos virtuales de ese tipo eran inconcebibles en el ámbito de la enseñanza universitaria, que a él le interesaba que los estudiantes asimilen y refuercen el contenido de lo que se les transmite durante el desarrollo de una asignatura y que por su experiencia como docente notaba que pocos estudiantes asimilaban los contenidos de las lecturas complementarias de la asignatura o inclusive había estudiantes que no leían los materiales complementarios[18].

16 *Vid.* TikTok, «Herramientas de la cámara», disponible en: https://support.tiktok.com/es/using-tiktok/creating-videos/camera-tools# Por su parte, Flores Borjabad, S. A., «El uso de TikTok como herramienta de innovación docente para mejorar la producción y la comunicación oral en lengua francesa», en *Conexiones digitales: Las tecnologías como puentes de aprendizaje,* obra colectiva, coodinadores Hervás Gómez, C., y otros, Dykinson, Madrid, 2023, pág. 641, afirma sobre el tema lo siguiente: «De este modo, esta aplicación se caracteriza por tener una esencia diferente, en tanto que se da cabida a un contenido más esporádico, donde lo que importa no es tanto cómo es el contenido, sino el propio contenido en sí. Asimismo, es un contenido fácil de consumir, ya que se trata de vídeos cortos».

17 Sobre el tema, Maquilón Sánchez, J. J., y otros, «La Realidad Aumentada (RA). Recursos y propuestas para la innovación educativa», *op. cit.*, págs. 184 y 195 afirman que: «Hacer y ver a diario... videos digitales está al alcance de todos». En esa misma línea, señalan que: «La eficiencia del aprendizaje pormedio de videos está hoy día asumida. El aprendizaje de determinados contenidos y las plataformas de aprendizaje a distancia y online basadas en videoscomo material didáctico para el aprendizaje, es una práctica común actualmente en todas las universidades del mundo».

18 *Vid.* Corrales Arandia, G., «Nostradamus Chávez, el analista que fusiona la economia y el humor», disponible en: https://www.lostiempos.com/oh/actualidad/20221024/nostradamus-chavez-analista-que-fusiona-economia-humor

Es así como advirtió que uno de los medios virtuales que utilizaban con frecuencia los estudiantes era la aplicación TikTok, que era utilizada como un recurso de ocio, por lo que, decidió adentrarse en este mundo virtual, con el objetivo de subir contenidos puntuales relacionados con la asignatura de enseñanza, de tal forma que los estudiantes puedan aprender mediante una herramienta que ellos conocen bien y que es visitada de forma periódica —concretamente todos los días—, así consideraba que les sería más interesante a los estudiantes estudiar determinados contenidos de la asignatura[19].

Al respecto, conviene puntualizar sin ánimo de hacer propaganda por una determinada aplicación, que la utilidad de TikTok radica en que permite grabar videos de corta duración, motivo por el cual, los estudiantes recurren a esta herramienta, por lo que, se convierte en una herramienta idónea para que los profesores puedan transmitir contenidos puntuales y concretos de corta duración relacionados con una asignatura[20]. No obstante, el profesor tiene libertad de recurrir a cualquier aplicación que le permita transmitir información a los estudiantes siempre y cuando no sean extensos para que la píldora virtual no pierda la eficacia que se busca con su contenido.

En función de ello, aunque estudiar es una responsabilidad de los estudiantes independientemente del medio que se utilice, resulta oportuno adentrarse en el mundo virtual en que los estudiantes viven, En esa línea, también cabe puntualizar que, de lo contrario se corre el riesgo de que se abra una brecha digital entre los profesores y los estudiantes, porque la comunicación se limitaría al ámbito presencial, o bien a subir contenidos en espacios virtuales de enseñanza sin que exista interactuación bidireccional entre el profesor y el estudiante. Al respecto, de forma acertada se afirma que las píldoras virtuales se convierten en un recurso atractivo e innovador que motiva a los estudiantes, especialmente a los estudiantes que son considerados como nativos digitales que se encuentran muy compenetrados con el método *on line*[21].

En ese sentido, bien sabemos que los estudiantes —como gran parte de la sociedad— convivimos la mayoría de tiempo con nuestros móviles, en el

---

19 Al respecto, CORRALES ARANDIA, G., «Nostradamus Chávez, el analista que fusiona la economia y el humor», *op. cit.*, en su artículo de opinión nos transmite la experiencia de Gonzalo Chávez, quien afirma: «...me di cuenta ya hace mucho tiempo que era imprescindible llegar a los jóvenes de diferente manera, cómo leen, qué hacen, qué dicen, cómo perciben las cosas. Entonces decidí que tenía que abrir un canal de comunicación con los jóvenes. Ahora, no significa que todos los de tiktoks son para los jóvenes, pero es sobre todo una red social que se dirige a ellos».

20 Sobre el tema FLORES BORJABAD, S. A., «El uso de TikTok como herramienta de innovación docente para mejorar la producción y la comunicación oral en lengua francesa», *op. cit.*, pág. 635, además de lo citado afirma que: «...esta red social es una de las más utilizadas por nuestros alumnos, por lo que se sienten cómodos a la hora de realizar la actividad».

21 FINEZ SILVA, M. J., y otros, «Las pildoras educativas: Su valoración por los estudiantes de Grado de la Universidad de León», *op. cit.*, pág. 295.

caso de los estudiantes mucho más que con un ordenador de mesa o portátil, tampoco es de sorprender que no en pocos casos a pesar del tamaño de los móviles los estudiantes recurren a estos dispositivos para estudiar. Por lo que, las píldoras virtuales se convierten en un recurso ideal para que puedan ser vistos por los estudiantes en sus móviles, especialmente cuando no se encuentran en su domicilio o se encuentran en movimiento, por ejemplo, en el transporte público. En esa línea, de forma acertada se afirma que los estudiantes tienen la posibilidad de estudiar a su ritmo según la disponibilidad de tiempo que tengan[22].

Asimismo, las píldoras virtuales se convierten en un recurso animado práctico y dinámico, a diferencia de una clase tradicional que en ocasiones puede resultar según el tema un tanto tedioso y hasta difícil de comprender. Así pues, de forma atinada se afirma que las píldoras virtuales son un medio idóneo al que los docentes pueden recurrir con la finalidad de reforzar conceptos de la asignatura, así como para motivar a los alumnos y ayudarles en su proceso de formación académica[23]. En ese marco, se señala que las píldoras virtuales tienen como objetivo enseñar y reforzar conceptos concretos captando la atención del estudiante de una forma atractiva e interactiva[24]. Al

---

22 Al respecto, FLORES BORJABAD, S. A., «El uso de TikTok como herramienta de innovación docente para mejorar la producción y la comunicación oral en lengua francesa», *op. cit.*, pág. 637, afirma con relación al tema que: «Se fomenta activamente la colaboración entre profesores y estudiantes en el aula...Además los estudiantes tienen la flexibilidad de adquirir el contenido de la clase en casa utilizando una amplia gama de recursos y pueden avanzar a su propio ritmo».

23 CRESPO MIGUEL, M., y SÁNCHEZ SAUS LASERNA, M., «Píldoras formativas para la mejora educativa universitaria: el caso del Trabajo de Fin de Grado en el Grado de Lingüística y Lenguas Aplicadas de la Universidad de Cádiz», *op. cit.*, pág. 7, además afirman que las píldoras virtuales: «...se pueden visualizar desde cualquier dispositivo con acceso a internet, llegan masivamente a todos los alumnos, su visualización puede repetirse las veces que sea necesario y su corta duración hace que se centre en aspectos determinantes observados por los tutores, todo ello en un formato que los alumnos relacionan con el ocio y la diversión».

24 FINEZ SILVA, M. J., y otros, «Las pildoras educativas: Su valoración por los estudiantes de Grado de la Universidad de León», *op. cit.*, pág. 294, además afirman que: «pesar de su brevedad, implican un análisis profundo de la materia». Al respecto, discrepamos de esta postura, porque con un video de corta duración no es posible profundizar el estudio de una asignatura. Por su parte, COLOMO, E., y AGUILAR, A. I., «Píldoras virtuales en la educación online posibilidades y limitaciones», *op. cit.*, pág. 7, afirman que: «Las píldoras formativas en formato video nos permiten abordar con el alumnado distintos contenidos con una visión rápida. Se trata de un recurso muy práctico y es más dinámico, motivador y atractivo que un texto extenso o una presentación con diapositivas. A nivel clase, con el video podemos presentar cualquier asignatura y contenido, centrándonos exclusivamente en lo más relevante, desde un enfoque más atractivo para el alumnado, pudiendo así generar una mayor curiosidad de cara al proceso de enseñanza-aprendizaje. Se puede implementar en diferentes momentos de la sesión (incluso previa o posteriormente) con diferentes intenciones (complemento, síntesis, debate, etc.) según el enfoque que queramos darle».

respecto, a diferencia de lo que acontecía en una época reciente, conviene resaltar que cada vez más se prefiere interactuar mediante la implementación de recursos virtuales[25].

En cuanto a su comprensión, el recurso virtual tiene la facilidad de poder ser visto repetición mediante un número ilimitado de veces no solo en un determinado lugar, sino en diferentes espacios de tiempo y sin un horario determinado[26]. Esto, a diferencia de una lectura principal, o bien complementaria que conlleva más tiempo y que no en pocos casos debido a su extensión no es leída por los estudiantes porque no resulta atractiva, o bien porque los estudiantes no logran concentrarse lo suficiente como para asimilar el contenido del recurso escrito.

1.6. Ámbito de aplicación de las píldoras virtuales

En sentido amplio, las píldoras virtuales se ajustan al espacio virtual de enseñanza, de forma concreta, se ajustan a la modalidad asincrónica de enseñanza virtual, porque su contenido puede ser reproducido según la disponibilidad de horario de cada estudiante[27]. Sin embargo, conviene puntualizar que las píldoras virtuales no solamente forman parte de la modalidad de enseñanza virtual, sino que pueden ser utilizadas sin reparo alguno en el modelo de enseñanza presencial como un elemento complementario de enseñanza.

Al respecto, bien se afirma que los espacios de aprendizaje presenciales pueden convivir con los espacios virtuales de enseñanza, denominados según el caso modalidades de enseñanza mixta o híbrida[28]. No obstante,

25 WOODS, K., «The development and design of an interactive digital training resource for personal tutors», *op. cit.*, pág. 10, afirma que: «The case study illustrates that staff engagement with institutional training is likely to be more successful if delivered through digital systems which staff are already familiar with and easy to access. Moreover, it evidences that staff appreciate interactive training that includes a range of engaging mixed media and that is designed as a learning activity, rather than a didactic informational resource. In terms of content, it seems that staff prefer to be provided with a limited amount of text which communicates key messages in a clear, engaging and warm tone, with further detail being provided in links to resources».

26 Sobre el tema, FINEZ SILVA, M. J., y otros, «Las pildoras educativas: Su valoración por los estudiantes de Grado de la Universidad de León», *op. cit.*, pág. 295 señalan que: «Otra característica es que pueden ser visionadas de forma repetida».

27 Al respecto, RODRÍGUEZ GONZÁLEZ, V., y otros, «La transición a las aulas virtuales en la acción pedagógica en criminología», *op cit.*, pág. 130, afirman que: «Los conceptos de aprendizaje asincrónico sin restricciones geográficas y capaz de multiplicar los entornos de aprendizaje reflejan las condiciones bajo las cuales la educación superior está cambiando en el mundo moderno».

28 RODRÍGUEZ GONZÁLEZ, V., y otros, «La transición a las aulas virtuales en la acción pedagógica en criminología», *op cit.*, págs. 126 y 127, afirman que: «Los espacios de aprendizaje y sus aulas son ahora espacios presenciales que conviven con nuevos espacios virtua-

conviene resaltar que la enseñanza mixta comprende la enseñanza semipresencial que contempla la enseñanza presencial y la enseñanza virtual que puede ser sincrónica o asincrónica. Asimismo, resulta oportuno puntualizar que las píldoras virtuales como elemento complementario de aprendizaje si bien forman parte de la modalidad asincrónica de enseñanza, sin perder su esencia pueden ser implementados en los modelos de enseñanza presencial como un elemento de aprendizaje complementario. De una u otra forma, la tendencia actual entre los estudiantes se decanta por la utilización de recursos virtuales en desmedro de la metodología tradicional de enseñanza, nos referimos de forma concreta a la clase magistral[29].

1.7. Retos en la aplicación de las píldoras virtuales

En primer término, debemos hacer referencia a los conocimientos de las TICs, por parte de los profesores como operadores activos en la implementación de los recursos virtuales, el contratiempo que afrontan las píldoras virtuales consiste en que los profesores se deben capacitar para utilizar estos recursos de forma óptima[30]. Aspecto que implica dedicar un tiempo determinado a ello.

No obstante, tomando en cuenta que los recursos virtuales han llegado para no irse, corresponde a los profesores —sin ánimo de generalizar—

les denominados modalidades mixtas o híbridas... El discurso que surge de la distinción entre lo inmediato/cercano y lo virtual/lejano consiste en superar la idea de que el aula presencial es un espacio material/real y por tanto natural de la acción pedagógica y que lo virtual es la clase de Imitación o una prolonga-ción de la misma, pero a distancia y por tanto artificial». Por su parte, MAQUILÓN SÁNCHEZ, J. J., y otros, «La Realidad Aumentada (RA). Recursos y propuestas para la innovación educativa», *op. cit.*, pág. 196, señalan que: «En educación, tiene un cierto componente de novedad la creación de videos, de video tutoriales, video conferencias, video tutorías. Estas están integradas hoy día en cualquier programa de formación online y, aunque tal vez no tanto en las escuelas de formación presencial, todo alumno hoy día recurre a videotutoriales online y a vídeos como recurso didáctivo efectivo».

29 De forma concreta, en un estudio realizado por FINEZ SILVA, M. J., y otros, «Las pildoras educativas: Su valoración por los estudiantes de Grado de la Universidad de León», *op. cit.*, pág. 298, «En cuanto a la comparación de las Píldoras Educativas con la metodología tradicional, los estudiantes informaron de que preferían la nueva metodología en un porcentaje muy elevado».

30 MAQUILÓN SÁNCHEZ, J. J., y otros, «La Realidad Aumentada (RA). Recursos y propuestas para la innovación educativa», *op. cit.*, pág. 197 con relación a la Realidad Aumentada (RA) afirman que: «Aplicar un recurso innovador suele conllevar un cierto esfuerzo formativo. Si además se trata de una tecnologia emergente, que esta aun en desarrollo, este factor puede hacer al docente no considerar la RA como un recurso plausible», Sin embargo, como bien señalan: «Así como el uso de una pizarra digital interactiva puede aprenderse por parte del docente en unas pocas horas, el uso de la RA también tiene algunas modalidades de aprendizaje sencillo».

actualizarse en ese rubro, especialmente quienes todavía no lo han hecho. Esto resulta imprescindible, porque los estudiantes a su vez no solo son receptivos a los recursos virtuales, sino que exigen que estos recursos sean de calidad[31].

Al respecto, consideramos que a medida que transcurra el tiempo y el el ámbito universitario únicamente se encuentre formado por nativos digitales, la brecha digital que existe en la actualidad entre nativos y no nativos digitales desaparecerá, por lo que, a futuro los profesores únicamente tendrán que capacitarse en la utilización de las características técnicas de las aplicaciones que se utilizan para grabar y subir los recursos virtuales y no así en conocimientos generales sobre informática y uso de las TICs.

Asimismo, en la actualidad vemos que un número significativo de instituciones educativas recurren a diferentes medios digitales no solo para promocionar su oferta académica o para socializar sus eventos, sino que promueven entre su profesorado la utilización de recursos virtuales como parte de los planes de innovación docente muy de moda en la actualidad en el ámbito universitario.

1.8. Conclusiones

Las píldoras virtuales como recurso de aprendizaje complementario hasta hace un cuarto de siglo era considerado como un tema ajeno al mundo académico, especialmente al ámbito del derecho. En la actualidad la implementación de los recursos virtuales paulatinamente se ha incrementado no solo en los modelos de enseñanza presenciales, sino también en los modelos de enseñanza no presenciales e híbridos

En cuanto a la terminología utilizada para describir el contenido de las píldoras virtuales se ha evidenciado que se recurre también a la utilización de términos alternativos como las; píldoras formativas, píldoras audiovisuales, píldoras del conocimiento, o bien dosis de conocimiento, de esta forma queda evidenciado que no existe uniformidad de criterio en cuanto al término de aplicación. No obstante, consideramos que, en función del objetivo de trabajo planteado, el término que más se ajusta en función de su aplicación como elemento complementario es el término píldoras virtuales.

En cuanto al tiempo de duración de las píldoras virtuales se ha evidenciado que no existe una postura uniforme al respecto. En ese sentido, su duración para unos puede extenderse inclusive hasta 120 minutos, para nosotros que durante el desarrollo del trabajo priorizamos la utilización de este recurso como un elemento complementario, la duración de las píldoras virtuales no

31 Woods, K., «The development and design of an interactive digital training resource for personal tutors», *op cit.*, pág. 10, señala de forma concreta que: «More broadly, feedback on the resource from staff and students reveals that university communities increasingly expect enhanced forms of online training and digital teaching and learning support».

debe extenderse a más de 5 minutos, porque caso contrario perderán su efectividad y su contenido no será asimilado por los estudiantes.

Las píldoras virtuales si bien debido a su duración se ajustan a los modelos virtuales de enseñanza *on line,* también pueden ser implementados en los modelos de enseñanza presencial e híbridos, puesto que la finalidad de su contenido radica en transmitir contenidos concretos que pueden ser reproducidos según la disponibilidad de tiempo de los estudiantes. Asimismo, se tiene la ventaja de que pueden ser reproducidos no solo una vez, sino un número ilimitado de veces en diferentes contextos, especialmente cuando el estudiante se encuentra fuera de su domicilio hasta conseguir automatizar el contenido del recurso virtual, sin que esto signifique que pierdan su esencia como elemento complementario de enseñanza asincrónico.

Las píldoras virtuales en el ámbito del derecho son útiles especialmente en la explicación de conceptos concretos sobre una determinada figura jurídica, no así en cuanto a la explicación profunda sobre diferentes posturas jurídicas o controversias sobre un determinado tema jurídico, porque la duración es breve y su contenido concentrado, por lo que, no resulta suficiente para debatir o analizar una teoría en sentido estricto.

La aceptación de las píldoras virtuales como recurso complementario de aprendizaje por parte de los actores, llámese profesores como transmitentes de la información y los estudiantes como receptores ha quedado evidenciado que tiende a incrementarse hasta masificarse en un futuro próximo. Por lo que, se requiere que los profesores se capaciten para grabar y subir contenidos virtuales de calidad, con la finalidad de motivar a los estudiantes, quienes a su vez también son receptivos a contenidos innovadores que capten su atención.

1.9. Bibliografía

Colomo, E., y **Aguilar, A. I.**, «Píldoras virtuales en la educación online posibilidades y limitaciones», en *Innovación docente y uso de las TIC en educación,* obra colectiva, coordinadores Ruíz Palmero, J., y otros, UMA editorial, Málaga, 2017, págs. 2-11.

Corrales Arandia, G., «Nostradamus Chávez, el analista que fusiona la economía y el humor», disponible en: https://www.lostiempos.com/oh/actualidad/20221024/nostradamus-chavez-analista-que-fusiona-economia-humor

Crespo Miguel, M., y **Sánchez Saus Laserna, M.**, «Píldoras formativas para la mejora educativa universitaria: el caso del Trabajo de Fin de Grado en el Grado de Lingüística y Lenguas Aplicadas de la Universidad de Cádiz», en *Revista Education in the Knowledge Society (EKS),* Vol. 21 (10), 2020, págs. 2-10.

Finez Silva, M. J., y otros, «Las pildoras educativas: Su valoración por los estudiantes de Grado de la Universidad de León», en *Revista International Journal of Developmental and Educational Psychology,* Vol. 1 (2), 2021, págs. 293-300.

Flores Borjabad, S. A., «El uso de TikTok como herramienta de innovación docente para mejorar la producción y la comunicación oral en lengua francesa», en *Conexiones digitales: Las tecnologías como puentes de aprendizaje,* obra colectiva, coodinadores Hervás Gómez, C., y otros, Dykinson, Madrid, 2023, págs. 634-648.

Maceiras, R., y otros, «Aplicación de nuevas tecnologías en la docencia universitaria», en *Revista formación universitaria*, Vol. 3(1), 2010, págs. 21-26.

Martínez Abad, F., y **Hernández Ramos, J. P.**, «Flipped Classroom con píldoras audiovisuales en prácticas de análisis de datos para la docencia universitaria. Percepción de los estudiantes sobre su eficacia», en *Propuesta de Innovación Educativa en la Sociedad de la Información,* obra colectiva, coordinadores Pérez Aldeaguer, S., y otros, Adaya Press, Eindhoven, págs. 92-105.

Maquilón Sánchez, J. J., y otros, «La Realidad Aumentada (RA). Recursos y propuestas para la innovación educativa», en *Revista Electrónica Interuniversitaria de Formación del Profesorado*, Vol. 20 (2), 2017, págs. 183-204.

Rodríguez González, V., y otros, «La transición a las aulas virtuales en la acción pedagógica en criminología», en *Conexiones digitales: Las tecnologías como puentes de aprendizaje,* obra colectiva, coodinadores Hervas Gómez, C., y otros, Dykinson, Madrid, 2023, págs. 121-139.

TikTok, «Herramientas de la cámara», disponible en: https://support.tiktok.com/es/using-tiktok/creating-videos/camera-tools#

Wiley, D. A., «Connecting learning objects to instructional design theory: a definition, a Metaphor and a taxonomy use of learnings objects», en *The instructional use of learning objects*, obra colectiva, coordinador Wiley, D. A., Agency for instructional technology and Association for educational communications and technology, Indiana, 2002, págs. 3-24.

Woods, K., «The development and design of an interactive digital training resource for personal tutors», en *Revista Frontiers in education*, Vol. 5 (100), 2020, págs. 1-11.

2.

EL CINE Y LAS SERIES COMO METODOLOGÍA DOCENTE DEL DERECHO Y LA CRIMINOLOGÍA

Albert González Jiménez

Profesor Lector Universidad Pompeu Fabra (UPF) en el Grado de Criminología y Políticas de Prevención y miembro del observatorio de investigación de ESERP.

albert.gonzalez@upf.edu

RESUMEN: En este trabajo se aborda el uso del cine, las series y los documentales sobre *true crime* como una herramienta más en la docencia del derecho y la criminología dentro del aula.

En la investigación se plantean algunas ideas básicas, así como se analizarán ciertas conexiones entre el cine, el derecho y la criminología a través de ejemplos prácticos del uso de películas y series que demuestran su versatilidad.

Finalmente, se plantean algunas metodologías que pueden ser de utilidad al docente para llevarlas a cabo en el aula, sugiriendo cómo pueden ser implementadas

PALABRAS CLAVE: Cine; Derecho; Innovación docente; Pedagogía y Series.

2.1. Introducción

El cine, las series y los documentales sobre *true crime* pueden constituir una herramienta más para el aprendizaje del derecho que, en sí mismo, no es una tarea sencilla. La utilización de recursos fílmicos en las clases puede contribuir a enseñar y aprender materias desde diferentes ángulos y puntos de vista[1], así como puede ayudar a mantener la atención y fomentar el interés por parte de los estudiantes.

Acercar al alumno a la realidad jurídica no se consigue exclusivamente con explicaciones teóricas que en ocasiones puedan resultar tediosas, ni con ejemplos prácticos que, a veces, parecen lejanos a los referentes con los que el alumno suele contar y que se les antojan apartados de la realidad en que residen.

Por el contrario, la ficción narra hechos imaginarios, pero que a menudo han podido ocurrir, dotándolos así de cierta verosimilitud, creándose con el guion modelos que bien pueden ser fabulados, historificados o ficcionados, pero que contribuyen a un mejor entendimiento por parte del estudiante, principalmente, porque tienen acceso casi involuntario a un sinfín de recursos que consume con asiduidad.

De hecho, el cine siempre ha tratado temas jurídicos y de delincuencia, produciendo una cultura y representaciones de una determinada sociedad. Las imágenes y las historias relatadas en el cine y las series disparan el entusiasmo y atención en la audiencia, además de facilitar la retentiva.

La innovación en el aula, entendida tanto desde el aula la clásica presencial, como desde el entorno virtual, cada vez más implantado en las universidades, debe estar en continua evolución, adaptándose a las necesidades de la misma, y aprovechando los medios existentes a nuestra disposición.

Debemos ver el cine, las series, o los documentales, como una oportunidad, como una estrategia interdisciplinaria que permite una visión integral que ayuda a los estudiantes a promover el desarrollo de conocimientos, habilidades y destrezas, no sólo en el ámbito universitario sino también para otros niveles formativos, en los que viene empleándose desde hace varios años.

Así tenemos el movimiento *Law and Cinema* (o *Law and Film Movement*) que se originó en Estados Unidos a finales de la década de los cincuenta, principio de los sesenta, pasando en poco tiempo a considerar

---

1 Ruiz Sanz, M., «La enseñanza del Derecho a través del cine: implicaciones epistemológicas y metodológicas», en *Revista de Educación y Derecho* (Education and Law Review), Bosch ed., núm. 2, abril-septiembre de 2010, p. 155.

el cine como una herramienta válida para la enseñanza del derecho[2]. De hecho, el movimiento se ha ido extendiendo a diversos países, aunque de forma independiente y sin seguir un patrón establecido, gozando de gran arraigo en las universidades anglosajonas, y con varias experiencias también en nuestras universidades[3]. Podemos afirmar que el movimiento derecho y cine es hoy universal y está asentado en España[4].

En este capítulo vamos a diseccionar cuatro películas y una serie en las que veremos ejemplos prácticos de su uso didáctico en el aula. Posteriormente, expondremos varias metodologías que pueden contribuir a que el docente emplee los diversos recursos audiovisuales en el aula, y fuera de ella, con actividades complementarias. Concluiremos con las oportunidades que nos brinda el medio audiovisual, y concretamente el cine, las series y el *true crime* como herramientas docentes.

2.2. Objetivos

Nuestro principal objetivo demostrar que el cine, las series y el *true crime* constituyen una herramienta docente que viene siendo utilizada desde hace tiempo y cuyo potencial debe ser utilizado en la docencia, no sólo como instrumento de innovación docente, sino incorporado con asiduidad.

Sin embargo, junto al objetivo central, también se pretenden una serie de objetivos secundarios necesarios para su comprensión:

I. Facilitar la construcción de nuevos conocimientos.

II. Potenciar la capacidad para analizar problemas críticamente.

III. Razonar situaciones científicas desde varios puntos de vista.

IV. Evidenciar el potencial del cine, las series y el *true crime* en el refuerzo educativo y en la asociación de conceptos jurídicos y criminológicos.

V. Determinar si existen paralelismos entre la descripción cinematográfica y la realidad en el ordenamiento jurídico español y la criminología.

---

2 Álvarez González, E. M., «El cine como recurso docente aplicable a la enseñanza del Derecho administrativo», en *Revista Jurídica de investigación e Innovación Educativa*, núm. 15, 2015.

3 En el curso 2015-2015, en la Universidad Pompeu Fabra, se impartió la asignatura «Derecho, Moral y Política: reflexiones a través del cine», por parte del profesor de Filosofía del Derecho de la UPF, José Luis Pérez Triviño, o en la misma Universidad, la profesora Mariona Llobet impartió para estudiantes de tercero y cuarto de la ESO, primero de bachillerato y ciclos formativos medio, la asignatura «Derecho Penal y Cine» en el Campus Junior de la UPF el curso 2019-2020, por citar solo algunos ejemplos.

4 Álvarez González, E. M., «El cine como...»., *op. cit.*, pág. 99.

2.3. El cine y las series en el derecho y la criminología

El derecho y la criminología en el cine pueden explicarse a partir de (i) si se trata de un relato jurídico en el que el elemento predominante es un tema relacionado con el derecho o la criminología y sus teorías; (ii) si se utilizan técnicas narrativas que contengan argumentaciones jurídicas; y (iii) si se pretenden tratar directamente aspectos de la realidad o suplantarla a través de la ficción[5].

En el modelo que muestra hechos reales, la técnica habitual es el documental, si bien el *true crime*, y algunas series de realidad «alterada» copan hoy la audiencia. Títulos como *El caso Asunta*, *El cuerpo en llamas* o *El caso Wanninkhof*, sobre asuntos recientes en España; o *The Staircase*, *La historia de Jeffrey Dhamer* o *Los crímenes de Essex*, de la cultura anglosajona, son algunos de los casi interminables ejemplos de los que se nutren las principales plataformas de emisión de contenidos audiovisuales.

En el modelo de lo verosímil, pero ficticio, encontramos, a modo de ejemplo, la premiada *Orange is the new black* y en su versión española *Vis a vis*, relatando ambas el día a día de una prisión de mujeres; *The Soprano*, que a partir de una familia de mafiosos afincada en New Jersey relata su vida cotidiana, y que de forma bastante realista y menos romántica relata los cambios que ha sufrido el crimen organizado en la ciudad de Nueva York; o el clásico *Twelve Angry Men* (*Doce hombres sin piedad*, en castellano) de Sidney Lumet, donde un jurado popular tiene que dirimir sobre la pena capital, abordando no sólo conceptos éticos, sino de especial trascendencia jurídica, como *la duda razonable*; o *To kill a mockingbird* (*Matar a un ruiseñor* en español), en la que con el conflicto racial de fondo se plantean cuestiones tan jurídicas como *la presunción de inocencia*.

Finalmente, en el mundo de lo no verosímil, el de las películas de ciencia ficción, se construyen universos paralelos, generalmente en el futuro, con construcciones normalmente a caballo entre la ética, la moral y el derecho. Ejemplos de esto último bien pudieran ser *Blade Runner*, de Ridley Scott, protagonizada por el actor Harryson Ford, recientemente reversionada; *Judge Dredd*, dirigida por Danny Cannon y protagonizada por Silvester Stallone; o *Minority Report*, dirigida por Steven Spielberg y protagonizada por Tom Cruise, todas ellas con cuestiones jurídicas, policiales, discusiones y etiquetamientos criminológicos, debates éticos y morales de fondo.

---

5 RUIZ SANZ, M., «¿Es conveniente enseñar derecho a través del cine?», *en Anuario de Filosofía del Derecho*, Tomo XXVI, 2010, p. 260.

2.3.1. La criminología visual

Desde la segunda mitad del siglo pasado se ha ido incluyendo progresivamente en trabajos sociológicos y antropológicos, el análisis de lo visual, ya que su relevancia académica tiene un valor significativo que incluso hoy podemos calificar como indiscutible, si bien el término criminología visual no se acuñó hasta la primera década del año 2000[6].

De la misma manera, desde el derecho procesal, la utilización del cine como herramienta metodológica permite tener conciencia de la importancia del derecho en las relaciones cuotidianas[7].

La criminología visual es, por tanto, una corriente que se centra en el análisis de los procesos en los que cualquier fenómeno, evento u objeto de la naturaleza interacciona con la delincuencia y el sistema penal, fomentando el uso de las imágenes en proyectos académicos, completando los estudios existentes con imágenes sobre la delincuencia y la justicia, tratando de conseguir que sus fundamentos teóricos y metodológicos construyan un nuevo léxico y enfoques, con nuevas herramientas conceptuales que nos permitan reconocer y acceder a las formas en las que lo visual y la delincuencia interaccionan[8].

La extensa proliferación de contenido audiovisual, fácilmente accesible, especialmente a través de las plataformas e internet, afectan a dinámicas que delimitan el sistema de justicia penal, el proceso penal, la actuación policial y sus consecuencias, y como si de vasos comunicantes se tratara, constituye una herramienta pedagógica de indudable valor que, por supuesto, deberá contextualizarse en el marco normativo correspondientes, y al albur de las teorías que, en cada caso, se correspondan con el uso.

2.3.2. Análisis de películas y series. Algunos ejemplos

Las múltiples perspectivas que brindan películas y series sobre policías, traficantes de drogas, atracadores, prisioneros, asesinos en serie, jueces, abogados, fiscales, víctimas o violadores, configuran una incesante contribución que la academia no debe desdeñar.

---

6 Brown, M., y Carrabine, E., *Routledge International Handbook of Visual Criminology.* New York: Routledge, 2017.

7 Picó, J., Adán, F., Cerrato, E., y Casanova, R., «El cine como metodología docente del derecho procesal» en M. Villca, y A. Carreras, *Docencia virtual y experiencias de innovacíñón docente: entornos b-learning y e-learning*, Barcelona: HUYGENS, 2015, págs. 279-289.

8 González Jiménez, A., «Relaciones entre la prueba ilícita y el cine», en *Los retos de la Empresa, el Derecho y la Comunicación en el mundo actual*, JM Bosch Editor, 2022, p. 526.

Hay estudios que validan la relación entre el cine de delincuencia y la criminología académica y se puede afirmar que existe un género propio de «películas jurídicas» e, incluso, casi un «cine carcelario». También hay quienes defienden que las películas sobre delincuencia constituyen una forma de criminología popular, con un discurso paralelo a la criminología académica.

En todo caso, las películas sobre tribunales y abogados se convirtieron en tema de estudio habitual a partir de la década de los 80, especialmente las centradas en derecho penal o civil, como las conocidas *Twelve Angry Men*, *Erin Brockovich*, *A father's secret* (traducida en España como *En busca de la verdad*), *Philadelphia* o *The social Network*, traducida como *La Red Social*, del origen de Facebook con un tema de propiedad intelectual de fondo; e incluso de derecho penal militar como la popular *A few good men*.

También es cierto que el cine ha romantizado el crimen organizado con películas como la oscarizada trilogía del Padrino, pero otras con mayores dosis de realismo como *The soprano* han permitido analizar con más detalle el crimen organizado.

Es verdad que en los estudios de derecho se han impartido cursos de películas sobre casos y juicios, y se aceptó la exhibición de películas jurídicas íntegras, como más adelante veremos. Es más, dentro de los estudios legales, las películas jurídicas se consideran una fuente válida de información sobre las actitudes populares hacia el derecho, a la vez que es una forma de discurso legal representando como un componente del derecho mismo.

Aunque no siempre es así, porque si uno lee la LECRim, por citar una norma, no vemos, por ejemplo, la figura del «PROTESTO» a las preguntas que pueda formular el abogado contrario o el ministerio fiscal que tantas veces hemos visto en las películas sobre juicios. Es más, ni tan siquiera están toleradas, legalmente hablando, las interrupciones y, sin embargo, se llevan a cabo frecuentemente en los juicios, probablemente por la influencia del cine norteamericano. Podemos llegar a preguntarnos así ¿quién ha influido en quién? Más aún cuando nuestra LECrim prohíbe, incluso, los gestos de aprobación y desaprobación, que tan frecuentemente vemos en la filmografía.

Las películas jurídicas son parte integral del derecho en sí mismo, y por lo tanto comprenden un discurso popular que se debe tener en cuenta si se quiere entender por completo la naturaleza del derecho y la criminología.

Se pretende aquí ilustrar con tres ejemplos como se pueden emplear cine y series en la docencia.

Ejemplo 1. Película *Presumed Innocent*, traducida como *Presunto Inocente*, protagonizada por Harrison Ford, en cuya escena inicial delimita el papel del fiscal en el procedimiento penal y el objeto de este: la obtención de la verdad.

Empieza el filme con una imagen de una sala de justicia vacía, y la voz en *off* del actor Harrison Ford diciendo:

> «Soy fiscal, formo parte de la maquinaria que acusa, juzga y castiga. Yo analizo las pruebas de un delito y determino quién debe ser acusado, quién debe ser traído a esta sala para ser juzgado ante sus semejantes. Yo presento mis pruebas al Jurado, y son ellos los que deliberan; son ellos los que deben determinar lo que ha ocurrido. Si no lo consiguen no sabremos si el acusado merece ser puesto en libertad o castigado. Si ellos no pueden descubrir la verdad, ¿qué esperanza podemos tener de que se haga justicia?».

Ejemplo 2. Película *L.A. Confidential*, dirigida por Curtis Hanson, con un excelente reparto, encabezado por Guy Pearce, Russell Crowe, Kevin Spacey, Kim Basinger, Dany Devito y James Cromwell, entre otros. La película está ambientada en los años 50, donde tres policías de Los Ángeles se ven envueltos en una intriga criminal que destapa los trapos sucios del Departamento. Sin embargo, entre ellos destaca una escena de una conversación entre el agente Ed Exely, interpretado por Guy Pearce, y el corrupto capitán Dudley Liam Smith, interpretado por James Cromwell, animándole a que no se haga detective, tras haber ascendido a teniente, dirigiéndose a él con un excelente y ejemplificativo discurso de lo que sería el retrato del policía corrupto:

> «"Dígame, (dirigiéndose el capitán al agente recién ascendido a teniente):
>
> ¿estaría dispuesto a aportar pruebas falsas contra un sospechoso que sabe que es culpable para obtener una condena?
>
> ¿y a sacarle a golpes una confesión a un sospechoso que sabe que es culpable?
>
> ¿estaría dispuesto a disparar un criminal por la espalda para evitar que un abogado..."
>
> *Y al contestarle a todo ello que no, el agente, le responde diciendo: "Por el amor de dios, entonces no se haga detective, dedíquese a algo en lo que no tenga que tomar esas decisiones"*».

Ejemplo 3. La película *Anatomy of Murder*, basada en el *best seller* que, a su vez, se inspiró en un caso real, y en la que se aborda un caso en el que un abogado interpretado por James Stweart debe defender a un teniente del ejército que ha dado muerte al violador de su mujer. Los hechos no son controvertidos, dando pie a debates éticos, jurídicos y morales. En la escena el abogado obvia la culpabilidad del acusado, que conoce desde el primer momento, y acepta el caso a sabiendas de esta. Previa a su aceptación se entrevista con el cliente conduciendo magistralmente su defensa desde el principio. Así, tras un breve intercambio de palabras entre cliente y abogado, este último le dice:

> «*"quizá ningún abogado pueda llevar bien su caso, es decir, si lo que pretende es salir libre"*; a lo que el teniente detenido le contesta *"Usted parece olvidar que Harry Queen* (el fallecido) *violó a mi mujer. La ley no escrita está de mi parte"*. A lo que el hábil abogado le replica: *"La ley no escrita es un mito. No hay tal cosa como la ley no*

escrita, y el que mata a un hombre pensando que existe, tiene cama, techo y comida en la penitenciaria del estado quizá para siempre"».

Poco después, el abogado expone la estrategia al cliente:

«Bien, teniente, un asesinato se defiende de cuatro formas:
Número uno, no fue asesinato, fue suicidio o accidente,
Número dos, usted no la asesinó
Número tres, estaba justificado, lo hizo para proteger su hogar o en defensa propia.
Número cuatro, matarlo fue excusable
Le diré en cuál no encaja, en los tres primeros puntos».

Son sólo tres ejemplos de cómo el cine puede ser una herramienta muy útil para explicar conceptos jurídicos confusos, en los que estén implicados valores o cuestiones éticas, así como el mismo desarrollo del proceso y conceptos jurídicos complejos.

2.3.3. Desarrollo de habilidades críticas

Asistir a sesiones magistrales de expertos en las que se exponen conocimientos, bien sean jurídicos o criminológicos, en los que se repiten y explican contenidos de las normas, pueden resultar tediosos. Y lo más dificultoso es que en las clases magistrales, la participación de los alumnos en ocasiones es percibida por los compañeros como una interrupción.

Hay quien sugiere[9] que el modelo de educación jurídica que se limita a clases magistrales ha entrado en crisis, porque eso no permite desarrollar las suficientes habilidades, revelándose el uso del cine y las series como complemento docente especialmente útil para desarrollar el espíritu crítico, siendo una herramienta didáctica de primer orden para el derecho y la criminología, destacándose no sólo que resulta sumamente atractiva, sino que se centra en el aprendizaje del alumno, mejora la calidad de la enseñanza, potencia la interdisciplinariedad y ayuda a la formación permanente del alumnado.

La experiencia docente aplicada en la asignatura «Fundamentos de Derecho Público» del Grado en Criminología de la Universidad de Málaga durante el curso 2013-2014 confirma su utilidad y el desarrollo de dichas habilidades críticas.

Durante el curso 2013-2014, en la Universidad de Málaga se aprovechó el potencial del cine en la enseñanza de una asignatura jurídica, articulándola a partir de la película *Celda 211*, proyectándose una serie de actividades que permitieron a los alumnos adquirir, además de las competencias específicas previstas en la asignatura, otras capacidades necesarias para el desarrollo

9 Capella Hernández, J. R., *El aprendizaje del aprendizaje*, Trotta, Madrid, 2001.

profesional, mejorando la participación y los resultados académicos de los alumnos[10]. Se suscitaron cuestiones como la responsabilidad de la administración por la muerte de varios personajes, las diferencias entre cada supuesto, y cuestiones que afectaban a la responsabilidad patrimonial conforme a criterios doctrinales y jurisprudenciales.

Por su parte, en la Universidad de Granada, durante el curso académico 2018-2019 se desarrollaron dos actividades de innovación docente consistentes en la utilización del cine y de la prensa escrita como instrumentos innovadores en la enseñanza de la asignatura «Derecho Procesal», del Grado en Derecho y Ciencias Políticas, y en la asignatura «Delincuencia Juvenil», del Grado en Criminología[11].

Las películas proyectadas fueron *Matar a un ruiseñor*, *El Crimen de Cuenca* y *Twelve Angry Men* para tratar los conceptos jurídicos de presunción de inocencia, *indubio pro reo*, consecuencias del principio de igualdad de las partes, el error judicial y problemas del sistema acusatorio actual para alcanzar la verdad, configurándose la participación en su visualización como voluntaria.

El éxito de participación fue rotundo, y se constató como los conocimientos jurídicos previamente adquiridos en las clases teóricas impartidas por el profesorado fueron después aplicados directamente a la práctica jurídica.

2.4. Una breve aproximación a metodologías en el aula

La integración en el aula y en la enseñanza del derecho y la criminología, del cine, las series, documentales sobre *true crime*, así como otros soportes audiovisuales puede realizarse de diversas maneras, permitiendo a los alumnos involucrarse activamente con los temas y los conceptos presentados fomentando la participación activa.

Si bien exponer conocimientos a través del cine puede resultar sumamente instructivo, su uso no puede ser improvisado, necesitando una metodología adecuada para ello[12]. Es obvio que, previamente, debe dominarse la materia, pero también se debe conocer algo sobre el cine y sus posibilidades para poderse enfrentar a él. Por otra parte, cuestiones como la elección del fragmen-

10 Álvarez González, E. M., «El cine como...»., *op. cit.*, pp. 97-108.

11 López Picó, R., «El cine y la prensa escrita como medios de innovación docente en la enseñanza del derecho procesal», en *Revista jurídica de Investigación e Innovación Educativa*, núm. 19, 20119, pp. 25-38.

12 Ruiz Sanz, M., «Instruir en Derecho y Cine: una apuesta entre elecciones y pasiones», *Revista de Educación y Derecho (Education and Law Review)*, núm. 9, marzo 2014.

to, pautar la clase, dotar al alumnado de herramientas previas y posteriores para hacer frente a la sesión, son también cuestiones fundamentales.

La elección de una u otra metodología estará ligada, como es lógico, al contenido que se deba exponer y, por supuesto, a los objetivos que se pretenden alcanzar con la actividad. Para ello contamos desde las clásicas proyecciones seguidas de discusión, así como el análisis de casos legales, simulaciones y *role-playing*, planteamientos culturales y éticos o investigaciones de escenas del crimen.

En todo caso, una actividad que lleve consigo el uso del cine, series o documentales, convenimos con RUIZ SANZ[13] que debe partir, al menos de:

I. Las sesiones deben estructurarse desde la exposición general sobre el tema, la posterior proyección de que se trate y el debate.

II. Las sesiones deberían programarse ordenadamente, poniendo a disposición del alumnado el material correspondiente.

III. Debe insistirse al alumno en la lectura de los materiales con carácter previo.

IV. Las proyecciones en el aula deben tener una continuidad narrativa, preferiblemente en unidad de acción, sin interrupciones.

V. Preferentemente en versión original.

VI. Las condiciones de proyección deben ser óptimas.

VII. Conviene formular un cuestionario para que rellenen los alumnos al finalizar las sesiones como soporte para mejorar algunos detalles.

Partiendo de esas premisas, las metodologías en que los medios audiovisuales expuestos pueden ser utilizados resulta muy variado, y sin ánimo de exhaustividad creemos necesario mencionar los siguientes:

1. **Proyecciones en clase seguidas de discusión.** Para ello será conveniente seleccionar escenas relevantes de películas o episodios de series que aborden temas específicos del derecho o la criminología como los ejemplos propuestos. Tras la proyección se puede iniciar una discusión en grupo de los conceptos, dilemas éticos y cuestiones legales presentadas; animando a los estudiantes a compartir sus opiniones y a reflexionar sobre cómo los temas abordados se relacionan con la realidad. La metodología puede desarrollarse tanto en el aula virtual como en el aula presencial.
2. **Análisis de casos legales.** Partiendo de películas o series que se basen en casos legales reales, podemos pedir a los alumnos que investiguen el caso en el que se basan y que comparen la representación

13 RUIZ SANZ, M., «¿Es conveniente enseñar derecho a través del cine?», en *Anuario de Filosofía del Derecho*, Tomo XXVI, 2010, pp. 257-264.

cinematográfica con los hechos reales, con simulación del juicio incluida, destacando qué elementos se corresponden con la realidad legal, o con las teorías criminológicas.

3. **Creación de proyectos de investigación.** En lugar de ser el docente quien proponga la película o la serie, también se puede instar que los alumnos elijan una película o serie relacionada con el derecho o la criminología, y a partir de ella realizar un proyecto de investigación sobre un tema específico relacionado con la obra, en los que se incluya desde el contexto histórico y social de la trama, hasta los debates éticos y su representación legal. Posteriormente, pueden compartirse los hallazgos con el resto de la clase y enriquecer el debate.
4. **Simulaciones y *role-playing*.** A partir del papel de abogados, jueces, fiscales o testigos en un procedimiento, podemos utilizar escenas de películas o series como base para el caso, experimentando situaciones legales o criminológicas; o bien que sean representadas conforme a la praxis forense, llegando incluso a reproducir interrogatorios, el informe jurídico, o el juicio al completo.
5. **Simulación de debates éticos:** Utilizando una película o serie que plantee dilemas éticos o morales como base para una simulación de debate en clase, como hemos visto en los ejemplos anteriores, o como muy ilustrativamente describe la serie de la BBC *Line of duty*, cuyos ejemplos se suceden, llegando al extremo de cuestionar si aceptar un café después de la intervención en robo con violencia sin estar de servicio puede ser constitutivo de una infracción del código ético de conducta (episodio 1, de la temporada 2).
6. **Negociaciones legales:** A partir de una serie podemos pedir a los alumnos que asuman roles y participen emulando la negociación, o bien desnudando los defectos de ésta., proponiendo alternativas a la misma, y guiándola de diferentes formas.
7. **Investigaciones de escenas del crimen.** A partir de una escena en concreto, los alumnos pueden asumir los roles de cada uno, y ver qué harían, incluyendo forenses, policías detectives, sospechosos, juez, fiscal, o testigo.
8. **Estudios de casos reales.** Aprovechando que el *true crime* está de moda, el mundo académico debe echar mano del mismo examinando el caso real desde la perspectiva criminológica y la legal, y a partir de ahí valorar las estrategias utilizadas, los medios de prueba utilizados, las líneas de investigación seguidas, emitir juicios de valores, y analizar su influencia en la sociedad.
9. **Estudios de casos internacionales.** Se puede presentar a los estudiantes casos de crímenes o problemas legales que hayan ocurrido en diferentes países o contextos culturales. Esto les permitirá explorar las diferencias en los sistemas legales y enfoques criminológicos en

todo el mundo, así como comprender la importancia de considerar el contexto cultural y social al analizar casos criminales. Ejemplos como la miniserie *Tokyo Trial*, docudrama sobre los juicios a los que fueron sometidos los militares japoneses tras ser acusados de crímenes de guerra durante la II Guerra Mundial; o el film *Judgment at Nuremberg*, protagonizada por Spencer Tracy, Burt Lancaster, Richard Widmark y Marlene Dietrich, entre otros, son excelentes ejemplos.

2.5. Conclusiones

La pregunta que subyace a lo largo de toda la investigación es si verdaderamente resulta conveniente enseñar derecho y criminología a través del cine, las series o el *true crime*.

Los ejemplos expuestos y los casos de éxito en las aulas evidencian que el cine puede servir para mostrar la realidad desde la ficción, o, incluso desde la propia realidad, cuando hablamos de *true crime*.

El cine jurídico, y todo aquel que trate cuestiones criminológicas, puede ayudar a reflexionar sobre el derecho y la criminología desde diferentes ángulos o puntos de vista, siendo un recurso docente muy útil aplicado a su enseñanza y que proporciona elevados resultados de aprendizaje.

No sólo son los aspectos conceptuales o temáticos los que pueden ser abordados desde el análisis de películas y series con contenido criminológico, sino que también permite construir actitudes críticas, valores, y fomento de derechos.

La proyección de películas, series y documentales facilita la construcción de nuevos conocimientos, potencia la capacidad para analizar problemas críticamente, convirtiéndolo en una potente herramienta educativa, que se debe utilizar desde una metodología bien planificada con anterioridad.

2.6. Bibliografía

Álvarez González, E. M., «El cine como recurso docente aplicable a la enseñanza del Derecho administrativo», en *Revista Jurídica de investigación e Innovación Educativa*, núm. 15, 2015.

Brown, M., y **Carrabine, E.**, *Routledge International Handbook of Visual Criminology*. New York: Routledge, 2017.

Capella Hernández, J. R., *El aprendizaje del aprendizaje*, Trotta, Madrid, 2001.

González Jiménez, A., «Relaciones entre la prueba ilícita y el cine», en *Los retos de la Empresa, el Derecho y la Comunicación en el mundo actual*, JM Bosch Editor, 2022, p. 526.

López Picó, R., «El cine y la prensa escrita como medios de innovación docente en la enseñanza del derecho procesal», en *Revista jurídica de Investigación e Innovación Educativa*, núm. 19, 20119, pp. 25-38.

Picó, J., Adán, F., Cerrato, E., y **Casanova, R.**, «El cine como metodología docente del derecho procesal» en M. Villca, y A. Carreras, *Docencia virtual y experiencias de innovación docente: entornos b-learning y e-learning*, Barcelona: HUYGENS, 2015, págs. 279-289.

Ruiz Sanz, M., «Instruir en Derecho y Cine: una apuesta entre elecciones y pasiones», *Revista de Educación y Derecho (Education and Law Review)*, núm. 9, marzo 2014.

— «¿Es conveniente enseñar derecho a través del cine?», en *Anuario de Filosofía del Derecho*, Tomo XXVI, 2010, p. 260.

— «¿Es conveniente enseñar derecho a través del cine?», en *Anuario de Filosofía del Derecho*, Tomo XXVI, 2010, pp. 257-264.

— «La enseñanza del Derecho a través del cine: implicaciones epistemológicas y metodológicas», en *Revista de Educación y Derecho (Education and Law Revieww)*, Bosch ed., núm. 2, abril-septiembre de 2010, p. 155.

3.

LA INNOVACIÓN DOCENTE EN EL ÁMBITO DEL DERECHO MIGRATORIO. PERSPECTIVAS DE UN ABOGADO DE EXTRANJERÍA

Jorge A. Jiménez Carrero
Profesor doctor de Derecho Administrativo – Universidad Europea de Madrid
jorge.jimenez3@universidadeuropea.es

RESUMEN: El presente capítulo pretende acercarse a la innovación docente desde el punto de vista del abogado de extranjería en ejercicio. En primer lugar, se hace una breve valoración sobre el concepto de innovación docente. En segundo lugar, se pone de manifiesto el vínculo entre la innovación docente y el ejercicio profesional de la abogacía, evidenciando como este ejercicio puede aportar elementos innovadores en la docencia de los futuros abogados. Posteriormente, se analizan algunos elementos de la práctica cotidiana del abogado de extranjería que deberían ser incluidos como recursos de la asignatura: la revisión del temario para adecuarlo a los permisos de la Ley 14/2013 de emprendedores, el rol que pueden jugar los colegios de abogados para el abogado ejerciente, el conocimiento de las distintas plataformas de extranjería, herramientas para el seguimiento de un expediente de extranjería, formación específica sobre legalización de documentos extranjeros o enseñanza sobre el razonamiento crítico del abogado de extranjería a fin de buscar alternativas jurídicas ante posibles denegaciones o extinciones de los permisos de residencia.

PALABRAS CLAVE: Innovación docente; Abogado de extranjería; Plataformas telemáticas de extranjería; Permisos de la Ley 14/2013; Seguimiento de expedientes de extranjería.

3.1. Perspectiva general de la innovación docente

La innovación docente se perfila en la actualidad como una herramienta indispensable para los profesores universitarios cuando de lo que se trata es de mejorar la preparación que los actuales estudiantes y futuros profesionales deben adquirir antes de inmiscuirse en el mundo laboral.

Entendemos que la innovación docente debe dotar al futuro titulado/a de un método y de unos instrumentos pertinentes para que su incursión en el mercado sea lo más satisfactoria posible. Muchas veces se ha hablado de la lejanía existente entre el mundo universitario-académico y la realidad de las profesiones que necesita ese mercado.

En este sentido, conviene recordar que, como señala la Universidad de León, la innovación docente implica tres cosas:

- Un cambio novedoso en los procedimientos de enseñanza y/o recursos/herramientas;
- Ese cambio supone una mejora en relación con lo anterior;
- Los alumnos se benefician directamente de esa mejora[1].

En este orden de ideas, señala Cubillo León, R.[2], citando a Sein-Echaluce *et al.*,

> «La esencia de toda innovación educativa es la implementación de cambios en el proceso de enseñanza para dar respuesta a unas necesidades concretas, siendo estos cambios eficaces, eficientes, sostenibles, replicables y transferibles (*Sein-Echaluce et al.*, 2014)».

---

1 *Vid.* Universidad de León., «¿Qué es Innovación Docente?» (en línea): https://servicios.unileon.es/innovacion-docente/que-es-innovacion-docente/#:~:text=La%20Innovaci%C3%B3n%20Docente%3A,las%20din%C3%A1micas%20que%20se%20generan. (consulta de 24 de junio de 2024).

2 *Vid.* Cubillo León, r., «Innovación docente, ¿intento o realidad?» en *Blog de la UI1*, 8.7.2021 (en línea): https://www.ui1.es/blog-ui1/innovacion-docente-intento-o-realidad (consulta de 24 de junio de 2024).

3.2. El vínculo entre la práctica profesional de la abogacía y la innovación docente

En el ámbito del Derecho resulta necesario apreciar que la docencia impartida en el Grado en Derecho ha de ser apta para que los futuros abogados y abogadas puedan desempeñar esta noble profesión de la mejor manera posible.

No tendría sentido una docencia apartada o alejada de la práctica profesional. En este sentido, y como inspiración del presente trabajo, hemos de citar al Prof. Dr. CARRIÓN MORILLO D. Catedrático de Derecho Financiero y Tributario. Concretamente, el autor se refiere a docentes universitarios que compatibilizan el ejercicio profesional en el ámbito del Derecho financiero y tributario con la vida académica o aquellos docentes que, dedicándose ahora al mundo universitario a tiempo completo, en el pasado ejercieron la abogacía:

> «Bien por compatibilizar ambas profesiones a la vez, o bien por haber tenido la experiencia práctica en el pasado y centrarse en el presente en la docencia, esta clase de profesores podrían aportar un valor añadido a las asignaturas que tengan que impartir»[3].

Igualmente, señala CARRIÓN MORILLO, D.,

> «...el profesional en ejercicio aporta, entre otras cosas, una amplitud de algunas habilidades o competencias que deben adquirir los estudiantes y una visión más general de diferentes ámbitos del mundo económico, empresarial y jurídico no por saber más, sino por haberlas experimentado en carne propia»[4].

Si bien es cierto que el mencionado autor en su artículo se centra en la asignatura de Derecho Financiero, en nuestro caso nos referiremos a la asignatura de Derecho de Extranjería. Efectivamente, podemos afirmar que el docente que es o ha sido abogado en ejercicio está en disposición de ofrecer unos conocimientos prácticos al alumnado que seguramente no posea un docente cuyo único ámbito de actuación haya sido exclusivamente el académico. Por ello, resulta fácilmente deducible que esta realidad implica que los docentes que han ejercido se encuentran mejor posicionados a la hora de introducir cambios significativos en la docencia, a fin de implementar o mejorar procedimientos o herramientas conectadas con el mundo real y que sin lugar a duda serán de gran ayuda para los alumnos que quieran ejercer, en nuestro caso, como abogados y abogadas de extranjería.

---

3 *Vid.* CARRIÓN MORILLO D., «El valor añadido que el ejercicio profesional del docente puede aportar a las clases de Derecho financiero y tributario» en *Desafíos actuales de la innovación docente en ciencias jurídicas y sociales*, (Dir. Carlos María LÓPEZ ESPADAFOR), Ed. Dykinson, 2022, p. 28, (en línea): https://dialnet.unirioja.es/servlet/articulo?codigo=8450332 (consulta de 25 de junio de 2024).

4 *Ibidem*, p. 37.

3.3. Práctica del abogado de extranjería y recursos a incluir en la asignatura «derecho de extranjería»

En el presente trabajo, se puede apreciar la experiencia de un docente que ha ejercido como abogado de extranjería durante cinco años (2016-2021) y que posteriormente se ha dedicado a la docencia universitaria. Tras llevar a cabo ambas labores, sería conveniente la introducción de las siguientes reformas en la asignatura:

3.3.1. Adecuación del temario a la realidad migratoria: la Ley 14/2013 de emprendedores de 27 de septiembre, de apoyo a los emprendedores

Sin lugar a duda, entendemos que un cambio a implementar en los recursos docentes que se ofrece al alumnado de la asignatura «Derecho de Extranjería» implica otorgarle un mayor peso a la Ley 14/2013 de apoyo a los emprendedores en el temario.

Resulta pertinente la reforma del plan de estudios habida cuenta de la importancia práctica que tiene esta norma en la aplicación del Derecho migratorio. Sin lugar a duda, un porcentaje muy importante de autorizaciones de residencia y trabajo concedidas a extranjeros, nacionales de terceros países, se aprueban o se deniegan con base en esta Ley 14/2013 (arts. 61 y siguientes)[5].

Así, nos encontramos con seis tipos de autorizaciones, principalmente, que tienen una relevancia en la práctica jurídica más que considerable:

a) Profesionales altamente cualificados:

Se trata de una autorización de residencia y trabajo otorgada a nacionales de terceros países que hayan de ser contratados como empleados por una empresa en España para ejercer un puesto de trabajo de alta cualificación, y que además cuenten o bien con titulación universitaria relacionada, o bien, con al menos tres años de experiencia laboral que pueda considerarse equiparable a dicha titulación.

b) Inversores:

Si un nacional de un tercer país lleva a cabo una inversión significativa en España, ello le habilitaría para obtener un permiso de residencia y trabajo.

5 *Vid.* Ley 14/2013 de emprendedores (en línea): https://www.boe.es/buscar/act.php?id=BOE-A-2013-10074 (consulta de 25 de junio de 2024).

La inversión debe tener alguna de las características señaladas en el art. 63 de la Ley:

> «a) Una inversión inicial por un valor igual o superior a:
>
> 1.º Dos millones de euros en títulos de deuda pública española, o
>
> 2.º Un millón de euros en acciones o participaciones sociales de sociedades de capital españolas con una actividad real de negocio, o
>
> 3.º Un millón de euros en fondos de inversión, fondos de inversión de carácter cerrado o fondos de capital riesgo constituidos en España, [...], o
>
> 4.º Un millón de euros en depósitos bancarios en entidades financieras españolas.
>
> b) La adquisición de bienes inmuebles en España con una inversión de valor igual o superior a 500.000 euros por cada solicitante.
>
> c) Un proyecto empresarial que vaya a ser desarrollado en España y que sea considerado y acreditado como de interés general, para lo cual se valorará el cumplimiento de al menos una de las siguientes condiciones:
>
> 1.º Creación de puestos de trabajo.
>
> 2.º Realización de una inversión con impacto socioeconómico de relevancia en el ámbito geográfico en el que se vaya a desarrollar la actividad.
>
> 3.º Aportación relevante a la innovación científica y/o tecnológica».

c) Emprendedores:

Se otorgará un permiso de residencia y trabajo cuando el nacional del tercer país vaya a realizar una actividad emprendedora que sea innovadora y que suponga un impacto positivo para el interés económico de España.

d) Investigadores:

Se trata de una autorización que, como su nombre indica, habilita para investigar en centros de formación o universidades. También habilita a «*impartir clases relacionadas con la actividad investigadora...*» (art. 72.4 de la Ley 14/2013).

e) Trabajadores desplazados intraempresariales:

Esta autorización permite, esencialmente, a nacionales de terceros países que se encuentran trabajando fuera de España en una empresa, ser trasladados a otra empresa asentada en España, ya sea porque ambas empresas formen parte del mismo grupo empresarial o ya sea porque existe un acuerdo entre ambas empresas para el desplazamiento temporal de dicho trabajador/a.

f) Teletrabajadores de carácter internacional:

Este novedoso permiso habilita para que un nacional de tercer país resida en España mientras presta servicios a una empresa situada fuera del territorio español, siempre y cuando para ello utilice exclusivamente medios informáticos y/o telemáticos.

3.3.2. Enseñanza del papel que pueden jugar los colegios de abogados para el abogado de extranjería

En el ámbito del Derecho de Extranjería, los Colegios de Abogados vienen jugando un papel importante en el desempeño profesional del abogado. Concretamente, nos estamos refiriendo al Convenio entre el Ministerio de Política Territorial y el Consejo General de la Abogacía Española, en relación con la realización de trámites administrativos y gestión documental por vía electrónica[6]. En este sentido, sería importante enseñar al futuro abogado de extranjería el papel que pueden jugar a su favor.

El fundamento del Convenio mencionado se sustenta en hacer posible y aplicable lo dispuesto en el apartado 7 del art. 5 de la Ley 39/2015 del Procedimiento Administrativo Común de las Administraciones Públicas, esto es, la habilitación por parte de las Administraciones en favor de personas (físicas o jurídicas) que puedan representar a los interesados en un procedimiento administrativo vía electrónica (como son ya la mayoría de los procedimientos administrativos de extranjería). En este sentido, la cláusula 1.ª del Convenio señala:

> «El objeto del presente Convenio es habilitar a los abogados colegiados en los Colegios de Abogados que figuren inscritos en el Registro de representantes del Consejo General de la Abogacía Española, previsto en la cláusula tercera, para la presentación electrónica de documentos en representación de terceras personas, con el fin de favorecer el cumplimiento de obligaciones y el ejercicio de derechos de carácter administrativo por parte de los ciudadanos ante las Delegaciones y Subdelegaciones del Gobierno...».

Conviene mencionar que en el presente año 2024 se prorrogó dicho Convenio (hasta 2028), incluyendo un protocolo de actuación voluntario en virtud del cual

> «los Colegios de la Abogacía que lo deseen podrán suscribir un Protocolo de Actuación consistente en la presentación alternativa de manera centralizada por los Colegios de Abogados de expedientes de extranjería que aporten sus profesionales colegiados...»[7].

---

6 *Vid.* Resolución de 16 de abril de 2020, de la Dirección General de la Administración General del Estado en el Territorio, por la que se publica el Convenio con el Consejo General de la Abogacía Española, en relación con la realización de trámites administrativos y gestión documental por vía electrónica, «BOE» núm. 118, de 28 de abril de 2020, páginas 30538 a 30544 (en línea): https://www.boe.es/diario_boe/txt.php?id=BOE-A-2020-4698 (consulta de 26 de junio de 2024).

7 *Vid.* Cláusula sexta bis en la Resolución de 27 de marzo de 2024, de la Dirección General de la Administración General del Estado en el Territorio, por la que se publica la Adenda de modificación y prórroga del Convenio con el Consejo General de la Abogacía Española, en relación con la realización de trámites administrativos y gestión documental por vía elec-

3.3.3. Las distintas plataformas electrónicas de la Administración pública que debe conocer el futuro abogado de extranjería

Con la puesta en marcha del funcionamiento electrónico del sector público (capítulo V de la Ley 40/2015 del Régimen Jurídico del Sector Público), la inmensa mayoría de los diversos trámites y procedimientos de extranjería se pueden sustanciar vía telemática, evidenciando así un gran ahorro de tiempo y desplazamientos para los abogados colegiados especialistas en la materia.

En este sentido, resulta fundamental incluir en los planes de estudio de la asignatura «Derecho de Extranjería» formación específica destinada a conocer las distintas plataformas que la Administración pública pone al alcance de los interesados y de sus abogados a fin de solicitar los distintos permisos o autorizaciones de extranjería. Concretamente, podemos referirnos a tres plataformas o sedes electrónicas:

3.3.3.1. Plataforma MERCURIO[8]

Esta plataforma sirve para que los propios interesados o sus representantes pueden solicitar permisos iniciales o renovaciones del régimen general de extranjería (Ley 4/2000 y Reglamento de Extranjería – Real Decreto 557/2011); así como algunas autorizaciones del régimen comunitario (Real Decreto 240/2007), como la tarjeta de familiar de ciudadano de la UE.

3.3.3.2. Plataforma electrónica de la UGE (Unidad de Grandes Empresas)[9]

Si lo que se desea es solicitar o renovar alguna de las autorizaciones contempladas en la Ley 14/2013, de emprendedores (vistas anteriormente), se habrá de utilizar la sede electrónica de la Unidad de Grandes Empresas, órgano competente para resolver este tipo de solicitudes.

---

trónica, «BOE» núm. 83, de 4 de abril de 2024, páginas 38216 a 38220 (en línea): https://www.boe.es/diario_boe/txt.php?id=BOE-A-2024-6698 (consulta de 26 de junio de 2024).

8 *Vid.* PLATAFORMA MERCURIO (en línea): https://sede.administracionespublicas.gob.es/pagina/index/directorio/mercurio2 (consulta de 26 de junio de 2024).

9 *Vid.* PLATAFORMA DE LA UGE (en línea): https://expinterweb.inclusion.gob.es/iley11/inicio/showTramites.action?procedimientoSel=200&proc=1 (consulta de 26 de junio de 2024).

3.3.3.3. Plataforma del Ministerio de Justicia para expedientes de nacionalidad española por residencia[10]

De acuerdo con la normativa, cuando un extranjero reside de forma legal e ininterrumpida durante un determinado período de tiempo en España, adquiere el derecho de solicitar la nacionalidad española por residencia. Este período de tiempo puede variar en función de la situación particular de la persona, siendo el plazo general de diez años de residencia previa. No obstante, algunos colectivos, como los refugiados o los nacionales iberoamericanos, ven reducido este período de residencia (cinco años para los refugiados y dos años para los nacionales de países iberoamericanos).

En este sentido, se solicita la nacionalidad española por residencia a través de la plataforma del Ministerio de Justicia, habilitada específicamente para ello.

3.3.4. El seguimiento del expediente de extranjería una vez realizada la solicitud

Otra de las ventajas que ha traído la llamada Administración electrónica es la posibilidad de hacer un seguimiento telemático del procedimiento administrativo a fin de comprobar en qué estado se encuentra la solicitud:

- En trámite
- Requerimiento
- Resuelta favorable
- Resuelta desfavorable

Este seguimiento se puede hacer a través de dos cauces:

a) A través de la sede electrónica:

https://sede.administracionespublicas.gob.es/infoext2/

En este link, habría que introducir el NIE (o n.º de expediente), la fecha de presentación de la solicitud ante la Oficina de Extranjería y el año de nacimiento de la persona solicitante.

10 *Vid.* Plataforma del Ministerio de Justicia para la solicitud de nacionalidad española por residencia (en línea): https://sede.mjusticia.gob.es/es/tramites/nacionalidad-espanola (consulta de 26 de junio de 2024).

b) A través de mensaje SMS:

Sin lugar a duda, el futuro abogado de extranjería debería conocer el funcionamiento de estas herramientas para que sea la propia persona interesada la que pueda consultar el estado de su solicitud.

3.3.5. Incidencias y comunicación con las autoridades migratorias (oficinas de extranjería)

En el mismo sentido que el punto anterior, hemos de mencionar que el Ministerio para la Transformación Digital y de la Función Pública ha creado una plataforma para el planteamiento de incidencias ante las Oficinas de Extranjería[11].

Este modo electrónico de plantear consultas o incidencias ha venido sustituyendo, mayoritariamente, a la presencialidad y al trato directo con los funcionarios. Lo que se ha de hacer, además de introducir la información personal de quien realiza la consulta (Nombre, apellidos, NIE, correo electrónico, teléfono, nacionalidad...) es seleccionar la Oficina de Extranjería competente e indicar sobre qué materia concreta versa la consulta, estando disponibles:

- Asilo y apátridas;
- Autorización de regreso;
- Cartas de invitación;
- Ciudadanos de la UE;
- Consultas sobre cita previa;
- Estado del expediente;
- Incidencia con un expediente;
- Nacionalidad española;
- Requisitos autorizaciones;
- Expedición de tarjetas y certificados NIE;
- Tasas.

Realizada la consulta, se dará respuesta a la misma vía correo electrónico.

11 *Vid.* PLATAFORMA DE INCIDENCIAS DEL MINISTERIO PARA LA TRANSFORMACIÓN DIGITAL (en línea): https://sede.administracionespublicas.gob.es/ayuda/consulta/ExtranjeriaCG (consulta de 26 de junio de 2024).

3.3.6. Formación específica en cuando a la legalización de documentos extranjeros (legalización vía diplomática y apostilla de La Haya)

Resulta también palmaria la necesaria enseñanza, en el marco del Derecho de Extranjería, de la naturaleza de la legalización de documentos extranjeros, así como sus distintos procedimientos.

En primer lugar, resulta obvio señalar que para la obtención de los diversos permisos o autorizaciones de residencia y/o trabajo se hace necesaria la presentación de documentos que no han sido emitidos en España, sino en el extranjero (certificado de nacimiento, certificado de matrimonio, antecedentes penales, etc..). En este sentido, es ahí cuando entra en juego la llamada legalización de documentos, siendo esto un proceso en virtud del cual se da validez al documento emitido en el país de origen a fin de que pueda surtir efectos en el país de destino, en este caso, en España[12].

A grandes rasgos, se podría hablar de dos tipos de legalización: la legalización vía diplomática y la legalización vía Apostilla de la Haya[13].

3.3.7. Enseñar acerca del razonamiento crítico del abogado de extranjería: siempre debe tener una alternativa

El abogado/a que se dedica al sector de la extranjería conoce que en muy pocas ocasiones existe una garantía o certeza total en relación con las perspectivas de éxito de una solicitud de autorización de residencia y/o trabajo.

Los criterios aplicados por las distintas Oficinas de Extranjería y por las Administraciones Públicas competentes pueden interceder negativa o positivamente en el éxito de un cliente. Es por ello, por lo que los docentes universitarios deben enseñar a trabajar este aspecto consistente en la búsqueda de alternativas jurídicas, incluso antes de que la primera opción para que la persona extranjera obtenga su residencia en España pueda verse denegada.

Nuestro ordenamiento jurídico es amplio y bastante completo en el ámbito de la extranjería. Ello nos permite, como abogados en ejercicio, tantear las posibles estrategias a seguir si con la primera solicitud recibimos una contestación desfavorable.

---

12 *Vid.* Ministerio de Asuntos Exteriores: Legalización diplomática (en línea): https://www.exteriores.gob.es/es/ServiciosAlCiudadano/Paginas/Legalizacion-y-apostilla.aspx#Case_4 (consulta de 28 de junio de 2024).

13 *Vid.* Instrumento de Ratificación de España del Convenio suprimiendo la exigencia de la legalización de los documentos públicos extranjeros, hecho en La Haya el 5 de octubre de 1961 (en línea): https://www.boe.es/buscar/doc.php?id=BOE-A-1978-24413 (consulta de 28 de junio de 2024).

Veamos un ejemplo de lo que acabamos de mencionar:

Un matrimonio de personas argentinas llega a España con un visado de profesional altamente cualificado, al ser contratado uno de los dos por una empresa en España (Ley 14/2013 de emprendedores). Ocurre que este tipo de permiso de trabajo es válido en tanto en cuanto el titular (trabajador por cuenta ajena en la empresa española) sigue de alta en la misma empresa que le contrató, de tal suerte que, si cambia de empresa dentro de España, se ha de solicitar una nueva autorización de profesional altamente cualificado para la nueva empresa.

Dentro del matrimonio, únicamente es un cónyuge el que trabaja (titular) por lo que el otro cónyuge tiene un permiso de familiar de profesional altamente cualificado, es decir, que depende del permiso del titular para seguir manteniendo la residencia en nuestro país.

Tras un año de residencia, el cónyuge trabajador cambia de empresa, por lo que la nueva empresa le tramita un nuevo permiso de profesional altamente cualificado. Legalmente, al depender el cónyuge no trabajador del permiso del cónyuge titular, habría de habérsele tramitado, simultáneamente, su nuevo permiso de familiar de profesional altamente cualificado, procedimiento que no se inició a su debido tiempo. Es por ello por lo que, a los pocos meses, las autoridades migratorias le notifican al cónyuge familiar no trabajador la extinción de su permiso de residencia, quedándose en situación irregular.

En este sentido, ocurre que el matrimonio tuvo descendencia en España, entrando en juego lo que se conoce como la nacionalidad española con valor de simple presunción. Como señala el Ministerio de la Presidencia[14]:

> «Son españoles de origen:
>
> Los nacidos en España de padres extranjeros, si ambos carecen de nacionalidad (apátridas), o si la legislación de ninguno de ellos atribuye al hijo una nacionalidad. En este caso puede realizarse un Expediente en el Registro Civil de su domicilio para declarar la nacionalidad española con valor de simple presunción».

Efectivamente, Argentina es uno de estos países[15], por lo que al menor nacido en España se le podría otorgar la nacionalidad española con valor de simple presunción. La consecuencia de este otorgamiento es que se abriría la puerta para volver a regularizar al cónyuge que quedó en si-

---

14 *Vid.* Ministerio de la Presidencia, Justicia y Relaciones con las Cortes: Españoles de origen (en línea): https://www.mjusticia.gob.es/gl/ciudadania/nacionalidad/que-es-nacionalidad/como-adquiere-nacionalidad/espanoles-origen (consulta de 28 de junio de 2024).

15 *Vid.* Oficina municipal de información de Madrid, Orientación y Acompañamiento para la Integración Social de la Población Inmigrante (en línea): https://oficinamunicipalinmigracion.es/wp-content/uploads/2022/01/Nacionalidad-espanola-por-valor-de-simple-presuncion.pdf (consulta de 28 de junio de 2024).

tuación irregular, con base en la autorización de arraigo familiar. Así, el art. 124.3 del Reglamento de Extranjería señala que se podrá obtener el arraigo familiar:

> «Cuando se trate de padre o madre, o tutor, de un menor de nacionalidad española, siempre que la persona progenitora o tutora solicitante tenga a cargo al menor y conviva con éste o esté al corriente de las obligaciones paternofiliales respecto al mismo».

3.4. Conclusiones

Podemos afirmar, sin temor a equivocarnos, que la práctica profesional o el ejercicio de la abogacía tiene mucho que decir en el contexto de la innovación docente. Aquellos docentes que, o bien compatibilizan su docencia con el ejercicio, o bien han sido abogados ejercientes en el pasado, disponen de un abanico de herramientas que pueden tener un impacto positivo en la formación del alumno.

El Derecho de Extranjería es una asignatura del Grado en Derecho que amerita una impartición estrechamente vinculada con el mundo real. El impulso de la Administración electrónica, junto con los frecuentes cambios que afectan a esta rama del Derecho, requieren que el alumno/a deba conocer, no solamente aspectos relacionados con la teoría, sino con la práctica diaria del abogado/a de extranjería.

En este sentido, la práctica diaria no implica, solamente, el conocimiento de las plataformas electrónicas o el procedimiento para legalizar documentos, entre otros, sino que supone una manera de pensar por parte del jurista, consistente en una búsqueda constante de alternativas legales para que su cliente, la persona extranjera, pueda permanecer en nuestro país residiendo, trabajando, estudiando, etc.

Finalmente, consideramos que si se reforma parcialmente el temario en las universidades (a fin de introducir, entre otros puntos, normativa relevante y que se aplica en la práctica diaria —como la Ley 14/2013 de emprendedores—), se enseña al alumnado acerca de los instrumentos telemáticos que se ponen a disposición del abogado de extranjería, junto con una docencia basada en casos prácticos reales, estaremos en disposición de ofrecer al futuro abogado de extranjería un camino de oportunidades laborales en esta rama del Derecho, que si bien es cierto puede que no sea la más lucrativa, sí implica, en no pocas ocasiones, grandes satisfacciones para el profesional que consigue que la persona extranjera pueda permanecer en España, viéndose posteriormente integrada en nuestra sociedad, y accediendo posiblemente a la nacionalidad española.

3.5. Bibliografía

Carrión Morillo, D., «El valor añadido que el ejercicio profesional del docente puede aportar a las clases de Derecho financiero y tributario» en *Desafíos actuales de la innovación docente en ciencias jurídicas y sociales*, (Dir. Carlos María López Espadafor), Ed. Dykinson, 2022, (en línea): https://dialnet.unirioja.es/servlet/articulo?codigo=8450332 (consulta de 25 de junio de 2024).

Cubillo León, R., «Innovación docente, ¿intento o realidad?» en *Blog de la UI1*, 8.7.2021 (en línea): https://www.ui1.es/blog-ui1/innovacion-docente-intento-o-realidad (consulta de 24 de junio de 2024).

Otros documentos/normativa en línea

- Cláusula sexta bis en la Resolución de 27 de marzo de 2024, de la Dirección General de la Administración General del Estado en el Territorio, por la que se publica la Adenda de modificación y prórroga del Convenio con el Consejo General de la Abogacía Española, en relación con la realización de trámites administrativos y gestión documental por vía electrónica, «BOE» núm. 83, de 4 de abril de 2024, páginas 38216 a 38220 (en línea): https://www.boe.es/diario_boe/txt.php?id=BOE-A-2024-6698 (consulta de 26 de junio de 2024).
- Instrumento de Ratificación de España del Convenio suprimiendo la exigencia de la legalización de los documentos públicos extranjeros, hecho en La Haya el 5 de octubre de 1961 (en línea): https://www.boe.es/buscar/doc.php?id=BOE-A-1978-24413 (consulta de 28 de junio de 2024).
- Ley 14/2013 de emprendedores (en línea): https://www.boe.es/buscar/act.php?id=BOE-A-2013-10074 (consulta de 25 de junio de 2024).
- Ministerio de Asuntos Exteriores: Legalización diplomática (en línea): https://www.exteriores.gob.es/es/ServiciosAlCiudadano/Paginas/Legalizacion-y-apostilla.aspx#Case_4 (consulta de 28 de junio de 2024).
- Ministerio de la Presidencia, Justicia y Relaciones con las Cortes: Españoles de origen (en línea): https://www.mjusticia.gob.es/gl/ciudadania/nacionalidad/que-es-nacionalidad/como-adquiere-nacionalidad/espanoles-origen (consulta de 28 de junio de 2024).
- Oficina municipal de información de Madrid, Orientación y Acompañamiento para la Integración Social de la Población Inmigrante (en línea): https://oficinamunicipalinmigracion.es/wp-content/uploads/2022/01/Nacionalidad-espanola-por-valor-de-simple-presuncion.pdf (consulta de 28 de junio de 2024).

- Plataforma MERCURIO (en línea): https://sede.administracionespublicas.gob.es/pagina/index/directorio/mercurio2 (consulta de 26 de junio de 2024).
- Plataforma de la UGE (en línea): https://expinterweb.inclusion.gob.es/iley11/inicio/showTramites.action?procedimientoSel=200&proc=1 (consulta de 26 de junio de 2024).
- Plataforma del Ministerio de Justicia para la solicitud de nacionalidad española por residencia (en línea): https://sede.mjusticia.gob.es/es/tramites/nacionalidad-espanola (consulta de 26 de junio de 2024).
- Plataforma de incidencias del Ministerio para la Transformación Digital (en línea): https://sede.administracionespublicas.gob.es/ayuda/consulta/ExtranjeriaCG (consulta de 26 de junio de 2024).
- Resolución de 16 de abril de 2020, de la Dirección General de la Administración General del Estado en el Territorio, por la que se publica el Convenio con el Consejo General de la Abogacía Española, en relación con la realización de trámites administrativos y gestión documental por vía electrónica, «BOE» núm. 118, de 28 de abril de 2020, páginas 30538 a 30544 (en línea): https://www.boe.es/diario_boe/txt.php?id=BOE-A-2020-4698 (consulta de 26 de junio de 2024).
- Universidad de León: «¿Qué es Innovación Docente?» (en línea): https://servicios.unileon.es/innovacion-docente/que-es-innovacion-docente/#:~:text=La%20Innovaci%C3%B3n%20Docente%3A,las%20din%C3%A1micas%20que%20se%20generan. (consulta de 24 de junio de 2024).

4.

EL MARCO LEGISLATIVO DE LA FORMACIÓN VIRTUAL EN EL ÁMBITO UNIVERSITARIO Y LA FORMACIÓN PROFESIONAL

José Manuel López Jiménez y Luis Sebastián Castañares
Áreas de Derecho del Trabajo y la Seguridad Social y Derecho Administrativo
josemanuel.lopez.jimenez@ui1.es / luis.sebastian@ui1.es

RESUMEN: La enseñanza del Derecho en el ámbito universitario y de la Formación Profesional se ha caracterizado tradicionalmente por establecer caminos completamente distantes y en absoluto complementarios, en los cuales el legislador ha actuado de forma aislada. Esta práctica se ha confirmado a la hora de implementar las tecnologías de la información y la comunicación. Así, mientras la Formación Profesional ha regulado y aplicado de una forma más convencida las distintas modalidades presencial, híbrida y virtual, en el ámbito universitario esta aplicación se ha producido regularmente de forma resignada, trasladando el ámbito presencial al formato telemático. En el presente capítulo derivado de la ponencia presentada en el I Congreso Internacional de Innovación en el Ámbito de las Ciencias Jurídicas organizado por la Universidad Isabel I se realiza un análisis de la legislación obrante respecto a la enseñanza del Derecho en ambos niveles educativos así como la necesidad de implementación de medidas de concienciación y formación para alumnos y docentes de cara a introducir una metodología que permita al alumno una actualización constante en las ciencias jurídicas y una capacidad crítica en un mundo en constante evolución.

PALABRAS CLAVE: Docencia, Derecho, Formación Profesional, nuevas tecnologías, virtual.

4.1. Introducción

La evolución de las tecnologías de la información y la comunicación ha revolucionado los espacios de enseñanza aprendizaje, permitiendo la creación de modalidades educativas que trascienden la presencialidad física y la sincronía temporal. En este contexto, resulta necesario analizar los cambios legislativos que, en el marco universitario y de la formación profesional, buscan adaptar los entornos de enseñanza y aprendizaje a las necesidades actuales y futuras del mercado laboral y las demandas de una sociedad en constante transformación tecnológica y social. Estos cambios legislativos no solo buscan mejorar la accesibilidad y flexibilidad del aprendizaje, sino también garantizar la calidad educativa y la igualdad de oportunidades. La incorporación de modalidades virtuales y semipresenciales en los sistemas de formación profesional y universitario responde a la necesidad de formar a ciudadanos competentes en el uso de nuevas tecnologías, capaces de adaptarse a un entorno laboral cada vez más digitalizado y globalizado.

Asimismo, es esencial considerar el impacto de estas modalidades en la estructura y metodología de la enseñanza. La transición hacia la formación virtual implica un replanteamiento de las estrategias pedagógicas, la creación de materiales didácticos interactivos y el establecimiento de sistemas de evaluación adaptados a las nuevas realidades educativas. Este proceso de adaptación requiere un esfuerzo conjunto de legisladores, instituciones educativas y docentes para asegurar que la educación siga siendo relevante y efectiva en un mundo en constante cambio.

4.2. La formación virtual en el ámbito universitario

La introducción de las nuevas tecnologías en el ámbito formativo ha pasado de ser un objetivo para convertirse en un reto en los últimos años teniendo en cuenta el auge del progreso tecnológico. Efectivamente, la denominada Revolución Industrial 4.0 ha traído consigo la introducción de elementos como la inteligencia artificial o el *machine learning* entre muchos otros, lo que ha convertido el aprendizaje virtual en una metodología en sí misma que excede de ser una mera herramienta o recurso. A ello se han unido sin duda las consecuencias de la pandemia derivada de la Covid19 que han generado una necesidad de encontrar nuevas fórmulas en las cuales la sincronía y la necesidad de concurrencia en el espacio-tiempo observen nuevas posibilidades.

Sin embargo, y pese a que desde el ámbito pedagógico la formulación de la formación a distancia en sus distintas modalidades ha sido afrontada tiempo atrás, en otros ámbitos como puede ser el Derecho, y especialmente en el nivel superior de educación, resulta necesario profundizar en las dificultades que se plantean y en las dificultades del legislador a la hora de establecer directrices claras.

4.2.1. Novedades legislativas en el ámbito de la formación virtual a nivel universitario

4.2.1.1. Ley Orgánica del Sistema Universitario

No son extensas ni de gran especificidad las remisiones realizadas por la Ley Orgánica 2/2023, de 23 de marzo, del sistema universitario, al ámbito virtual. Con toda probabilidad tampoco era este el objetivo habido cuenta de que la misma opera como ley marco y desarrollo del derecho fundamental a la educación consagrado en el artículo 27 de la Constitución Española.

A estos efectos, en el preámbulo de la norma ya hace concebir al legislador a la formación virtual como garante de la equidad al indicar que, al igual que se establecen requisitos en materia de igualdad entre mujeres y hombres, así como medidas de fomento de la conciliación y la corresponsabilidad, la universidad debe garantizar el acceso a los entornos virtuales a personas con discapacidad.

No obstante, parece en este sentido insuficiente dicha concepción pues el aprendizaje virtual puede en sí mismo ser herramienta no sólo de acceso para este colectivo, sino también para aquellos en los cuales existan otro tipo de dificultades. Piénsese a estos efectos en las zonas más despobladas o lejanas a los centros productivos en los cuales un correcto acceso virtual puede suponer una mejora de las posibilidades y proyección profesional.

Resulta no obstante paradójico que el legislador, ya en el articulado y a la hora de hablar de la función docente (art. 6) dentro de la organización de las enseñanzas, estipule una preferencia en favor de la enseñanza presencial, mostrando en este sentido mayor propensión a la idea de que la adopción de la enseñanza virtual proviene de una obligación de los tiempos a la verdadera voluntad de progreso y avance metodológico, más aún cuando dentro del mismo artículo, en su apartado 3 se indica que «la innovación en las formas de enseñar y aprender debe ser un principio fundamental en el desarrollo de las actividades docentes y formativas universitarias».

Por otra parte, sí incluye el derecho del alumnado y por tanto la correlativa obligación de la institución de garantizar, durante el período de matriculación, que el estudiante recibe la información necesaria respecto a las tres modalidades, ya sea presencial, virtual o híbrida.

Debe entenderse en este sentido que, dentro de los derechos del alumnado, al hilo de los indicado en el preámbulo, la obligación de la universidad de proveer la accesibilidad a los entornos «físicos y virtuales» así como a servicios, procedimientos y materiales educativos. Subyace en este sentido la dificultad de cómo proveer dicha accesibilidad puesto que, si bien el acceso a la plataforma es responsabilidad de la universidad, el acceso a internet excede de la responsabilidad de la institución educativa.

Sin embargo, y a modo de conclusión de este apartado, es función de las universidades tal y como indica el artículo 2 de la LOSU la evaluación crítica del conocimiento tecnológico, por lo que debe entenderse que dentro de las competencias que el alumno egresado de nivel superior debe adquirir una vez egresado, sin duda la competencia digital será de las más relevantes. Es importante en este sentido, y una vez sentadas las bases respecto a la docencia virtual, entrar de un modo más específico en la diferenciación de las distintas modalidades referidas en la propia LOSU.

4.2.2. La organización de las enseñanzas universitarias y la formación virtual

La regulación de las enseñanzas universitarias viene definida en el Real Decreto 822/2021/ de 28 de septiembre, como sucesor directo del Real Decreto 1393/2007, de 29 de octubre. A estos efectos, el objetivo de la norma consiste en continuar, al igual que su antecesora, incorporando los principios contenidos en el gran acuerdo relativo al Espacio Europeo de Educación Superior, con dos retos principales.

Por una parte, la introducción de una metodología más activa en que la enseñanza-aprendizaje combine la tradicional clase magistral con otras actividades que refuercen el trabajo autónomo del estudiantado y la incorporación de las nuevas tecnologías y; por otra parte, el fomento de la movilidad internacional. Pero si por algo destaca este Real Decreto es por la definición y delimitación de las distintas modalidades de enseñanza que conforman la educación superior.

De esta manera, el artículo 14.7 define la formación presencial como aquella en que el conjunto de la acción formativa se realiza bajo esta modalidad, indicando que a estos efectos el cómputo refiere a la interactuación entre profesorado y estudiantado dentro de un mismo espacio físico. Será modalidad semipresencial o híbrida aquella que, combinando ambas modalidades, observe una proporción de créditos no presenciales situada entre el 40 y el 60 % del total del título.

Por último, se entenderá como modalidad virtual aquella en que al menos un 80 % de los créditos ECTS se desarrollen a través de esta metodología. Si bien el citado artículo refiere a las directrices para el diseño de planes de estudio referidos a los Grados oficiales, existe una remisión directa para el caso de los másteres en el artículo 17.5 por lo que deberán mantenerse estos criterios. Debe indicarse que la ley estableció un período de tres años para que las titulaciones realizaran la correcta adaptación a este sistema por lo que en la actualidad la práctica totalidad de estas utilizan esta distinción.

4.2.3. La incorporación del aprendizaje virtual en el ámbito de las ciencias jurídicas

Sentadas las bases conceptuales sobre qué entendemos por educación virtual, entendida ésta como aquella en la que los medios telemáticos observan un carácter preeminente procede valorar cómo ha se ha desarrollado la introducción del carácter telemático en el ámbito del Derecho y en disciplinas afines. Cabe indicar que si bien tiempo atrás ya se incidía en que la adquisición de competencias en materia de nuevas tecnologías debía considerarse imprescindible[1], no ha sido hasta fechas recientes en las que verdaderamente se ha producido un cambio en la forma de afrontar la introducción de esta metodología.

La pandemia derivada de la Covid-19 supuso dejar de lado temporalmente el aprendizaje presencial y tal y como indican algunos autores[2], se apostó por el uso de la tecnología como medio para afrontar las dificultades de movilidad incluyendo atropellados y en ocasiones dispersos programas de capacitación en los cuales cabe plantearse si más que ante una apuesta, se estaba ante una solución resignada. La enseñanza de las ciencias jurídicas observa una paradoja relevante en la cual una disciplina en constante cambio adolece de una estaticidad palpable que hace que resulte imperioso un cambio en la concepción de docente y alumno y sus modos de relacionarse. De este modo, la introducción de las nuevas tecnologías añade un «valor superlativo»[3] (Cicero, 2018) que excede de la mera lectura y explicación de textos, mejorando la calidad de la docencia y la formación de los alumnos.

1 *Libro blanco del Grado en Derecho*. Agencia Nacional de Evaluación y Acreditación. 2006

2 Flores, P.: «La enseñanza del Derecho: reflexiones pedagógicas y jurídicas sobre seis frases universitarias». *Vox Juras*. 2021.112-144 (137).

3 Karina Cicero, N.: «Innovar la enseñanza del Derecho ¿sólo se trata de tecnologías de la información y comunicación?» *Revista Pedagogía Universitaria y Didáctica del Derecho*. Vol. 5 Núm. 2. 2018. Pág. 91-109.

4.2.4. La formación del profesorado

La enseñanza tradicional del Derecho y las distintas áreas jurídicas, así como la mayoría de las formaciones superiores, vienen acompañadas de una clara falta de formación por parte del profesorado. Dicho de otra manera, el docente jurídico, al enfrentarse a un aula por primera vez, ha afrontado un aprendizaje en el mundo del Derecho nada desdeñable pero nulo o prácticamente nulo en materia de docencia pues si en algo ha podido formarse ha sido en materia de investigación, pero en caso alguno en el método de enseñanza-aprendizaje.

Es por ello por lo que si se pretenden incorporar las nuevas tecnologías en el ámbito docente es necesario comenzar por la formación del profesorado como vía previa a la transmisión de conocimientos a través de las nuevas tecnologías. Se unen en este sentido dos objetivos: la formación del docente en las distintas herramientas digitales en primer lugar y la formación metodológica después. El objetivo en este sentido es generar el máximo grado de interactividad entre alumno y docente a través de los distintos recursos que ofrecen las nuevas tecnologías.

Así, en primer lugar, es necesario realizar una perfilación del profesorado que permita detectar las necesidades formativas y realizar un plan formativo inicial y continuo. Entre los principales aspectos formativos que requiere la docencia del Derecho está la creación de materiales didácticos interactivos que fomenten la atención del alumno y entre los cuales es imprescindible discernir adecuadamente las motivaciones de cada contenido, evitando descripciones «monológicas»[4].

En ocasiones, la principal crítica de los estudiantes de Derecho es la extrema conceptualización o teoricismo del Derecho que lleva a ser una rama de «profesores formando profesores» y en la cual se estudian dogmas y axiomas ya realizados[5]. Por tanto, la formación del profesorado en el ámbito de las nuevas tecnologías debe venir acompañado de un cambio de paradigma en el cuerpo docente. No se trata de formar egresados en sistemas jurídicos ya creados o filosofías estáticas, sino en aportarles las competencias necesarias para poder llegar a dichas conclusiones.

En el pasado, la información recibida por el aprendiz de jurista era prácticamente única y el aprendizaje observaba un carácter pasivo. Sin embargo, en la actualidad y mientras el docente está dando una clase, el alumno puede estar consultando otras fuentes que refuten la argumentación en el mismo

4 Karina Cicero, N. y María Parise, C.: «Elaboración de materiales digitales para la docencia jurídica virtual». *Docencia y Derecho, Revista para la docencia jurídica universitaria*. N. 20. 2022. P. 40.

5 Pérez Lledó, J. A.: «La enseñanza del Derecho en España. Un diagnóstico crítico y algunas propuestas». En *30 años de argumentación jurídica en Alicante. Cuadernos de Filosofía del Derecho*. 2023

momento. Es por ello por lo que el fomento del espíritu crítico en el alumno debe ser competencia básica para alcanzar por todos los docentes.

Y para ello es imprescindible que el docente entienda que la docencia presencial, híbrida y virtual persiguen objetivos comunes, pero en caso alguno pueden llegar por vías similares. Durante la pandemia, fue práctica común trasladar íntegramente las clases magistrales a la modalidad virtual sin tener en cuenta la capacidad de atención del alumno, la capacidad de atracción del docente en esta metodología, el uso de materiales didácticos adecuados, así como su evaluación. A su vez, y aparte de la mejora de la formación docente y la implantación de una cultura innovadora que evite la resistencia al cambio por parte de los docentes, es imprescindible establecer sistemas de calidad acordes a la nueva metodología y que permitan acometer una mejora continua y actualizada de la formación[6].

4.2.5. La formación del profesorado

Paralelamente y como es lógico, la introducción de las nuevas tecnologías debe tener su repercusión en la docencia y adquisición de competencias jurídicas por parte del alumno. En este caso de nuevo, la institución debe proveer al estudiante de formación tecnológica genérica a nivel de usuario y específica como jurista. No parece en la actualidad que los habituales sistemas memorísticos sigan contando con la utilidad de antaño teniendo en cuenta que el acceso a la información es ahora prácticamente instantáneo, siendo preciso que el alumno domine las principales bases de datos jurídicas y recursos de investigación en el ámbito de las ciencias jurídicas. En este sentido resulta tan conveniente el conocimiento por parte del alumno de los recursos que le van a llevar al contenido necesario como el propio contenido en sí.

Es cierto que en los niveles de enseñanza superior los conocimientos ofimáticos del alumno debieran permitir a las universidades afrontar con garantías la implantación de metodologías virtuales pero la continua evolución de las tecnologías de la información y la comunicación hace que raramente sea posible en las etapas anteriores a la enseñanza universitaria el afrontar con garantías algo que apenas se conoce. Prueba de ello es la aparición de la inteligencia artificial definida como un «conjunto de tecnologías de rápida evolución que puede generar (...) ventajas competitivas esenciales»[7].

---

6 DELGADO, A.M. y OLIVER, R. «Enseñanza del Derecho y tecnologías de la información y la comunicación» [artículo en línea]. UOC. [Fecha de consulta: 12/07/2024]. http://www.uoc.edu/dt/20310/index.html 2003, p. 353.

7 Propuesta de Reglamento del Parlamento Europeo y del Consejo por el que se establecen normas armonizadas en materia de inteligencia artificial (Ley de Inteligencia Artificial) y se modifican determinados actos legislativos de la Unión.

4.3. Novedades legislativas en formación profesional y regulación de la formación virtual

Análogamente al análisis realizado en el ámbito universitario, se hace pertinente examinar la actualización del sistema de formación profesional y su impacto en la regulación de la formación virtual. Como veremos a continuación, esta actualización tiene como objetivo potenciar la educación vocacional como recurso clave para el desarrollo y la cohesión social, integrando elementos como la coeducación, transversalidad, sostenibilidad y cambio digital. La formación profesional, como parte integral tanto del sistema educativo como del tejido productivo, se somete a revisiones significativas bajo esta nueva normativa, lo que debe de contribuir a su reconocimiento social.

4.3.1. Modificación de la Ley Orgánica de Educación

El actual cambio de paradigma de la formación profesional parte de la Ley Orgánica 3/2020 por la que se modifica la Ley Orgánica 2/2006 de Educación, y cuyo objetivo principal se erige en la necesidad de actualizar los sistemas educativos para adaptarlos a las necesidades y contextos actuales. Estas adaptaciones pretenden potenciar la educación como un recurso clave para el desarrollo y la cohesión social. Así, la coeducación, la transversalidad, el desarrollo sostenible y el cambio digital son elementos que el legislador pone en el centro del sistema educativo con la intención de propiciar el desarrollo personal en capacidades, identidad y comprensión. Como elemento integrado, la formación profesional es también objeto de revisiones a la luz de la nueva normativa educativa, por lo que la nueva norma educativa tiene por objeto también contribuir al reconocimiento social de los itinerarios formativos de formación profesional, así como la flexibilización de sus enseñanzas, así como la agilización de los procesos de incorporación de nuevos contenidos.

La reforma de la ley orgánica de educación introduce modificaciones relacionadas con el concepto y objetivos de la formación profesional, así como en la organización de los ciclos formativos y la relación existente entre los nuevos títulos de formación profesional y su relación con el Catálogo Nacional de Cualificaciones Profesionales, así como la dualización del currículo de los ciclos formativos. Asimismo, se reforma el acceso a los diferentes niveles de las titulaciones de formación profesional y se orienta hacia un tipo de evaluación determinado que desarrollaremos a continuación.

En su modificación del artículo 39, la ley orgánica conceptualiza la formación profesional como el conjunto de acciones formativas que capacitan para el desempeño cualificado de diversas profesiones, acceso al empleo y participación en la vida social, cultural y económica; incluyendo la formación profesional, inserción y reinserción laboral, y formación continua en empresas. En este punto, podemos observar que la nueva ley enfatiza el carácter integrado del sistema de formación profesional, limando la dicotomía hasta ahora existente entre el subsistema de formación profesional del sistema educativo y el subsistema de formación profesional para el empleo. En definitiva, lo que se pretende es ofrecer al alumnado (jóvenes, pero también profesionales y parados) una formación para la actividad profesional sea esta más o menos dilatada, así como vital para la adaptación a los cambios laborales, la contribución al desarrollo personal y profesional y que permita una progresión interna dentro del propio sistema educativo general.

A propósito del establecimiento de los niveles de los ciclos formativos, la nueva normativa establece un cambio en la denominación de la formación profesional básica, pasando a designarse como ciclos formativos de grado básico, integrando en los mismos también la estructura modular típica y una duración variable respecto de los otros niveles (grado medio y superior, y cursos de especialización). Y esta estructura modular mencionada, así como su diseño curricular, queda referida al Catálogo Nacional de Cualificaciones Profesionales, como instrumento del Sistema Nacional de las Cualificaciones y Formación Profesional que ordena las cualificaciones profesionales, susceptibles de reconocimiento y acreditación identificadas en el sistema productivo en función de las competencias apropiadas para el ejercicio profesional[8] (artículo 2 del RD 1128/2003). De esta forma, el sistema pretende que la oferta formativa esté vinculada de forma evidente con las necesidades del sistema productivo, y que las competencias profesionales, personales y sociales desarrolladas en los títulos de los ciclos formativos y cursos de especialización se correspondan con las necesarias para el ejercicio profesional de los diferentes perfiles profesionales.

Otro de los fundamentos de la nueva ley educativa es la difusión de la formación profesional dual, lo que implica que todos los ciclos formativos deben incorporar una fase de formación en empresa u organismo equiparado. De este modo, la intención del sistema es que la totalidad del alumnado de ciclos formativos de régimen general hayan desarrollado su itinerario formativo en régimen dual, *sensu contrario* de la situación actual, donde el porcentaje es del 3,7[9].

En cuanto al acceso a los ciclos de grado básico, se requieren los quince años de edad, haber cursado tercer curso de educación secundaria obligatoria o excepcionalmente el segundo curso de este, siempre y cuando el equipo docente así lo proponga, como indica en el artículo 41, el cual también enfatiza las condiciones de acceso y admisión para grado medio y superior. En este punto, no son grandes cambios los que integra el sistema respecto a la normativa anterior.

---

8 Artículo 2 del RD 1128/2003.

9 Consejo Económico y Social de España, Informe La Formación Dual en España: situación y perspectivas, 2023, p. 170.

Respecto de la evaluación, queda establecida en el artículo 43 queda diseñada para realizarse por módulos profesionales, teniendo en cuenta la globalidad del ciclo formativo desde la perspectiva de las nuevas metodologías de aprendizaje (salvo en el caso del grado básico donde ésta se realizará por ámbitos). Esto implica, como hasta ahora, que el alumnado no podrá titular sin superar todos y cada uno de los módulos profesionales que integran cada ciclo formativo. Detallaremos en el subcapítulo relacionado con la nueva ley orgánica de formación profesional este tipo de evaluación y su relación con las nuevas metodologías. De la misma manera, el nuevo arquetipo de la formación profesional diseñado por la reforma educativa integra la promoción de competencias en digitalización, innovación, emprendimiento y desarrollo sostenible, como se expone la nueva redacción del artículo 42 de la ley orgánica de educación. De hecho, con la implantación gradual de la oferta de Grados D de Formación Profesional en los términos del artículo 40 de la ley, los nuevos módulos profesionales relacionados con la innovación y la sostenibilidad entrarán en vigor en el curso escolar 2025-26[10].

En la misma línea, se hace hincapié en el principio de inclusión como elemento esencial en la gestión de la atención a alumnos con necesidades específicas de apoyo educativo, con el objetivo de garantizar una educación de calidad y accesible para todos los estudiantes. Esta inclusión pretende asegurar que todos los alumnos, independientemente de sus capacidades o necesidades, tengan acceso a una educación que les permita desarrollarse plenamente tanto en el ámbito académico como personal. Y, en efecto, este enfoque puede incluir también modificaciones en las metodologías de enseñanza aprendizaje y la evaluación, así como adaptaciones curriculares ex artículo 30. Precisamente, para los docentes de las especialidades de Formación Profesional del Cuerpo de Profesores de Educación Secundaria, esta es la *quaestio iuris*, pues hasta ahora las adaptaciones curriculares significativas quedaban fuera del ámbito de la Formación Profesional al entenderse que la supresión de contenidos, resultados de aprendizaje o criterios de evaluación implicaba un perjuicio directo del futuro profesional, que no sería capaz de haber todos los aprendizajes concretos a su perfil profesional, arruinando en parte su empleabilidad. Del mismo modo, la reforma legislativa pretende el desarrollo de un sistema de orientación ajustado y eficaz que fomente la igualdad de oportunidades para todo el alumnado.

También, la nueva norma pretende implementar un sistema con tendencia a la actualización y flexibilización de los programas formativas que logren una enérgica especialización de la oferta formativa en formación profesional, hecho que se pretende complementar con el impulso a procedimientos para el reconocimiento y acreditación de competencias profesional adquiridas a

10 Artículo 11 del Real Decreto 278/2023, de 11 de abril, por el que se establece el calendario de implantación del Sistema de Formación Profesional establecido por la Ley Orgánica 3/2022, de 31 de marzo, de ordenación e integración de la Formación Profesional.

través de la experiencia laboral. Esta cuestión no es baladí, ya que el sistema educativo pretende estar en disposición de generar itinerarios formativos individualizados, como comentaremos más adelante.

4.3.2. El nuevo sistema de formación profesional

El sistema de formación profesional ha sufrido un gran cambio de paradigma, al integrar finalmente los dos subsistemas de FP existentes hasta la reforma de la LOMLOE: el subsistema de formación profesional del sistema educativo y para el empleo. Un cambio necesario por la importancia de que los ciudadanos —estudiantes y profesionales principalmente— desarrollen competencias personales, sociales y profesionales para adaptarse a los cambios económicos y tecnológicos actuales y de futuro, máxime cuando la carencia de estas mismas competencias impacta directa y negativamente tanto en el bienestar personal como social, como los indicadores del elevado desempleo estructural y abandono escolar temprano muestran.

El nuevo paradigma de la formación profesional busca superar las limitaciones del sistema anterior basado en la Ley Orgánica 5/2002 de las Cualificaciones y de la Formación Profesional, fragmentado entre los dos mencionados subsistemas de formación profesional educativo y para el empleo, lo que ha venido generando ineficiencias y falta de respuesta a las necesidades del mercado laboral. Con la reforma, se busca crear un nuevo modelo de formación profesional capaz de ofrecer formación y acompañamiento a lo largo de la vida, respondiendo a las necesidades del tejido productivo, lo que pueda generar un fortalecimiento de la economía a medio y largo plazo, asegurando que los profesionales puedan adaptarse a los cambios constantes del mercado de factores.

Además, la nueva normativa pretende alinear sus objetivos con las tendencias globales, siendo dos elementos clave la innovación y la sostenibilidad, que se integran de manera transversal en todas las áreas de la Formación Profesional, a través de la digitalización del currículo con la integración de tecnologías y herramientas digitales, innovación metodológica mediante metodologías activas y entornos virtuales de aprendizaje y colaboración con la industria mediante proyectos de innovación y actualización continua. Respecto a la sostenibilidad, el sistema pretende priorizar la transversalidad de competencias verdes relacionadas con la formación en sostenibilidad y con proyectos relacionados con las energías renovables, así como la integración en los títulos de formación profesional del concepto de transición ecológica mediante los parámetros de economía verde y azul y responsabilidad ambiental.

En términos generales, el preámbulo de la ley orgánica 3/2022 expone la pretensión de no únicamente mejorar la empleabilidad y cualificación de la población, sino también fortalecer la economía y cohesión social del país, alineándose con las políticas y recomendaciones europeas.

4.3.2.1. La Ley Orgánica de Ordenación e Integración de la Formación Profesional

Como hemos comentado anteriormente, la Ley Orgánica 3/2022 de ordenación e integración de la Formación Profesional introduce un marco normativo innovador y actualizado para la formación profesional en España, que introduce diferentes novedades significativas.

En primer lugar, la ley orgánica establece un modelo integral y articulado, definiendo y regulando las ofertas formativas con carácter indiscutiblemente dual y estrechando las relaciones entre la formación profesional y la universidad. En segundo lugar, la nueva norma instaura el sistema único de FP con la integración de los subsistemas de formación profesional para el empleo y del sistema educativo, identificando competencias profesionales del mercado laboral con el objeto de asegurar ofertas formativas adecuadas. De esta manera, y por primera vez, se define un sistema único de formación profesional articulado y compacto que pretende identificar las competencias profesionales del mercado laboral, asegurar las ofertas de formación idóneas, posibilitar la adquisición de la correspondiente formación o reconocimiento, así como poner a disposición un servicio de orientación y acompañamiento profesional que permita el diseño de itinerarios formativos tanto individuales como colectivos.

Además, la oferta de formación profesional queda organizada en cinco grados, con ofertas que permiten la adquisición de microformaciones (unidades coherentes de contenidos parciales) que, sumadas, permitirán a los estudiantes ir ascendiendo por un continuo de formación, y así obtener sucesivas acreditaciones y titulaciones de mayor relevancia. De esta manera, los profesionales y estudiantes podrán programar su propio itinerario formativo, de forma que puedan encontrar la formación que, para cada caso particular y atendiendo a las circunstancias vitales, resulte más adecuada a las expectativas y necesidades. Toda la formación, desde las microformaciones, queda diseñada como acumulable y acreditable, generando así un sistema único organizado por grados de formación. Un sistema formado por acreditaciones parciales de competencia que integran un solo resultado de aprendizaje incluido en una oferta superior, certificaciones de competencia que se asemejan a un módulo profesional incluido en una oferta superior como un certificado profesional o un ciclo formativo (ambos con tres niveles cada uno correspondientes a la nivelación básica, media y superior).

Este cambio de paradigma integra elementos clave e instrumentos de gestión del nuevo sistema de formación profesional, como el nuevo Catálogo Nacional de Estándares de Competencias Profesionales, que sustituye al Catálogo Nacional de Cualificaciones Profesionales (artículo 7), así como el Catálogo Modular de Formación Profesional y el Catálogo Nacional de Ofertas de Formación Profesional más los registros que sirven a la gestión del sistema (como el de acreditaciones de competencias profesionales adquiridas por experiencia laboral o vías no formales e informales). El Catálogo Nacional de Estándares de Competencias Profesionales se diseña como el instrumento del sistema que ordena los estándares de competencias profesionales identificados en el sistema productivo, en función de las competencias apropiadas y el estándar de calidad requerido para el ejercicio profesional, que sean susceptibles de reconocimiento y acreditación. Por su parte, el Catálogo Modular de Formación Profesional define el currículo de cada uno de los módulos profesionales que se desarrollen en las titulaciones de formación profesional que los integren, como pueden ser los certificados profesionales, ciclos formativos y cursos de especialización.

A nivel curricular, la ley orgánica incorpora una duración variable de las formaciones, la revisión constante de los currículos y la flexibilidad en su diseño. También incorpora complementos de formación adaptados a los diferentes territorios (ya sea a nivel autonómico o comarcal). Así, también se pretende el planteamiento de la generación de dobles titulaciones de formación profesional y una mayor relación de la formación profesional con la universidad. Finalmente, se integra la obligatoriedad de proyectos intermodulares en parte del nivel D de titulación (técnicos y técnicos superiores).

En cuanto a la dualización de las titulaciones, todas ellas tienen este carácter, implicando que todo el estudiantado, para alcanzar un certificado o título de grado C o D deberá pasar por la empresa durante su formación (como hasta ahora). Dependiendo del tipo de formación profesional (general o intensiva), variará la duración del periodo en la empresa, así como el porcentaje de resultados de aprendizaje asumidos por esta o la relación con la empresa (respecto de la existencia de relación laboral o no). En la formación profesional general, entre el veinticinco y el treinta y cinco por ciento de la formación será en empresa, con una colaboración de hasta un veinte por ciento de los resultados de aprendizaje por parte de la empresa y sin la existencia de vinculación contractual por la empresa (artículo 66 de la ley). En cambio, la formación profesional intensiva contempla una formación en empresa a partir del treinta y cinco por ciento de la duración total de la formación, con una colaboración en más de treinta por ciento de los resultados de aprendizaje en la empresa y con vinculación contractual con la misma. Así mismo, en las empresas, cada uno de los estudiantes deberá contar con un plan de formación que detallará esos resultados de aprendizaje que se desarrollarán en el contexto del centro educativo y en la empresa, regulando la figura tanto del tutor dual del centro como de la compañía. Todo ello, con la adición de la creación de figuras nuevas que tienen por objeto mejorar la colaboración y facilitar la colaboración de los centros educativos con las empresas, como el prospector de empresas y la figura de experto senior de empresa en el centro.

Como puede observarse, el diseño actual de la formación profesional basado en la nueva ley orgánica, pretende generar un nuevo modelo que ofrezca oportunidades de formación a cualquier edad y en cualquier condición, sin más limitaciones que las propias capacidades y expectativas y con la flexibilidad necesaria para diseñar itinerarios propios que proyecten acreditaciones capitalizables para la empleabilidad mediante ofertas compatibles con obligaciones personales y laborales y con un acompañamiento permanente.

4.3.2.2. El Real Decreto por el que se desarrolla la ordenación del Sistema de Formación Profesional

Como legislación de desarrollo, este real decreto tiene por objeto la concreción del diseño de un sistema único e integrado de formación profesional basado en los grados secuenciales comentados con anterioridad, organizados en varios bloques formativos menores que el módulo profesional en el caso de los grados A y en módulos profesionales de duración variable en el caso del resto. Así pues, los currículos correspondientes a los grados A, B y C serán los establecidos por el Ministerio de Educación y Formación Profesional, siendo las administraciones educativas autonómicas las que establezcan los currículos correspondientes a los grados D y E, sin perjuicio de lo establecido para los territorios que no los desarrollen, como por supuesto se entiende respecto de las ciudades autónomas de Ceuta y Melilla.

Los módulos profesionales constituyen, ex artículo 11 del real decreto, unidades coherentes de formación, a efectos de planificación y diseño de los aspectos básicos del currículos por parte de las administraciones educativas en el diseño de los currículos para el logro de las competencias profesionales de los diferentes grados, y pueden estar, según su naturaleza, asociados o no a estándares de competencia del Catálogo Nacional de Estándares de Competencias Profesionales comentado anteriormente. De hecho, en sintonía con los objetivos del nuevo sistema de formación profesional, se eliminan diversos módulos profesionales transversales de la oferta educativa, como Formación y Orientación Laboral o Empresa e Iniciativa Emprendedora, que son sustituidos; amén de crearse nuevos módulos relacionados con la digitalización y la sostenibilidad. Además, el principio de optatividad aparece por primera vez en el sistema de formación profesional, pues los currículos de los grados D medios y superiores deben incorporar una parte de optatividad, integrada bien por un módulo de duración anual, bien por dos módulos cuatrimestrales a lo largo del ciclo formativo, cuyo cómputo horario se establece entre 80 y 160 horas (artículo 102 del RD).

Respecto de la organización de las estancia de formación en empresa (que anteriormente quedaban integradas en el módulo profesional de Formación en el Centro de Trabajo), se organizará en los grados C, D y su caso, E, atendiendo a las especificidades de los sectores productos o de las empresas, y asegurando la corresponsabilidad del centro educativo y las mismas en el proceso formativo, respecto del desarrollo de contenido curricular y los resultados de aprendizaje trabajados de forma conjunta (artículo 154). Uno de los aspectos más interesantes de la nueva formación en empresa respecto del antiguo módulo de FCT es que el periodo de realización se determinará por parte de cada centro (artículo 160).

De la misma manera, la norma profundiza en la planificación, programación y coordinación de la oferta de Formación Profesional, y las modalidades de esta; así como las condiciones de los elementos de configuración de las figuras del profesorado, personal formador y expertos. Por otra parte, el real decreto regula el procedimiento de acreditación de competencias adquiridas a través de la experiencia laboral u otras vías no formales e informales, así como el modelo de centro del nuevo sistema de formación profesional o el modelo de calidad y evaluación del propio sistema y gobernanza. En definitiva, el RD 659/2023 presenta un marco normativo ambicioso y moderno que, aunque plantea desafíos, ofrece numerosas orientaciones que pueden repercutir realmente en la mejora de la formación profesional en España. Para la comunidad educativa, tejido productivo y administración, supone un gran reto, por la necesidad constante de adaptación y actualización, pero también la posibilidad de innovar y mejorar la calidad educativa, objetivo que debe serlo de toda la sociedad. La flexibilidad curricular, la integración de competencias digitales y sostenibles, la formación dual, y la atención a la diversidad son elementos que, bien implementados, pueden transformar positivamente la formación profesional y preparar a los estudiantes para un futuro laboral más dinámico y sostenible.

4.3.3. La formación profesional virtual

El desarrollo de las tecnologías de la información y la comunicación han posibilitado la generación de espacios de enseñanza y aprendizaje alejados tanto de la presencialidad física como de la sincronía. En formación profesional, hasta la fecha, se han desarrollado dos modalidades diferentes de teledocencia en el marco del extinto subsistema de formación profesional del sistema educativo: la formación profesional semipresencial y la a distancia. Y, en cierto modo, estas dos modalidades todavía tendrán lugar hasta el curso 2025-26, donde el paradigma de la nueva formación profesional no alcanzará todos sus efectos para los módulos profesionales de segundo curso de los ciclos formativos hasta ese momento, según lo expuesto en el calendario de implantación del sistema ex Real Decreto 278/2023, de 11 de abril.

Así pues, la diferenciación entre formación profesional semipresencial y a distancia radica en cuestiones más prácticas que normativas, pues las labores de tutorización de los espacios síncronos de enseñanza aprendizaje se desarrollan con presencialidad en el caso de la semipresencial y de forma telemática en el caso de la formación profesional a distancia. Por otra parte, también las pruebas calificativas de los criterios de evaluación establecidos tienen, por norma general, esta misma naturaleza. En cuanto al desarrollo de evidencias relacionadas con la evaluación, el seguimiento del alumnado y la condición de los materiales didácticos son más que semejantes, por regla general.

Ahora bien, el nuevo paradigma educativo, como ya se ha visto en la parte correspondiente a la formación superior en el ámbito universitario, incide directamente en la nomenclatura que la teleformación a distancia recibe en el contexto actual, y se pasa a la denominación de formación virtual, que no llega a definirse estrictamente en una primera aproximación legislativa. Este término se cita, primeramente, en la nueva redacción del artículo 111 bis de la ley orgánica de educación, en relación con los estándares de garantía de interoperabilidad entre los distintos sistemas de información utilizados en el conjunto del sistema educativo.

A propósito de la aprobación de la ley orgánica del sistema de formación profesional, encontramos en el Capítulo III, correspondiente a las modalidades de la oferta de formación profesional, una primera sección que establece hasta cuatro de ellas: presencial, semipresencial, virtual y mixta. A lo largo de los artículos 68 y siguientes, la ley establece una modalidad virtual de formación profesional que garantice una interacción didáctica adecuada y continua, en base en recursos de las tecnologías de la información y la comunicación, pero no como cuestión tecnopedagógica sino práctica respecto a la garantía de accesibilidad a tenor del principio de inclusión analizado precedentemente a lo largo de este apartado. Otro elemento importante respecto de la formación virtual (aunque también para el resto de las modalidades) no es otro que el respeto al proceso de aprendizaje sistematizado que incorpore las metodologías más adecuadas respecto al tipo de modalidad de impartición, de nuevo ajustado a la accesibilidad y la existencia de asistencia tutorial.

En cuanto al real decreto de desarrollo del sistema de formación profesional, la modalidad virtual está regulada en su Capítulo IV. Sin embargo, ya en el artículo 18, la norma establece un cambio relevante respecto del modelo anterior, como lo es la exigencia de la superación de pruebas presenciales en los centros para la superación de cada uno de los módulos profesionales, con el objeto de garantizar el logro en los resultados de aprendizaje —en aquellos desarrollados en el centro educativo y no en la estancia en la empresa, se sobreentiende—. Además, y ya en el capítulo correspondiente, la normativa establece que las administraciones autonómicas deberán poner a disposición tanto de los centros públicos como de los privados sostenidos con fondos públicos una plataforma virtual de formación profesional accesible, y deberán asegurar los materiales y recursos necesarios tanto para la modalidad virtual como la semipresencial, así como su actualización permanente. Asimismo, la norma contempla que las CC. AA. desarrollen legislación en el ámbito de sus competencias para estas modalidades, respecto a la puesta en marcha, funcionamiento, supervisión y seguimiento, con el objetivo de que esta modalidad se desarrolla con los espacios, equipamientos, recursos y equipos docentes, y ratios, adecuadas para garantizar la calidad de la enseñanza. En términos generales, nos estamos refiriendo a los cambios, adaptaciones y particularidades de la formación virtual en los grados D de formación profesional, pero no hay que olvidar que la norma también contempla la oferta en modalidad virtual de los grados A, B, C y E, estableciendo diferentes criterios en su evaluación.

Y más allá de cuestiones curriculares, la norma también puntualiza cuestiones relacionadas con la modalidad virtual como la autorización de centros docentes para la impartición de esta (incluidos los centros privados), así como sus requisitos mínimos como la existencia de una plataforma de aprendizaje adecuada, un proyecto formativo, los recursos tecnológicos, así como los espacios y los relacionados con la capacitación de los docentes. Indudablemente, la regulación de la formación profesional virtual en estas normativas moderniza el sistema educativo, permitiendo flexibilidad y accesibilidad. Estamos convencidos de que estas medidas, junto con el esfuerzo de los docentes de formación profesional en la adaptación a las innovaciones tecnológicas, el desarrollo de metodologías activas, aseguran calidad e inclusión educativa adaptadas a las necesidades del mercado laboral.

4.4. Conclusiones

El análisis de la legislación obrante a nivel universitario y del sistema de formación profesional relativo a la incorporación de las nuevas tecnologías permite observar la necesidad de seguir avanzando en la regulación de una metodología más que necesaria en el ámbito de las ciencias jurídicas. Contra lo que pueda parecer, dicha regulación no debe tener por objeto acotar la libertad de cátedra o encorsetar una metodología destinada al objetivo contrario sino ofrecer las bases para desarrollar una modalidad definida que fomente el espíritu crítico no sólo del alumno sino también del docente.

A estos efectos, cabe concluir que la legislación existente tiende básicamente a la determinación de los conceptos de la modalidad virtual dejando al amparo de la doctrina y de las instituciones universitarias el desarrollo de dicha modalidad. Parece lógico no obstante que sean las propias instituciones las que aboguen por la definición de sus planes formativos y de la introducción de la modalidad online en sus distintas vertientes, pero siendo en todo caso necesaria la formación de alumnos y docentes de forma inicial y continua durante el procedimiento de enseñanza-aprendizaje.

A su vez, las instituciones, pero también el legislador debe analizar el rol de ambas figuras a la hora de determinar las competencias a adquirir y las condiciones de trabajo de alumnos y docentes, estableciendo medidas específicas que fomenten el trabajo decente y la adquisición de un espíritu crítico.

Finalmente, es imprescindible el establecimiento de sistemas internos de garantías de calidad que permitan un seguimiento continuo del procedimiento de enseñanza-aprendizaje y que faciliten la adaptación en un mundo en constante evolución.

4.5. Bibliografía

Delgado, A. M. y **Oliver, R.**, «Enseñanza del Derecho y tecnologías de la información y la comunicación» [artículo en línea]. *UOC*. [Fecha de consulta: 12/07/2024]. http://www.uoc.edu/dt/20310/index.html 2003.

Flores, P., «La enseñanza del Derecho: reflexiones pedagógicas y jurídicas sobre seis frases universitarias». *Vox Juris*. 2021.112-144 (137).

Karina Cicero, N. y **María Parise, C,** «Elaboración de materiales digitales para la docencia jurídica virtual». *Docencia y Derecho, Revista para la docencia jurídica universitaria*. N. 20. 2022. P. 40.

Karina Cicero, N., «Innovar la enseñanza del Derecho ¿sólo se trata de tecnologías de la información y comunicación?» *Revista Pedagogía Universitaria y Didáctica del Derecho*. Vol. 5 Núm. 2. 2018. Pág. 91-109.

Pérez Lledó, J. A., «La enseñanza del Derecho en España. Un diagnóstico crítico y algunas propuestas». En *30 años de argumentación jurídica en Alicante. Cuadernos de Filosofía del Derecho*. 2023.

5.

LOS PÓDCAST COMO HERRAMIENTA DE APRENDIZAJE EN EL DERECHO

Marina Martín Moro
Profesora de Derecho romano y civil Universidad Isabel I / Investigadora predoctoral Universidad de Salamanca
marina.martin@ui1.es

SUMARIO: 5.1. Introducción: los pódcast. 5.2. Los pódcast en la rama del derecho. 5.3. Ventajas y desventajas del pódcast como herramienta de aprendizaje. 5.4. Conclusiones. 5.5. Bibliografía.

RESUMEN: Los pódcast se han convertido en una herramienta educativa valiosa en las ciencias jurídicas debido a su accesibilidad, flexibilidad y capacidad para fomentar un aprendizaje continuo. Permiten a los estudiantes y profesionales del derecho acceder a contenido relevante en cualquier momento y lugar, facilitando el estudio y la actualización de conocimientos. Los pódcast pueden cubrir una amplia gama de temas jurídicos, desde el análisis de casos y doctrinas legales hasta debates sobre reformas legislativas y entrevistas con expertos, reforzando y consolidando los contenidos claves de la asignatura. De hecho, los pódcast fomentan el aprendizaje activo y la reflexión crítica al ofrecer perspectivas diversas y discusiones detalladas entre expertos en la materia. Esto ayuda a los oyentes a entender mejor los contextos, matices y aplicación práctica de la legislación vigente y doctrinita jurisprudencial. La capacidad de pausar, retroceder y reproducir los episodios permite a los estudiantes asimilar la información a su propio ritmo y según sus necesidades de estudio. Por lo tanto, los pódcast son considerados como una herramienta efectiva para complementar la educación formal en Derecho, proporcionando ejemplos prácticos y casos de estudio que enriquecen el aprendizaje teórico. A su vez, los pódcast en las ciencias jurídicas ofrecen una manera flexible y dinámica de mantenerse informado y actualizado, facilitando un aprendizaje accesible y continuo tanto para estudiantes como a los profesionales del derecho.

PALABRAS CLAVE: Pódcast; Innovación docente; Herramienta de aprendizaje; Derecho; y Divulgación científica.

5.1. Introducción: los pódcast

Los pódcast han experimentado recientemente un notable auge a nivel mundial, siendo cada vez mayor el número de personas que consideran esta herramienta como un medio práctico y fiable para obtener la información[1]. Pero los pódcast no solo han conquistado las redes sociales, sino que también es considerada como una herramienta tecnológica educativa[2]. De hecho, los pódcast están emergiendo como una herramienta de aprendizaje[3] cada vez más popular en el campo de las ciencias jurídicas debido a su accesibilidad, flexibilidad y capacidad para ofrecer contenido educativo de manera conveniente y efectiva.

¿En qué consiste un pódcast? El término pódcast[4] se define como aquella emisión o archivo multimedia en formato audio que es transmitido median-

---

1 Statista recoge que en España en el año 2023 más de tres millones de personas han hecho uso del pódcast, cifra que ha supuesto un crecimiento de un millón de oyentes con respecto al año anterior. Cada vez son más los oyentes que consumen este formato, posicionando a nuestro país entre los seis países de Europa en los que más se utiliza esta herramienta como medio de comunicación y divulgación de contenidos; como nos muestra en su página 143 los autores NOVOA-JASO, M.ª F., SIERRA, A., LABIANO, R., y VARA-MIGUEL, A., *Digital News Report España: Calidad periodística y pluralidad: claves para la confianza informativa en la era de la Inteligencia Artificial*, Universidad de Navarra, 2024. De hecho, gracias a sus estadísticas se puede afirmar que la escucha de pódcast en España se mantiene estable y en los últimos años se ha consolidado su consumo en cuatro de cada diez internautas.

2 En la estadística realizada por el OBSERVATORIO IVOOX., «Estado del consumo de pódcasts en español», Ivoox, Barcelona, 2023, en su página 21 se observa cómo el 62,58 % de las personas han indicado que una de sus motivaciones a la hora de consumir pódcast es aprender. Es importante hacer hincapié en que el pódcast es una herramienta de divulgación de conocimiento que permite profundizar en temas concretos.

3 Para ampliar información relativa al fenómeno del aprendizaje no formal y herramientas Web 3.0 basadas en Google véase el artículo de ATABEKOVA, A., BELOUSOV, A., y SHOUSTIKOVA, T., «Web 3.0-Based Non-formal Learning to Meet the Third Millennium Education Requirements: University Students' Perceptions», en *Procedia – Social and Behavioral Sciences*, vol. 214, diciembre 2015, págs. 511-519.

4 La Real Academia Española en su observatorio de palabras recoge que el *pódcast* es un anglicismo generalizado en el uso y sin un equivalente univerbal en español. Se adapta a nuestra lengua mediante la aplicación de la tilde, siendo la denominación correcta pódcast. De hecho, la etimología de la palabra *pódcast* surge de la combinación de «pod» por *personal on demand* (demanda personal), o incluso se piensa que procede de «iPod» (reproductor de música en formato digital comercializado por Apple), y «cast» por *broadcasting* (transmisión o radiodifusión). Para conocer más sobre el origen y la evolución del pódcast, véase GUTIÉRREZ PORLÁN, I., y RODRÍGUEZ CIFUENTES, M.ª T., «Haciendo historia del pódcast. Referencias sobre su origen y evolución» en *Pódcast educativo, Aplicaciones y orientaciones del m-learning para la enseñanza*, obra colectiva, Mad eduforma, 2010.

te una plataforma, la cual puede ser escuchada vía online o, si es posible, mediante su descarga, todo ello con el fin de comunicar una información u ofrecer un medio de entretenimiento. Por lo tanto, se conforma por medio de una serie de archivos de audio digital que se distribuyen a través de internet y están disponibles para que los usuarios los escuchen en cualquier momento y lugar. Los pódcast suelen estar organizados en episodios que pueden cubrir una amplia variedad de temas y formatos, desde noticias y entrevistas hasta narrativas, educación, entretenimiento y mucho más[5].

Cada pódcast puede centrarse en un tema en específico, en el que cada episodio abordará un aspecto particular de ese tema elegido. En líneas generales, los pódcast están compuestos por episodios individuales, cada uno de los cuales puede durar desde unos pocos minutos hasta varias horas. Una vez que el episodio del pódcast está grabado y editado conforme al gusto del creador, se carga a una plataforma de alojamiento de pódcast, como puede ser Spotify, Ivoox, Google Podcasts, Apple Podcasts, entre otras. Estas plataformas permiten a los usuarios, en cualquier momento, suscribirse al pódcast, descargar episodios para escucharlos sin conexión, recibir notificaciones sobre nuevos episodios y escuchar episodios anteriores bajo demanda, siendo posible pausar, retroceder o avanzar en el episodio[6], todo ello mediante un dispositivo inteligente.

Por ello, es posible afirmar que el pódcast es una forma popular de contenido de audio digital que ofrece una variedad de temas y formatos para

5 Gil Puente, C., y Ortega-Quevedo, V., «El uso de pódcast como instrumento de evaluación sobre el aprendizaje en la enseñanza de las ciencias» en *ReiDoCrea: Revista electrónica de investigación y docencia creativa*, vol. 11, 2022, en su página 16 compara el pódcast a un programa de radio en línea al que se puede acceder en cualquier momento y desde cualquier dispositivo electrónico. La gran diferencia entre la radio y los pódcast es que, en éstos últimos, los oyentes los encuentran disponible para escuchar en cualquier momento y desde cualquier lugar por medio de plataformas de transmisión en línea, mientras que los programas de radio, generalmente, se transmiten en horarios específicos y requieren que los oyentes sintonicen una emisora, siendo un medio sincrónico. Por lo tanto, mientras que la radio está dirigida a un público general, el pódcast, al tratar en cada episodio un programa, tema o contenido concreto se focaliza en un público más concreto, siendo una herramienta asíncrona.

6 Arnau Moya, F., «La aplicación del pódcast en la enseñanza del Derecho Civil», en *Actualidad jurídica iberoamericana,* núm. 4,2, 2016, página 63, recoge que «el *Podcast* o *podcasting* consiste en la distribución de archivo multimedia (tanto de audio en formato mp3 como de vídeo que pueden incluir texto como subtítulos o notas) a los que el interesado se suscribe mediante un sistema de canales RSS (Really Simply Sindication). Los suscriptores pueden recibir el pódcast usando para ello un sistema de sindicación que le permita suscribirse y usar un programa que lo descarga de internet para que el usuario lo escuche en el momento en que quiera». Este sistema RSS se refiere al formato de archivo realizado en lenguaje XML que codifica la información de forma que cualquier servicio online, programa o aplicación pueda mostrarla, empaquetando así el contenido para facilitar su difusión y reproducción en cualquier lugar del mundo. Por lo tanto, gracias a este sistema el oyente puede revisar y descargar de forma automática y periódica el pódcast.

el disfrute y aprendizaje de los oyentes en todo el mundo. Su accesibilidad y versatilidad lo convierten en una herramienta poderosa para la difusión de información, entretenimiento y educación en una amplia gama de áreas, incluido el Derecho.

5.2. Los pódcast en la rama del derecho

La formación universitaria española se caracteriza por ser un modelo de docencia vertical en el que el docente provee de conocimientos al estudiante, quien deberá asimilarlos y aprenderlos con base en sus estrategias de aprendizaje; la rigidez de este modelo pone de manifiesto la necesidad de transitar hacia modelos en los que el estudiante sea más participe de su proceso de enseñanza-aprendizaje[7], abriendo camino a una educación más activa por medio del uso de nuevas tecnologías[8]. Este nuevo modelo de aprendizaje permitirá que el estudiante tenga un mayor control sobre su propio aprendizaje, al ser más autónomo[9].

En el campo del Derecho existen numerosas herramientas que pueden ser útiles para su aprendizaje constante. Las herramientas más conocidas que el alumno tienen disponible para el aprendizaje son bases de datos jurídicas, simuladores de casos, plataformas de aprendizaje en línea, herramientas de análisis de datos y plataformas de aprendizaje colaborativo. Pero en los últimos años, los pódcast han ido cogiendo cada vez más fuerza y han ido emergiendo como una herramienta de aprendizaje cada vez más popular, siendo un medio innovador que complementa a estas herramientas y recursos ya existentes.

---

7 Herrero Medina, M., «El aprendizaje del derecho a través del pódcast», en *Actualización de la docencia y metodologías activas del aprendizaje del derecho en el entorno digital*, obra colectiva, Universidad de Valencia, 2022, en sus páginas 183 y 184 manifiesta como «desde el Espacio Europeo de Educación Superior se viene impulsando desde hace tiempo una reformulación de algunas de las estrategias tradicionales, una renovación de los antiguos sistemas de evaluación y, por encima de todo, la incorporación de nuevos recursos académicos, que han generado cambios significativos en los materiales, métodos y contenidos empleados en el proceso de enseñanza-aprendizaje dentro de nuestras facultades». Además, el profesor Herrero Medina establece que «la promoción de la excelencia docente constituye uno de los elementos nucleares en el contexto de transformación de una enseñanza universitaria que aspira a conformar una cultura de calidad», razón por la que es necesario la adaptación a nuevas tecnologías educativas en la universidad.

8 Iglesias Ortuño, E., «El pódcast para la flexibilización y soporte tecnológico de la enseñanza práctica de la mediación escolar», en *Innovación docente e investigación en ciencias sociales, económicas y jurídicas: nuevos enfoques en la metodología docente*, obra colectiva, 1.ª ed., Dykinson, Madrid, 2021, pág. 676.

9 Los pódcast son una herramienta tecnológica que mejor se han adaptado a los entornos educativos, sobre todo en los universitarios al tratarse de un instrumento de carácter sonoro, característica en la que los estudiantes universitarios ya están familiarizada gracias a las redes sociales.

¿Cómo es posible incluir el pódcast *como herramienta de aprendizaje en el Derecho?* A priori puede parecer complejo, pero incluir el pódcast como herramienta de aprendizaje en el campo de las ciencias jurídicas puede ser muy beneficioso tanto para estudiantes como para los profesores y los profesionales en el ejercicio[10]. Es importante partir de la premisa de que el docente puede trabajar las TICs con diferentes niveles de profundidad, por ello, vamos a aproximar ciertas prácticas por medio de los pódcast[11].

Crear pódcast educativos[12] sobre áreas específicas del Derecho que tengan relación con la asignatura que se quiere impartir[13]. En este pódcast es posible incluir explicaciones detalladas de conceptos legales, análisis de casos, discusiones sobre la doctrina legal e incluso entrevistas con expertos en el campo, brindando así una perspectiva práctica y actualizada sobre el área que queremos trabajar. A la hora de crear el pódcast es esencial definir el público objetivo al que se dirige y el objetivo general que se pretende alcanzar con el fin de elaborar este recurso lo más personalizado posible.

---

10 Los pódcast han demostrado ser una herramienta poderosa para democratizar el acceso al conocimiento jurídico, pero no solo para los estudiantes, docentes y profesionales del derecho, sino también el público en general, ya que los pódcast jurídicos pueden contribuir a construir una sociedad más informada y consciente de sus derechos y obligaciones, aunque es necesario contrastar esta información, ya que, en ocasiones, el contenido no está verificado y esto conlleva a una desinformación o una información errónea sobre aspectos jurídicos.

11 El profesor Herrero Medina, M., «El aprendizaje del derecho a través del pódcast», en *Actualización de la docencia y metodologías activas del aprendizaje del derecho en el entorno digital*, obra colectiva, Universidad de Valencia, 2022, en su página 184 establece que «a ese proceso de transformación han contribuido decisivamente las tecnologías de la información y comunicación, que brindan nuevos soportes para la interacción, la comunicación y colaboración entre los docentes y alumnos», haciendo posible que el pódcast sea una herramienta de aprendizaje idónea para las ciencias jurídicas.

12 Solano Fernández, M.ª I., y Sánchez Vera, M.ª M., «Aprendiendo en cualquier lugar: el pódcast educativo» *Pixel-Bit. Revista de Medios y Educación*, núm. 36, enero 2010, en su página 126 nos define el pódcast educativo como «un medio didáctico que supone la existencia de un archivo sonoro con contenidos educativos y que ha sido creado a partir de un proceso de planificación didáctica».

13 Sobre el proceso de creación de un pódcast, Arnau Moya, F., «La aplicación del pódcast en la enseñanza del Derecho Civil», en *Actualidad jurídica iberoamericana*, núm. 4,2, 2016, en su página 66 recoge que «en el proceso de elaboración del pódcast hay que distinguir dos tipos de actividades. En primer lugar, las relativas al objeto de la materia, como son el contenido del archivo de sonido, la grabación o Episodio, así como las actividades que se van a incluir en la Guía de Aprendizaje. Finalmente, los aspectos técnicos del pódcast, como su grabación, edición y distribución. Si bien el sistema de pódcast también admite la distribución de archivos de video (vodcast), es más práctico la utilización de archivos de audio en formato mp3 habida cuenta su mayor sencillez a la hora de su edición. La relativa facilidad de elaboración y distribución de los pódcasts de audio los convierte en un recurso útil para la docencia».

Además, al grabar episodios que aborden temas jurídicos contemporáneos ayudará a los estudiantes a comprender cómo el Derecho se aplica a los problemas del mundo real y a desarrollar un pensamiento crítico propio de cuestiones legales actuales. De hecho, este recurso didáctico complementará los instrumentos legales ya existentes, reforzando la materia estudiada y manteniendo así al alumno en la actualidad jurídica.

De igual forma, esta herramienta facilita la colaboración estudiantil al permitir que creen su propio contenido, fomentando su creatividad[14], colaboración y desarrollo de habilidades en la comunicación. Estas competencias preparan al estudiante para las exigencias del mercado laboral actual.

Por otro lado, el pódcast como recurso complementario en el aula. El docente puede recomendar pódcast jurídicos existentes como recurso complementario para ampliar y reforzar su comprensión en la materia que se está impartiendo. Para ello, podrá acceder a pódcast que versen sobre entrevistas a expertos, en los cuales se realiza un contenido especializado en una rama del Derecho y/o episodios relativos al análisis de casos jurídicos y la doctrina jurisprudencial actual en el que varios juristas discutan sobre la interpretación de la ley, su justificación y posibles implicaciones de decisiones judiciales.

Aunque, por otra parte, también se puede hacer uso del pódcast como tarea evaluativa. La creación o escucha de un pódcast de forma individual o grupal por parte de los alumnos va a permitir desarrollar las habilidades de investigación, comunicación y trabajo en equipo en el aula, siendo posible evaluar un tema legal de una forma más creativa e innovadora para los estudiantes. Esta herramienta obliga al alumno a realizar un tratamiento adecuado de la información, sintetizando y elaborado su propio discurso. Trabajando así su pensamiento crítico respecto a la materia, además, del resultado obtenido se podrá realizar un debate en el aula en el que deberán defender con argumentos jurídicos las conclusiones a las que han llegado. Con ello, podrán demostrar su comprensión del contenido y su capacidad para aplicar los conceptos aprendidos de una forma sintetizada y a la vez evaluar su oratoria y expresión oral, competencias y destrezas que debe adquirir todo alumno de Derecho.

A su vez, puede implementarse el pódcast como recurso divulgativo, ya sea en su creación como en la escucha de este como «consumidor». Esta herramienta permitirá comunicar información, conocimientos o ideas a una audiencia más amplia, permitiendo a los oyentes a profundizar en temas específicos, escuchar otros puntos de vista mientras exploran nuevas ideas y

14 Se potencia la creatividad al ser los estudiantes quienes van a crear su recurso con diferentes efectos o recursos vocales, literarios, incluso, humorísticos para captar la atención del usuario y hacer que el contenido sea más atractivo para el resto de los oyentes, en este supuesto, sus compañeros. Gracias a mejorar la creatividad lograremos que el estudiante tenga más interés en esta herramienta y se potencie su habilidad de proponer ideas más originales, haciendo esto posible gracias a la ayuda del pódcast.

mantenerse al día en el último contenido jurídico. En algún caso, la divulgación a través de pódcast ha conllevado a la construcción de comunidades en línea alrededor de temas específicos, permitiendo a los oyentes conectarse, interactuar y participar en discusiones con otros miembros interesados en la materia, creando así un sentido de pertenencia y colaboración de los oyentes mientras se fomenta un intercambio de ideas y conocimientos.

Desde el punto de vista de la investigación académica, los pódcast representan una herramienta única para la difusión de estudios y hallazgos jurídicos. Permiten a los académicos compartir sus investigaciones con una audiencia más amplia y diversa, rompiendo las barreras que a menudo existen en la publicación académica tradicional. Esto puede acelerar el intercambio de ideas y fomentar la colaboración entre investigadores, profesionales y el público.

Al implementar estas estrategias, los docentes pueden aprovechar al máximo su potencial educativo mediante los pódcast en la enseñanza de las ciencias jurídicas, promoviendo un aprendizaje activo, accesible e innovador.

De esta forma el pódcast se convierte como una herramienta innovadora que, además, contribuye a favorecer la cohesión y autodeterminación de los estudiantes en tanto se presenta como un procedimiento para compartir experiencias en espacios digitales de libre acceso, difusión y visibilidad[15].

5.3. Ventajas y desventajas del pódcast como herramienta de aprendizaje

Como cualquier herramienta, los pódcast pueden ser utilizados tanto de forma positiva como negativa, de igual forma, ofrecen una serie de ventajas significas a la vez que presentan desventajas como herramienta de aprendizaje que deben ser consideradas, siendo estas un desafío para todos nosotros.

Por un lado, con relación a las ventajas, es posible observar que los pódcast, tanto como herramienta de entretenimiento como de aprendizaje, destacan:

Por su accesibilidad al encontrarse en línea y poder ser escuchados en cualquier momento y lugar a elección del alumno. Además, este formato permite traspasar las fronteras y llegar a cualquier parte del mundo, permitiendo compartir el conocimiento de forma masiva gracias a las plataformas *streaming* en las que se aloja el pódcast.

---

15 Iglesias Ortuño, E., «El pódcast para la flexibilización y soporte tecnológico de la enseñanza práctica de la mediación escolar», en *Innovación docente e investigación en ciencias sociales, económicas y jurídicas: nuevos enfoques en la metodología docente*, obra colectiva, 1.ª ed., Dykinson, Madrid, 2021, pág. 683.

A su vez, es importante resaltar que una de las principales características por las que se considera al pódcast como una herramienta accesible es porque, en la mayoría de las ocasiones, se trata de un archivo de carácter gratuito alojadas en diversas plataformas de *podcasting* que pueden ser almacenados en un dispositivo para ser escuchados en cualquier momento[16]. Esta gratuidad facilita que cualquier persona pueda tener acceso al contenido únicamente teniendo a su disposición un dispositivo electrónico, lo que ha propiciado que se haya multiplicado el consumo al tratarse de una herramienta que promueve la difusión de conocimientos en diferentes ámbitos.

Por su flexibilidad, disponibilidad y adaptabilidad al poder escuchar los pódcast tanto anteriores como actuales, además de conceder total libertad a la hora de pausar, retroceder o avanzar a nuestro propio ritmo, permitiendo adaptar el aprendizaje a las necesidades del estudiante. Esta herramienta educativa fomentará el aprendizaje activo del alumno, el cual podrá revisar la información y apuntar las notas que estime necesarias para reflexionar sobre el contenido.

A su vez, la flexibilidad del pódcast permite al docente elaborar guiones adaptados a la materia que quiere impartir con esta herramienta de innovación educativa. Por lo tanto, gracias a la flexibilidad y adaptabilidad de esta herramienta el docente podrá fomentar el aprendizaje autónomo y progresivo de los aspectos más importantes de su asignatura.

Por su variedad de temas y contenidos, los cuales permiten al oyente encontrar el contenido que se adapte a sus intereses y preferencias personales. El contenido es personalizado al encontrar pódcast de todos los formatos (clase magistral, debate entre juristas, entrevistas con expertos...), adaptando el enfoque a las características y preferencias que quiere mostrar el docente al estudiante o que el propio estudiante considera que se adaptan mejor a él. Por lo tanto, es una herramienta que permite explorar el tema en profundidad y con detalle, desde un medio de comunicación que se caracteriza por ser breve.

Por su modalidad, la cual permite a los estudiantes realizar otras tareas mientras los escuchan, permitiendo así aprovechar al máximo su tiempo y recursos para adquirir más conocimientos en relación con la materia de estudio. Esta modalidad permite retener la información de manera efectiva solo mediante la escucha activa y desarrollar así las habilidades auditivas, facilitando su capacidad de comprensión y de procesamiento de información hablada.

---

16 Herrero Medina, M., «El aprendizaje del derecho a través del pódcast», en *Actualización de la docencia y metodologías activas del aprendizaje del derecho en el entorno digital*, obra colectiva, Universidad de Valencia, 2022, pág. 185.

Esta modalidad, a su vez, permite mejorar la expresión oral[17] de los estudiantes, aptitudes que deben fortalecer y conseguir para su futuro, al ser el Derecho una disciplina que requiere un buen manejo de la oratoria[18].

Asimismo, su modalidad permite cuidar y facilitar a las personas con dificultades visuales o con problemas de atención, ya que esta tecnología educativa permite a estas personas recibir un conocimiento por un medio que no les implica un esfuerzo extra, como sí sucede con los instrumentos más tradicionales. Por lo tanto, la aplicación de esta herramienta educativa permite que el modelo educativo se adapte al contexto de los estudiantes con la finalidad de proporcionar una adaptación de los recursos evaluables a sus capacidades, motivaciones y dificultades, asegurando una educación inclusiva[19].

Por su versatilidad desde el punto de vista del formato, ya que pueden realizarse por medio de entrevistas a expertos, narrativas, debates, lecciones magistrales, etc. Permite así crear el contenido adaptando el formato del pódcast a la audiencia a la que quiere llegar y al tipo de información que desea comunicar.

A su vez, es necesario recordar que cualquier persona puede manejar el formato del pódcast al ser sencillo e intuitivo, permite retroceder y repetir los segmentos del propio pódcast o episodios completos, pausar en el momento que el oyente necesita, lo que facilita la revisión y consolidación del contenido. Permitiendo con ello al estudiante, un aprendizaje más efectivo y personalizado.

Por su diversificación de recursos al permitir completar los manuales y casos prácticos de la asignatura con esta herramienta, que de forma auditiva ayudará a llegar a diferentes estilos de aprendizaje, haciendo el contenido más comprensible y accesible[20]. Por lo tanto, es una herramienta que puede

---

17 La expresión oral se ve reforzada con el uso del pódcast a la vez que se mejora la organización mental del alumno, ya que deberán de aprender a sintetizar la información más relevante y útil a la vez que lo expresan de la forma más conveniente, debiendo cuidar los tecnicismos jurídicos.

18 Para obtener una buena oratoria es esencial que se domine la materia que se está tratando, que se haya preparado una estructura o que su improvisación mantenga las líneas argumentativas que quiere mostrar mientras realiza su discurso, pero, además, es esencial que la persona muestre sus habilidades argumentativas, haciendo un buen uso de doctrina jurisprudencial y de la legislación vigente para construir argumentos sólitos y defender su posición. La oratoria es necesaria para «convencer» al resto de los oyentes, razón por la que esta herramienta puede tener un gran peso en el Derecho, ya que, en un futuro, puede ayudar a que el estudiante haya adquirido y sea capaz de mostrar sus dotes oratorias para desenvolverse en su ámbito profesional.

19 Para ampliar en el concepto de atención a la diversidad, véase el estudio realizado por García Sánchez, S., y Garrote Salazar, M., «Atención a la diversidad en las aulas madrileñas. Opiniones de los docentes» en *ReiDoCrea: Revista electrónica de investigación y Docencia Creativa*, vol. 10, 2021, págs. 1-19.

20 Es importante hacer hincapié en que el pódcast es una herramienta de apoyo que tiene como fin completar los materiales y medios ya existentes. Un alumno que estudia Dere-

ser utilizada como refuerzo[21] y una consolidación del aprendizaje de los contenidos claves de la asignatura[22].

Pero no solo puede emplearse el pódcast como un material didáctico realizado por el docente o por juristas expertos si no que, con relación al alumno, el pódcast puede ser utilizado como un recurso evaluativo que puede desarrollarse de forma individual o colaborativa a través del aula virtual. De esta forma, los alumnos participarán de forma activa en la creación de un pódcast en el que podrán consolidar el aprendizaje de contenidos teóricos de una forma diversa a la tradicional, fomentando el lenguaje jurídico adecuado y preciso a la vez que un buen entendimiento de la materia estudiada. Por lo tanto, esta herramienta educativa permitirá al docente constatar el nivel de comprensión de los contenidos teóricos por parte de sus estudiantes, con el fin de retroalimentar sus conocimientos, potenciar sus fortalezas y focalizar sus debilidades, intentando afrontarlas y trabajar en ellas.

Por su singularidad y exclusividad al ser una herramienta en la que cada creador presentará su propia voz, su oratoria y su personalidad distintiva, haciendo único cada pódcast. La participación del alumnado por medio del pódcast conlleva un resultado más único y diverso en el aula, siendo innovador y exclusivo al salir de la zona de *confort* de los trabajos tradicionales[23].

---

cho debe seguir utilizando el manual, las bases de datos y los códigos legislativos, pero para complementar estas herramientas es útil el uso de pódcast, ya que facilitará la comprensión de estos.

21 Es posible utilizar el pódcast como refuerzo para los alumnos rezagados que no han asistido a clase o no han adquirido las capacidades necesarias para asimilar correctamente los contenidos de la materia impartida, al tiempo que permite complementar y profundizar en otros aspectos que no han podido ser abordados con el detenimiento adecuado en el aula. Asimismo, para los estudiantes con un nivel medio o sobresaliente que sí muestran las capacidades adecuadas y tienen un control del contenido teórico de la asignatura, puede servir como un complemento o ampliación de contenidos, ya sea al analizar una sentencia, profundizar en una materia o en desarrollar casos prácticos que ayuden a entender cómo aplicar el Derecho en la actualidad. Por lo tanto, tanto si estamos ante el primer o segundo supuesto de refuerzo, el pódcast nos ayuda a potenciar el aprendizaje autónomo de los estudiantes y a completar su educación desde un punto de vista más innovador y didáctico.

22 Esta herramienta educativa facilita que el alumno desarrolle sus propias estrategias de aprendizaje y se responsabilice de verificar la información, aportando una mayor autonomía a su educación.

23 LÓPEZ HERRAIZ, P. L., y CAGIGAL CASQUERO, M.ª A., «El pódcast: Una herramienta de aprendizaje colaborativo en el grado en Derecho» en *Innovación docente y renovación pedagógica en derecho: Especial referencia a experiencias exitosas de proyectos de innovación docente y la utilización de herramientas y metodologías colaborativas*, obra colectiva, 1.ª ed., Dykinson, Madrid, 2023, en su página 111 establece que un objetivo perseguido por los profesores con relación a la aplicación del pódcast como recurso de innovación y mejora docente es «promover la participación de los estudiantes en el aprendizaje de conocimientos en las clases teóricas, para paliar el absentismo inicial y el paulatino abandono que se produce según transcurre el semestre de clase».

Por su digitalización, ya que estimula que las personas que vayan a editar y crear el pódcast adquieran o estimulen competencias digitales, al ser necesario editar y manejar las nuevas tecnologías.

Destaca también por la fidelidad por parte del público. Los episodios del pódcast suelen estar integrados en diferentes temporadas que se engloban dentro de un programa en el que un gran porcentaje de los oyentes, por regla general, suelen ser oyentes habituales del programa.

Por su actualidad constante. La posibilidad de acceso automático cada vez que se actualiza el archivo tiene un gran valor práctico en el ámbito de las ciencias jurídicas al estar sometidos a constantes actualizaciones legislativas. Los pódcast suelen proporcionar el contenido más actual y relevante para la sociedad, su formato permite proporcionar actualizaciones regulares con el fin de mantenerse al día con los últimos cambios legislativos, casos prácticos... Esta ventaja también conlleva que el pódcast sea considerado una herramienta de aprendizaje que sirva de refuerzo a los manuales, los cuales no permiten una actualización al instante, como sí permite el pódcast.

Por su costo y acceso, ya que la gran mayoría de pódcast son gratuitos, lo que los convierten en una opción económica para acceder a contenido educativo. Además, su acceso es sencillo, ya que simplemente es necesario tener un dispositivo con acceso a internet[24].

Por otra parte, como hemos indicado con anterioridad, esta herramienta educativa también presenta desventajas. En concreto, se pueden destacar que:

El contenido no se encuentra verificado al no ser revisados con precisión y calidad, pudiendo contener una información inexacta, sesgada y engañosa que en algunos casos puede conllevar a una desinformación o una información errónea del estudiante. De ahí, la importancia de estimular en su pensamiento crítico y la oportunidad de poder investigar en la información recibida.

A parte de no ser un contenido verificado, el alumno puede darse con una gran cantidad de pódcast disponibles, siendo difícil encontrar contenido de calidad que se ajuste a sus intereses, siendo en ocasiones abrumador y dificultando así su elección. Por ello, de antemano tienen que ser conscientes de esta desventaja con el fin de concienciarlos en que sean ellos quienes verifiquen y traten los datos de forma adecuada.

Aunque hoy en día la gran mayoría de la población tienen acceso a la tecnología, en algunas ocasiones puede considerarse una desventaja que se

24 Como afirma PIÑERO-OTERO. T., «Los Pódcast en la educación superior. Hacia un paradigma de la formación intersticial», en *Revista Iberoamericana de Educación*, vol. 58, núm. 1, 2012, en su página 9, la incorporación del pódcast se ha dimensionado notablemente debido a la implantación de los dispositivos móviles, de hecho, de alcance generacional que lo convierte en una herramienta de enormes potencialidades para la educación.

necesite acceso de dispositivos electrónicos y conexión a internet para acceder y escuchar los pódcast. Esto puede conllevar una barrera para aquellos que tienen un acceso limitado o presentan problemas de conectividad, no teniendo las mismas oportunidades que el resto de los alumnos.

También puede ser una desventaja si consideramos que los alumnos no están acostumbrados a este tipo de herramientas de aprendizaje. Cabe la posibilidad que para ciertos estudiantes pueda ser dificultoso retener la información solo por medio de la escucha, en concreto, al tratarse un contenido complejo y extenso como es en el caso de las ciencias jurídicas. Es posible que su formato les conlleve a que el pódcast se oiga de fondo, pero no haya una escucha activa, no interiorizando los contenidos y perdiendo así el fin de reforzar elementos claves o ampliar el contenido estudiado.

La calidad del audio puede variar entre los diferentes pódcast y episodios, lo que puede afectar la experiencia de escucha de los alumnos. Algunos problemas en el audio pueden ser, por ejemplo, escucharse ruido de fondo, eco en la sala o tener mala calidad en el micrófono, problemas que pueden conllevar que se distraigan y dificulten así la escucha y, con ello, la comprensión del contenido.

Para que un pódcast sea eficaz es necesario la implicación y participación del estudiante[25], siendo necesario atraer su atención e interés para que participe y/o haga uso de esta herramienta de aprendizaje.

Los pódcast en las ciencias jurídicas exigen un alto compromiso por parte del docente[26] o del creador del contenido. Este gran esfuerzo tiene como fin evitar que los contenidos transmitidos en el episodio queden desfasados a raíz de los cambios jurídicos.

Es importante ser consciente desde el inicio de estas ventajas y desventajas al hacer uso de los pódcast como parte del proceso de aprendizaje, para poder dar así las pautas necesarias al alumno e intentar paliar estas desven-

---

25 GUIZA, M., RIVERA, R., LAMADRID, L., y AGUILAR. W., «Pódcast educativo como herramienta en el proceso de enseñanza/aprendizaje: un estudio de caso universitario», en *Tecnología, innovación e investigación en los procesos de enseñanza-aprendizaje*, obra colectiva, Ediciones Octaedro, 2016, en su página 616 recoge que «los pódcasts no generan el aprendizaje independiente. Sino que son parte de todo el proceso de enseñanza/aprendizaje, ya que combinan diferentes tipos de material de enseñanza (auditivo, visual, kinestésico) que, en investigaciones realizadas, se ha demostrado mejora el proceso de enseñanza/aprendizaje. También ha quedado comprobado que fomenta la motivación por el estudio y permite respetar los talentos de los alumnos y su manera de estudiar».

26 El *pódcast* como una nueva metodología didáctica o herramienta de aprendizaje requiere el uso de mayor tecnología como parte del proceso de enseñanza, acercándose a la realidad del siglo XXI. Esta realidad requiere más compromiso del equipo docente al tener que salir de su zona de confort tradicional para ofrecer una nueva tecnología educativa que refuerce los instrumentos ya existentes.

tajas[27]. Es un desafío poder solventar sus desventajas, aunque, a mi juicio, merece la pena, ya que los pódcast son una herramienta innovadora en el que un buen uso de estas puede complementar al aula y con ella podemos aumentar el interés y la motivación de los estudiantes, tanto con la creación de su propio pódcast como en la escucha de los pódcast que se propongan.

5.4. Conclusiones

Los pódcast son aquellos archivos multimedia en formato de audio que son alojados en una plataforma *streaming* con el fin de poder ofrecer entretenimiento y divulgar contenidos de diferentes materias en cualquier momento y lugar del mundo. En los últimos años ha experimentado un notable auge, siendo considerado una herramienta de comunicación y aprendizaje práctico y fiable para transmitir información.

Las nuevas tecnologías de aplicación en la formación universitaria se conciben como vías o estrategias para el nuevo proceso de enseñanza-aprendizaje que, además, ofrecen un atractivo importante a la nueva generación digital, permitiendo orientar al alumno hacia las competencias digitales que debe adquirir a la vez que se transmiten los conocimientos tradicionales. El estudio de los pódcast en las ciencias jurídicas revela una serie de conclusiones significativas que apuntan a la relevancia, impacto y potencial futuro de esta herramienta de difusión y de aprendizaje.

Los pódcast han demostrado ser una herramienta poderosa para democratizar el acceso al conocimiento jurídico. A través de ellos, no solo los estudiantes, docentes y profesionales del derecho, sino también el público en general, pueden acceder a contenidos especializados de manera gratuita. Esto contribuye a una sociedad más informada y consciente de sus derechos y obligaciones, aunque es necesario contrastar esta información, ya que, en ocasiones, el contenido no está verificado y esto conlleva a una desinformación o una información errónea sobre aspectos jurídicos.

A su vez, es importante resaltar que la innovación en las ciencias jurídicas es crucial para adaptarse a los cambios sociales, tecnológicos y legales en constante evolución, por ello, los pódcast proporcionan un enfoque educativo diferente e innovador, que permitirá al estudiante el acceso a contenido especializado de una forma ágil y sencilla, fomentando así el aprendizaje activo y su participación, ayudando a que adquiera destrezas en el trata-

27 Un ejemplo de ello se observa en el artículo de López Rubia, M. E., «Los pódcasts como método de aprendizaje autónomo en el área de Derecho del Trabajo y de la Seguridad Social en la Universidad del País Vasco», en *Lan harremanak: Revista de relaciones laborales*, núm. Extra 37, 2017, págs. 166-179, quien concluye aspectos que se deberían de tener en cuenta a la hora de implementar el aula el pódcast como una herramienta educativa en el área de Derecho del Trabajo en diferentes curso de Grado, Máster y Postgrado.

miento de información, en la oratoria y en la expresión oral, a la vez que se encuentra actualizado en los últimos cambios legislativos. Por lo tanto, integrar los pódcast en la enseñanza de las ciencias jurídicas puede ayudar a los estudiantes a desarrollar una comprensión más profunda del Derecho, a mejorar sus habilidades de análisis legal y a fomentar su participación activa en el aprendizaje, ya que se puede implementar en el aula tanto como recurso complementario o como un recurso evaluativo, en el que los alumnos deberán crear su propio pódcast para transmitir una información determinada.

Además, los pódcast permiten la flexibilización y autonomía del aprendizaje, ya que su formato accesible y versátil posibilita el consumo de contenido mientras se realizan otras actividades, además, que gracias a su flexibilidad se permite una mejor retención del conocimiento, conllevando a un mayor compromiso con el contenido educativo, ya que los oyentes pueden elegir cuándo y cómo aprender. Las universidades tienen la posibilidad de ofrecer una variedad de recursos que pueden enriquecer el aprendizaje de sus estudiantes, en concreto, implementar el pódcast en el aula puede proporcionar una perspectiva diversa y actualizada sobre cuestiones legales actuales, algo que puede ser particularmente valioso en un campo tan dinámico como el Derecho.

A pesar de haberse convertido en un medio valioso de aprendizaje en el Derecho, los pódcast son herramientas complementarias a los recursos ya existentes, los cuales no van a sustituir al manual teórico, al código legislativo o a los casos prácticos, pero sí van a permitir al alumno otra forma de aprendizaje diferente, adaptando el contenido de los recursos anteriormente mencionados a un estilo de aprendizaje más cercano para los estudiantes. De hecho, otro aspecto relevante de esta herramienta educativa es la capacidad de abordar temas complejos de una manera más comprensible y accesible para los alumnos, maximizando con esta tecnología educativa su potencial y educación mediante entrevistas con expertos, análisis de casos y discusiones temáticas. Por lo tanto, estos pódcast pueden acercar a sus oyentes los conceptos jurídicos complicados en términos más simples, beneficiando no solo a los estudiantes y profesionales del derecho, sino que también puede desempeñar un papel crucial en la educación de un lego en la materia.

Desde el punto de vista de la investigación, los pódcast representan una plataforma única para la difusión de estudios y hallazgos jurídicos. Permiten a los académicos compartir sus investigaciones con una audiencia más amplia y diversa, creando una red de investigación a la vez que rompe las barreras que a menudo existen en la publicación académica tradicional. Esto puede acelerar el intercambio de ideas y fomentar la colaboración entre investigadores, profesionales y el público.

Sin embargo, como se han analizado en este trabajo, no se deben ignorar algunos desafíos asociados con el uso del pódcast en el ámbito jurídico y educativo. La calidad y la precisión del contenido pueden variar considerablemente, además de existir el riesgo de difusión de información incorrecta o sesgada, siendo esencial verificar esta información. Por ello, es crucial que los creadores de contenido de pódcast mantengan altos estándares de rigor y veracidad, y que los oyentes desarrollen habilidades críticas para evaluar la calidad de los contenidos que consumen.

5.5. Bibliografía

Arnau Moya, F., «La aplicación del pódcast en la enseñanza del Derecho Civil», en *Actualidad jurídica iberoamericana*, núm. 4,2, 2016, págs. 61-74.

Atabekova, A., Belousov, A., y **Shoustikova, T.**, «Web 3.0-Based Non-formal Learning to Meet the Third Millennium Education Requirements: University Students' Perceptions», en *Procedia – Social and Behavioral Sciences*, vol. 214, diciembre 2015, págs. 511-519.

García Sánchez, S., y **Garrote Salazar, M.**, «Atención a la diversidad en las aulas madrileñas. Opiniones de los docentes» en *ReiDoCrea: Revista electrónica de investigación y Docencia Creativa*, vol. 10, 2021, págs. 1-19.

Gil Puente, C., y **Ortega-Quevedo, V.**, «El uso de pódcast como instrumento de evaluación sobre el aprendizaje en la enseñanza de las ciencias» en *ReiDoCrea: Revista electrónica de investigación y docencia creativa*, vol. 11, 2022, págs. 14-27.

Guiza, M., Rivera, R., Lamadrid, L., y **Aguilar. W.**, «Pódcast educativo como herramienta en el proceso de enseñanza/aprendizaje: un estudio de caso universitario», en *Tecnología, innovación e investigación en los procesos de enseñanza-aprendizaje*, obra colectiva, Ediciones Octaedro, 2016, págs. 614-621.

Gutiérrez Porlán, I., y **Rodríguez Cifuentes, M.ª T.**, «Haciendo historia del pódcast. Referencias sobre su origen y evolución» en *Pódcast educativo, Aplicaciones y orientaciones del m-learning para la enseñanza*, obra colectiva, Mad eduforma, 2010.

Herrero Medina, M., «El aprendizaje del derecho a través del pódcast», en *Actualización de la docencia y metodologías activas del aprendizaje del derecho en el entorno digital*, obra colectiva, Universidad de Valencia, 2022, págs. 183-195.

Iglesias Ortuño, E., «El pódcast para la flexibilización y soporte tecnológico de la enseñanza práctica de la mediación escolar», en *Innovación docente e investigación en ciencias sociales, económicas y jurídicas:*

nuevos enfoques en la metodología docente, obra colectiva, 1.ª ed., Dykinson, Madrid, 2021, págs. 675-684.

López Herraiz, P.L., y **Cagigal Casquero, M.ª A.**, «El pódcast: Una herramienta de aprendizaje colaborativo en el grado en Derecho» en *Innovación docente y renovación pedagógica en derecho: Especial referencia a experiencias exitosas de proyectos de innovación docente y la utilización de herramientas y metodologías colaborativas*, obra colectiva, 1.ª ed., Dykinson, Madrid, 2023, págs. 108-128.

López Rubia, M. E., «Los pódcasts como método de aprendizaje autónomo en el área de Derecho del Trabajo y de la Seguridad Social en la Universidad del País Vasco», en *Lan harremanak: Revista de relaciones laborales*, núm. Extra-37, 2017, págs. 166-179.

Novoa-Jaso, M.ª F., **Sierra, A.**, **Labiano, R.**, y **Vara-Miguel, A.**, «Digital News Report España: Calidad periodística y pluralidad: claves para la confianza informativa en la era de la Inteligencia Artificial», *Universidad de Navarra*, 2024.

Observatorio Ivoox., «Estado del consumo de pódcasts en español», *Ivoox*, Barcelona, 2023.

Piñero-Otero. T., «Los Pódcast en la educación superior. Hacia un paradigma de la formación intersticial», en *Revista Iberoamericana de Educación*, vol. 58, núm. 1, 2012.

Solano Fernández, M.ª I., y **Sánchez Vera, M.ª M.**, «Aprendiendo en cualquier lugar: el pódcast educativo» *Pixel-Bit. Revista de Medios y Educación*, núm. 36, enero 2010, págs. 125-139.

6.

LAS CLÍNICAS JURÍDICAS COMO FORMA DE APRENDIZAJE PRÁCTICO DEL DERECHO

Benjamín Moreno Montes de Oca
Profesor en Derecho Constitucional, Universidad Isabel I
benjamin.moreno@ui1.es

RESUMEN: En este trabajo abordamos el fenómeno de las clínicas jurídicas en España en una triple vertiente. En primer lugar, desarrollamos qué debemos entender por clínica jurídica en España toda vez que, aunque es un fenómeno global y generalizado a nivel mundial, la realidad presenta algunas singularidades que las hace distanciarse de lo que en su origen fueron las primeras clínicas jurídicas estadounidenses. En este sentido, analizaremos la importancia que adquiere el aprendizaje clínico del Derecho en el modelo de aprendizaje por competencias. En segundo lugar, trataremos la importancia que la clínica jurídica tiene como servicio a la sociedad, ya que en sus orígenes nació para facilitar la asistencia jurídica a las personas que carecían de recursos para litigar en países con modelos económicos marcadamente liberales. No obstante, en la realidad española esto pierde un poco de virtualidad en la medida en que existe la asistencia jurídica gratuita como servicio público encomendado a los colegios de abogados. Esta es la razón por la que las clínicas en España se ven obligadas a reinventarse y ofrecer su servicio en labores de fomento de la cultura jurídica o asesoría a organizaciones de la sociedad civil. Por último, abordaremos la importancia de las TIC para su labor.

PALABRAS CLAVE: Clínica jurídica; Innovación docente; Asistencia jurídica; Aprendizaje por competencias; Colegios de abogados.

6.1. Introducción

Nuestro trabajo es fruto del I Congreso Internacional sobre Innovación Docente en el Ámbito de las Ciencias Jurídicas celebrado en la Universidad Isabel I el día 6 de mayo de 2024, en el que he tenido el privilegio de participar con una ponencia sobre el aprendizaje práctico del Derecho en las clínicas jurídicas de las facultades de derecho españolas. En este sentido, la principal parte de mi disertación se basa en mi propia experiencia como miembro de la Clínica Jurídica de la Facultad de Derecho de la Universidad de Cádiz durante cuatro cursos consecutivos, los comprendidos entre 2019/2020 y 2022/2023.

En los siguientes apartados abordaremos la clínica jurídica desde una triple perspectiva: en el marco institucional en el que se desenvuelven, su importancia para la sociedad y la incidencia de las nuevas tecnologías en su labor. En términos generales, las clínicas jurídicas en España son proyectos de innovación docente financiados por los rectorados de las universidades y que dependen de las facultades de derecho. La principal virtud de la institución radica en que va en línea con el Proceso Bolonia que promueve en la mayor medida de lo posible el aprendizaje por competencias. De hecho, podríamos definirla como una forma de aprendizaje cualificada del Derecho en la medida en que las prácticas que se desarrollan en su seno versan sobre casos reales y no simplemente supuestos prácticos que es lo que implica el aprendizaje por competencias.

Asimismo, abordaremos el marcado carácter social de la clínica jurídica que nació en Estados Unidos como una forma de brindar asistencia jurídica a aquellas personas que carecían de recursos económicos suficientes y, en cierta medida, el modelo se «exportó» al resto del mundo adaptado a las singularidades de cada ordenamiento jurídico. En el caso español encontramos como principal limitación al ejercicio de la práctica del Derecho por parte de las clínicas la existencia de un sistema de asistencia jurídica gratuita institucionalizado como servicio público, gestionado por los colegios de abogados, que limita la capacidad de asistir a los ciudadanos en materia jurídica.

Por eso, en el actual escenario tecnológico las clínicas se han reinventado dedicando la mayor parte de su actividad a realizar actividades de difusión de la cultura jurídica sobre cuestiones de relevancia social por medio de las TIC y también brindando apoyo jurídico a las organizaciones de la sociedad civil que no se pueden permitir un servicio de asesoría jurídica propio.

6.2. El marco institucional de las clínicas jurídicas en España

Las clínicas jurídicas nacieron a finales del siglo XIX en los Estado Unidos y pronto se convirtieron en un movimiento global que alcanzó implantación en prácticamente todos los países del mundo con las singularidades propias de cada uno de ellos. El actual modelo español de clínica jurídica se basa en el aprendizaje clínico del Derecho, dirigido y coordinado por profesores de Derecho y con el soporte de proyectos de innovación de las propias universidades.

6.2.1. Del aprendizaje por competencias a la enseñanza clínica del derecho

El modelo tradicional de estudiar Derecho en España se ha caracterizado por el aprendizaje a base de memorizar doctrina científica, jurisprudencia y legislación[1]. Si bien, el llamado Proceso Bolonia promovido desde las instancias comunitarias provocó una verdadera revolución a ese respecto, pues de entre los muchos cambios que introdujo en nuestro sistema educativo, uno de los más significativos ha sido el modelo de aprendizaje[2]. En esta línea, se apreció que el modelo de universidad tradicional necesitaba de ajustes para adecuarse a las exigencias del nuevo siglo y se decidió ofrecer una formación universitaria altamente especializada, pero que favoreciese el compromiso de los egresados con la sociedad en el marco del Estado social[3].

---

1 Como recoge Lavilla Rubira, J. J., «Sobre el "case-method" para la enseñanza del derecho: la experiencia de la "Harvard Law School"», en R.A.P., núm. 117, 1988, págs. 1-14, este modelo se contrapone al llamado Método Harvard o case-method que promueve el aprendizaje del Derecho por medio del estudio de casos, es decir, los alumnos van a estudiar los casos —jurisprudencia— que resulten más relevante y después deberán acudir a clase para debatirlos. Sin embargo, en la actualidad se admite que también estudien otros casos más recientes que, aunque no hagan aportaciones doctrinales, ayuden a comprender mejor la doctrina jurisprudencial. En este marco, el estudio de la teoría pasa a un segundo plano porque se entiende que al ser los casos objeto de estudio tan significativos es suficiente con comprender su razonamiento jurídico que posteriormente podrá aplicarse a otros casos semejantes.

2 Así, como refleja Montero Curiel, M., «El Proceso de Bolonia y las nuevas competencias», en *Tajuelo*, núm. 9, 2010, págs. 21-23, la creación del Espacio Europeo Superior de Educación conocido como el Proceso Bolonia comprendió una serie de documentos de trabajo: el Convenio de Lisboa de 1997, la Declaración de Bolonia de 1999, la Declaración de la Sorbona de 1998, el Comunicado de Praga de 2001 y la Declaración de Berlín de 2003. Este proceso involucró a un gran número de países de Europa que fue más allá de los miembros de la Unión Europea y estaba orientado a acercar sus modelos educativos. Así, se creó el llamado EEES que provocó importantes reformas legislativas en todos los países implicados para acercar sus modelos educativos.

3 García González, G., «La Clínica Jurídica como paradigma de aprendizaje servicio: retos y desafíos de la práctica clínica en la sociedad de la información», en *Innovación docente*

En esta línea, «el modelo universitario europeo apuesta por una formación competencial, donde las asignaturas contemplan tres aspectos en el proceso de aprendizaje, éstas son la formación presencial, el trabajo dirigido y el aprendizaje autónomo»[4]. La formación por competencias aboga por que los alumnos adquieran habilidades que van más allá de la mera recepción de información porque en realidad en la actualidad toda la información es accesible y la pueden encontrar por ellos mismos. La finalidad es dotarlos de las capacidades suficientes para que ejerzan sus profesiones de manera autónoma en un entorno en permanente cambio y, por ello, el sistema educativo pasa a comprender otras cuestiones que van más allá de la mera transmisión de conocimientos.

Así, la enseñanza por competencia implica cambios en el rol que juegan tanto alumnos como profesores. Los profesores pasan a tener un papel de acompañamiento para el alumno al que deben facilitarle los mimbres necesarios para que pueda llevar a cabo su formación y los alumnos adoptan una posición protagonista en su formación que les exige llevar a cabo todas las actividades que programen los profesores y utilizar cuantos recursos les recomienden[5].

Este cambio en el modelo educativo se ha dejado sentir particularmente en la enseñanza del Derecho pues tradicionalmente su estudio se ha caracterizado por la transmisión de conocimientos teóricos por medio de clases magistrales y la remisión a manuales para completar y complementar los conocimientos transmitidos[6]. Más allá de esto, no ha sido

---

y clínicas jurídicas, obra colectiva, coordinador Ramírez Calderón, C., Tirant lo Blanch, Valencia, 2021, pág. 15.

4 Obiols Soler, M. y Giner Tarida, A., «El modelo educativo de Bolonia y competencias docentes. Aportaciones desde el coaching educativo», en *Univest*, 2011, pág. 2 (accesible en: https://dugi-doc.udg.edu/bitstream/handle/10256/3726/321.pdf?sequence=1&isAllowed=y).

5 *Ibidem.*, pág. 3.

6 En línea con lo que apuntamos, a nuestro juicio el nuevo modelo de educación universitario basado en las competencias supone una degradación de la formación de los juristas en la medida en que se reducen los temarios de las asignaturas y se fuerza a los profesores —de la llamada antigua escuela— a transmitir conocimientos de manera muy limitada. Ello conlleva una degradación del aprendizaje de la teoría general del Derecho y por consiguiente de los grandes conceptos que todo jurista debe dominar. Así, se impone un modelo educativo diseñado para carreras científico-técnicas sin tomar en cuenta las singularidades de las Ciencias Jurídicas y se obliga a impartir una parte de la docencia basada en prácticas cuando los alumnos aún ni siquiera han tenido tiempo de familiarizarse con los conceptos jurídicos más básicos. A ello hay que sumar que el entorno tecnológico actual ha vuelto a las personas «mentalmente holgazanas», lo que lleva a que sean incapaces de estudiar los contenidos haciendo un mínimo esfuerzo por retener el conocimiento y los contenidos teóricos de las asignaturas, lo que desde luego no alcanza a ser suficiente para formar profesionalmente a un jurista. En este sentido, Troncoso Reigada, A., «Introducción y presentación», en *Comentario al Reglamento General de Protección de Datos y*

frecuente que existiese ningún tipo de formación práctica dentro de los programas de estudios en Derecho en la universidad española, quedando dicha formación diferida a las pasantías en los despachos de abogados.

Con los cambios introducidos, la enseñanza del Derecho ha incorporado una dimensión eminentemente práctica, basada en el estudio de casos prácticos y en la realización de talleres de formación práctica. Con ello se ha conseguido que los alumnos sean capaces de aplicar los conocimientos que han adquirido en las sesiones magistrales y en los talleres de formación a los supuestos prácticos que se les plantean, a la par que el acompañamiento del profesor les orienta sobre cómo deben abordarlo y qué documentos o materiales deben consultar[7].

Aunque con los matices que veremos más abajo, las clínicas jurídicas encajan o al menos están más próximas al modelo de aprendizaje por competencias que al sistema de clases magistrales. Por ello, las clínicas se vuelven un complemento perfecto al aprendizaje por competencias pues permiten a los alumnos conocer la práctica del Derecho de un modo mucho más cercano que por medio de casos prácticos[8].

---

a la Ley Orgánica de Protección de Datos Personales y Garantía de los Derecho Digitales, obra colectiva, dirigida por Troncoso Reigada, A., Civitas, Navarra, 2021, pp. 153-154, se hace eco de las palabras de Sartori y nos recuerda que las personas del siglo XXI se han convertido en una especie de homo videns en la medida en que solo responden a estímulos audiovisuales con «mensajes breves y claros —o los videos—» y resalta el riesgo que suponen las nuevas tecnologías para la sociedad y para la democracia porque nos convierte en vulnerables a eslóganes o hechos noticiosos faltos de contrastación que reducen la capacidad de deliberación democrática de la sociedad. En este sentido, me permito reproducir las palabras mi maestro a este respecto: «Es, por tanto, necesario que el hombre moderno, al mismo tiempo que utiliza las nuevas tecnologías, venza la tendencia al sensismo y al inmediatismo y supere uno de los problemas de la cultura actual que es la ausencia de interioridad y la falta de contemplación. Al mismo tiempo, se hace necesaria la formación para un uso ético y responsable de las nuevas tecnologías que recuerde al hombre y a la mujer que sus decisiones en Internet deben ser fruto de una responsabilidad moral con los próximos y con la sociedad».

7 Carreño, H., «El curso de clínica judicial», en *Enseñanza clínica del Derecho*, obra colectiva, dirigida por Lepin Molina, C., Tirant lo Blanch, Valencia, 2020, págs. 186-187, resalta que la formación clínica de los estudiantes les dota de la capacidad suficiente para ejercer profesiones jurídicas al concluir los estudios de Derecho, incluido el ejercicio de la profesión de abogacía.

8 Tudela, X., «Implementación de una Clínica Jurídica para la enseñanza clínica del Derecho», en *Enseñanza clínica del..., op. cit.*, págs. 36-39, destaca que incluso se podría considerar la clínica jurídica como una asignatura incluida en el programa de los estudios de Derecho en la medida en que fomenta el aprendizaje por medio de la práctica.

6.2.2. La clínica jurídica de la Universidad de Cádiz como proyecto de innovación docente

En términos generales, las clínicas jurídicas son proyectos de innovación docente que reciben el respaldo de la propia universidad en la que se instaura, es decir, con respecto a la personalidad jurídica de las clínicas podemos afirmar que son proyectos de innovación docentes promocionados por las propias universidades. Para ello, los vicerrectorados facilitan tanto los recursos económicos como materiales que resultan necesarios para que las clínicas puedan comenzar a funcionar[9].

Dado que nuestra experiencia en el aprendizaje clínico del Derecho se basa en el modelo de la Clínica Jurídica de la Universidad de Cádiz optamos en este apartado por exponer el funcionamiento interno de las clínicas jurídicas tomando como referencia a la de la Universidad de Cádiz. La institución comenzó su andadura en el curso académico 2017/2018 manteniéndose en funcionamiento hasta la actualidad, realizando funciones muy diversas, pero tomando en todo caso como eje de coordenadas el aprendizaje de los alumnos y el servicio a la sociedad.

Así, la primera cuestión que debemos abordar es quién colabora con la Clínica, es decir, qué profesores y alumnos la integran. Los alumnos participantes se denominan alumnos asesores y se seleccionan por riguroso concurso de méritos entre alumnos de tercer y cuarto curso del Grado en Derecho, en el que se tiene en cuenta principalmente la nota media del expediente académico. Asimismo, se da opción a los alumnos del *Máster en Protección jurídico-social de personas y colectivos vulnerables* a cursar la asignatura de prácticas externas en la Clínica.

En términos generales, la labor de la clínica jurídica se articula en torno a seis objetivos a alcanzar que pasamos a detallar[10]:

---

9 No obstante, autores como VV.AA., «La Primera Ola de la Educación Jurídica Clínica Moderna. Estados Unidos, Gran Bretaña, Canadá y Australia», *El movimiento global de clínicas jurídicas. Formando juristas en la justicia social obra colectiva*, obra colectiva, editada por Bloch, F. S., Tirant lo Blanch, Valencia, 2013, pág. 64, apunta que, aunque en el marco de aprendizaje actual se prioriza el aprendizaje práctico y experimental, en el estudio de las Ciencias Jurídicas no se han llevado a cabo por parte de la Administración las inversiones necesarias para alcanzar ese objetivo y se sigue el «modelo docente tradicional de "amontonar estudiantes y enseñar por poco dinero"». Así, la falta de inversión lleva a que la formación clínica sea meramente optativa y de poca calidad por la falta de financiación.

10 A efectos pedagógicos hemos optado por hacer abstracción y abordar la Clínica Jurídica de la Universidad de Cádiz como un único proyecto de innovación docente, pero en realidad se aprueba un nuevo proyecto para cada curso académico e incluye todas las mejoras o innovaciones que se consideren oportunas con base en la experiencia acumulada. Desde el curso académico 2018/2019 se han aprobado un total de seis proyectos de innovación correspondientes a cada curso académico por parte del Vicerrectorado competente. Información accesible en: https://indoc.uca.es/webmeminnov/busc.php (última consulta el 12/06/2024).

Objetivo número 1. Atender y dar respuesta a las consultas recibidas en la clínica jurídica.

Los estudiantes que colaboran en la clínica atienden a las personas interesadas en el horario de atención al público preestablecido, además de dar acuse y tramitar las consultas formuladas, de las que deberán dejar constancia en el registro correspondiente. Asimismo, se da opción a atender a las personas interesadas online.

En este sentido, dan respuesta a las cuestiones bajo la supervisión del docente o docentes que les sean asignados. Los profesores que colaboran con la Clínica son expertos en la materia objeto de consulta y en caso de consultas que podamos considerar como multidisciplinares existe la posibilidad de asignar profesores de diferentes ramas del Derecho[11].

Objetivo número 2. Incentivar la participación de los alumnos para atender la clínica en horario de atención al público, lo que redundará en beneficio de su formación práctica.

En cuanto al funcionamiento práctico de la Clínica, cabe destacar que existen dos sedes, una en Jerez de la Frontera y otra en Algeciras. Esto es así porque la Facultad de Derecho oferta su grado en derecho en ambas ciudades. De ahí que ambas clínicas funcionen de manera coordinada para garantizar el más alto estándar de calidad formativa a sus alumnos, así como cumplir con su labor social de atender a aquellas personas más vulnerables.

Asimismo, existen varias vías para poder contactar con la Clínica, aunque se prioriza la atención presencial de las personas por la cercanía que ello brinda. Pueden hacerlo acudiendo presencialmente a los espacios habilitados para que los alumnos atiendan a las personas interesadas, pero también pueden escribir un correo electrónico con la consulta o incluso llamar por teléfono. Lo más recomendable es concertar una cita por medio del formulario web accesible en la página web de la clínica para garantizarse el ser atendido.

Objetivo número 3. Facilitar la realización de trabajos de fin de grado o de máster que consistan en dictámenes o informes sobre cuestiones formuladas o planteadas por entidades, especialmente aquéllas en las que los estudiantes realizan prácticas curriculares.

En este sentido se oferta a los estudiantes del grado en Derecho y del Máster de Colectivos Vulnerables la posibilidad de realizar los trabajos de fin

11 Cabe destacar que para ser atendido en la Clínica deben aceptarse las condiciones de uso del servicio en las que se hace particular hincapié en sólo constituye una primera orientación legal, gratuita y destinada a las gentes de la provincia de Cádiz, no constituyendo en ningun caso un servicio de asesoria juridica equiparable al de un abogado. «En conclusión, el servicio de orientación jurídica que se lleva a cabo en la Clínica Jurídica de la Universidad de Cádiz no es equiparable al que corresponde a un abogado en ejercicio». Información accesible en: https://derecho.uca.es/clinica-juridica/clinica-juridica-campus-de-jerez/ (última consulta el 04/06/2024).

de grado con la temática «sujetos de especial protección en la Constitución Española», esto es, sobre colectivos vulnerables, a los que la actividad de la clínica va especialmente dirigida. De hecho, se han defendido trabajos sobre «La protección jurídica de la discapacidad», «El acceso a Internet como derecho humano y las personas en riesgo de exclusión social» o sobre los préstamos hipotecarios y las cláusulas suelo.

Objetivo número 4. Conciencias y reforzar la dimensión investigadora del alumnado que colabore en la clínica.

Con este objetivo se persigue implicar a los alumnos en la investigación y desarrollo de tareas relativas a la tutela de los derechos y libertades de los ciudadanos.

Objetivo número 5. Mejorar la vinculación de la Facultad de Derecho con la sociedad.

Para ello se ha llevado a cabo una labor de difusión de la labor de la clínica jurídica en reuniones con entidades, personalidades y cargos. Los estudiantes que han colaborado en la clínica han desarrollado una labor de difusión de la clínica jurídica utilizando diferentes vías: envío de e-mail a entidades y organizaciones no gubernamentales, colocación de cárteles y publicación de información en redes sociales.

Se ha continuado tratando de dar mayor visibilidad a la función de responsabilidad social que ha de ejercer la Universidad, ya que la clínica jurídica comparte la estrategia de responsabilidad social universitaria, consistente en que los conocimientos que se generen puedan revertir en beneficio de la sociedad.

También se ha propiciado la vinculación de la Clínica con proyectos de investigación. Concretamente se encuentra vinculada a dos proyectos: el proyecto Menores extranjeros no acompañados en Andalucía: evaluación del sistema andaluz de protección y el proyecto sobre la situación del Sahara y de los saharauis.

Como novedad, en el curso 2023/2024 se ha introducido la iniciativa «El Derecho en el Aire» que consiste en dar difusión por medio de *pódcast* jurídicos a cuestiones de interés para la sociedad en la que participan los profesores que colaboran en la Clínica.

6.3. La clínica jurídica como servicio a la sociedad

Las clínicas jurídicas nacieron en países cuyo modelo económico es marcadamente liberal y ahí es donde adquiere plena virtualidad la necesidad de la sociedad de recibir su asistencia jurídica[12]. Así, la principal función de las

---

12 VV. AA., «La Primera Ola ...», *op. cit.*, págs. 56-63, apunta que la primera oleada de clínicas jurídicas a nivel mundial se produjo en torno a los años 60 del siglo pasado en Estados Unidos, Canadá, Reino Unido y Australia.

clínicas en sus albores era introducir un factor de corrección a la desigualdad que suponía privar a personas en situación de precariedad de asistencia jurídica[13]. En términos generales, estos practicantes del Derecho podían brindar una asistencia jurídica integral a las personas que requerían sus servicios, llegando incluso a litigar en los tribunales.

Singular nos parece el caso de Hispanoamérica donde las clínicas jurídicas alcanzan un nivel de prestigio aún mayor pues prestan el servicio que les es propio a la sociedad, pero incluso llegan a litigar cuestiones que afectan a colectivos. Así, la litigación estratégica en materia de derechos humanos se convierte en una seña de identidad de las clínicas jurídica en muchos países de Hispanoamérica, orientados a conseguir logros en las más altas instancias judiciales que sienten doctrina jurisprudencial y que redunden en beneficio de esos colectivos y de toda la sociedad[14]. Cosa que, por otra parte,

---

13 En esta línea, SINE NOMINE., «La abogacía pro bono, diferente de la justicia gratuita (y también de las series de EE. UU.)», *noticias de la Abogacía Española*, Consejo General, 2021, (accesible en: https://www.abogacia.es/actualidad/noticias/la-abogacia-pro-bono-diferente-de-la-justicia-gratuita/, última visita el 11/06/2024), destaca que la asistencia jurídica pro bono público o pro bono es el sistema que inspiró la creación de las clínicas jurídicas en Estado Unidos, donde se facilitaba a colectivos vulnerables asistencia jurídica en los casos en que no se la podían permitir. En España es un sistema que no goza de aceptación, pero ello no quiere decir que no exista. De hecho, el propio Estatuto de la Abogacía Española dedica su artículo 75 a la acción social de los colegios de abogados, al propugnar que podrán «[...] promover, organizar y ejecutar programas de acción social en beneficio de los sectores más desfavorecidos, los valores democráticos de convivencia o de lucha contra la corrupción, así como para la promoción y difusión de los derechos fundamentales». Estos programas no son equiparables al servicio público de asistencia jurídica gratuita que también organizan los colegios de abogados, sino que están orientados a atender las necesidades de aquellas personas que no tienen acceso a la asistencia jurídica gratuita, pero también carecen de capacidades económica para financiarse la asistencia jurídica o incluso para aquellos colectivos que ni siquiera tienen conocimiento de la existencia de tal servicio.

14 *V. gr.*, SANCHICA MORENO, C., «Clínicas Jurídicas en Colombia y otros países de América Latina», *Innovación docente y clínicas jurídicas*, obra colectiva, coordinada por RAMÍREZ CALDERONA, C., Tirant lo Blanch, Valencia, 2021, pág. 125, destaca que, en países como Argentina, Chile, Colombia, Ecuador, México o Perú, aunque con sus diferencias, comparten unos fines comunes orientados a la «protección y reivindicación de los derechos humanos» de la población vulnerable, tales como, «víctimas de conflicto armado, comunidades indígenas, migrantes y personas en situación de discapacidad». Asimismo, GEBRUERS, C., «La crítica del derecho en las clínicas jurídicas», en *Revista Internacional de Derechos Humanos*, núm. 2, vol. 13, 2023, págs. 28-30, destaca como el enfoque crítico del Derecho en Latinoamérica ha venido en cierta medida propiciado por la litigación estratégica llevada a cabo por las clínicas en materia de derechos humanos. De hecho, se aprecia como las clínicas se convierten en instituciones de proximidad que son capaces de conectar con las necesidades de colectivos locales o regionales más desfavorecidos y que necesitan ayuda. Así, su labor no queda reducida a la implicación de individuos o colectivos concretos, sino que debe implicar a los poderes públicos y a la sociedad civil para conseguir sus objetivos. Además, normalmente la complejidad de las cuestiones que abordan fuerza la existencia de la multidisciplinariedad en la aplicación del Derecho. Un ejemplo concreto de defensa de los derechos humanos por las clínicas jurídicas lo encontramos en LORCA

parece plenamente coherente con el entorno donde se desarrollar las clínicas, la universidad que tradicionalmente se ha caracterizado por situarse a la vanguardia de la sociedad en busca del progreso y del bienestar de la comunidad. Por eso, en cierta medida podemos afirmar que todas las clínicas se convierten en laboratorios de innovación jurídicas en la medida en que comparten esos fines humanistas propios de la universidad[15].

No obstante, este modelo no es extrapolable tal cual a países como España donde existe un modelo de asistencia jurídica gratuita orientado a las personas que carezcan de recursos para litigar y que cubre gastos tales como las minutas del letrado, las tasas o las costas del pleito. A ello hay que añadir que la mayoría de los abogados que ejercen por el turno de oficio tienden a recelar de la labor de las clínicas jurídicas pues las ven como un supuesto de intrusismo que puede afectar negativamente a la asignación de usuarios del servicio de asistencia jurídica[16]. Por ello, en cierta medida se generan tensiones con los colegios de abogados que tienden a coartar la libertad de acción de las facultades en salvaguarda de los intereses de sus colegiados. A esta limitación hay que sumar las dificultades que puede suponer encontrar alumnos con perfiles marcadamente orientados al ejercicio de la profesión de la abogacía y que además tengan inquietudes sociales. En este sentido, lo ideal serían alumnos estudiantes del máster para el ejercicio de la abogacía

MUÑOZ, L., «La intervención clínica representando a las personas transgénero y el cambio jurisprudencial logrado», en *Enseñanza clínica del...*, *op. cit.*, págs. 165-184, que recoge como la litigación estratégica de las clínicas jurídicas en Chile han conseguido un cambio jurisprudencial que ha hecho posible que las personas transgénero puedan modificar en el registro civil su sexo y su nombre de nacimiento para que coincida con su identidad de género y con el nombre por el que quieren ser conocidos. Asimismo, VV. AA., «La Primera Ola ...», *op. cit.*, pág. 65, refleja algunas de las polémicas que han enfrentado las clínicas jurídicas en las universidades de Estados Unidos debido a que aceptaban casos de un marcado carácter político y de interés público y provocaban el rechazo de determinados grupos de interés público, llegando a sufrir incluso conatos de clausura.

15 GARCÍA GONZÁLEZ, G., «La Clínica Jurídica...», *op. cit.*, págs. 16-18, recoge la importancia de articular actividades que vayan más allá de los meros programas de estudio y que ayude a la promoción de los valores éticos que tradicionalmente han caracterizado a la universidad. En esta línea, el autor apunta que estas actividades deben implicar tanto a profesores como estudiante «para que realmente el papel social de las instituciones de educación superior tenga credibilidad, y por tanto sea aceptado por todos como algo importante, es necesario que haya una coherencia entre lo que se dice y lo que realmente se hace —y cómo se hace— en la práctica diaria».

16 VV. AA., «La Primera Ola ...», *op. cit.*, pág. 65, recoge el caso de varias clínicas jurídicas que han afrontado dificultades derivadas del temor de los colegios de abogados y de los profesionales autónomos de perder potenciales clientes en favor de los servicios de asesoría gratuita de las clínicas jurídicas. En esta línea, incluso se llegó a suscribir acuerdos entre los colegios de abogados y las clínicas para delimitar el ámbito de actuación de la institución y evitar que pudieran atender usuarios que tuviesen capacidad económica suficiente para financiarse los servicios de un letrado.

que deseen mejorar sus capacidades en la aplicación práctica del Derecho y que cuenten con una clara vocación de servicios a la sociedad.

Ambos razonamientos nos llevan a considerar que las clínicas de las Universidades españolas sufren una postergación con respecto a la labor de éstas en el continente americano. Así, la finalidad originaria de éstas por supuesto que se encuentra presente en las clínicas españolas, pero no puede alcanzar su máximo esplendor en la medida en que las propias singularidades de nuestro ordenamiento jurídico les pone límites. El carácter social originario de la clínica en España queda relegado a un segundo plano y su rasgo dominante pasa a ser la enseñanza del Derecho por medio de las cuestiones extraprocesales que los alumnos pueden abordar y las labores de difusión o fomento del Derecho.

Lo deseable sería que al menos los juristas de cursos superiores del grado en Derecho y el máster en abogacía que reciben formación en las clínicas pudiesen intervenir bajo la tutorización de abogados especialistas en las diferentes fases procesales[17]. Ésta ha sido una de las características más comunes de la universidad a lo largo de la historia, el intercambio de conocimientos y experiencias con la sociedad y con las instituciones. Por ello, se podrían realizar convenios con los colegios de abogados e incluso con los juzgados y tribunales para permitir que los estudiantes de Derecho puedan implicarse en cuestiones de litigación.

En esta línea, las clínicas se reinventan y se convierten en un foro de encuentro e intercambio de ideas entre alumnos y profesores donde pasan a priorizarse otras cuestiones diferentes a prestar un servicio de asistencia jurídica a la sociedad. Como apuntamos más arriba, la financiación de las clínicas viene determinada por la dotación con que cuentan los proyectos de innovación, por lo que la capacidad de las clínicas dependerá muy probablemente de la capacidad de la universidad que lo financia. En cualquier caso, que las clínicas reciban financiación pública es una ventaja para alcanzar sus objetivos pues se evitan los conflictos de intereses que podrían condicionar qué tipo de actividades realizan en función de los intereses del ente financiador[18].

Por ello podríamos hablar de clínicas jurídicas generalistas, es decir, aquéllas que abordan cuestiones jurídicas de toda índole, y clínicas jurídicas especializadas, que podríamos considerarlas como especializadas por discipli-

---

17 Como nos recuerda VV.AA., «La Primera Ola ...», *op. cit.*, pág. 65, somos conscientes del fuerte rechazo que probablemente recibiría por parte de abogados y de los miembros de la judicatura en la medida en que si llegasen a intervenir en juicio podrían poner en peligro los intereses de las partes en el proceso por la falta de cualificación.

18 Gebruers, C., «La crítica del...», *op. cit.*, págs. 6-7, resalta lo que ocurrió con un gran número de clínicas jurídicas en Hispanoamérica que recibían financiación de la Fundación Ford y cuando ésta se terminó no fueron capaces de conseguir nuevos fondos y las clínicas desaparecieron.

na jurídica o/y por materias de interés para la sociedad[19]. Lo más frecuente es que se creen acuerdos de colaboración entre organizaciones de la sociedad civil y las clínicas para llevar a cabo principalmente actividades de investigación y fomento en el ámbito jurídico siempre tomando como eje de coordenadas cuestiones de interés para la sociedad[20]. Podemos incluso considerarlo concreción de las políticas de gobierno abierto en la medida en que la administración universitaria de común acuerdo con la sociedad civil adopta decisiones y lleva a cabo una actividad que tiende a fomentar el conocimiento jurídico de la población sobre aquellas cuestiones que resulten de su interés.

Incluso podemos definir a las clínicas jurídicas occidentales como laboratorio de derechos humanos en la medida en que orientan su actividad a la promoción de los derechos humanos de los colectivos que más lo necesitan como pueden ser inmigrantes o personas en exclusión social. De hecho, esta función de las clínicas supone para los estudiantes que reciben formación en ellas un valor añadido, pues ya no se trata sólo de enseñarles a aplicar en términos práctico el Derecho, sino que además reciben formación complementaria en valores cívicos por medio de la concienciación que supone conocer de primera mano la realidad de determinados colectivos de la sociedad. En este sentido, se apunta que los egresados de las clínicas jurídicas a la vez que en operadores del Derecho se convierten en activistas de derechos humanos pues reciben una formación integral en materia de derechos humanos caracterizada por la proximidad al conflicto y el rigor que impone llevar a cabo todas las actividades que sean necesarias para el fomento y tutela de los derechos de las personas por medio de la aplicación práctica del derecho[21].

---

19 Un ejemplo paradigmático es la Clínica Jurídica de Acción Social de la Universidad de Salamanca que se articula en torno a siete líneas de actuación aglutinando en cada una, cuestiones de relevancia para la sociedad. Además de profesores y alumnos, dentro de cada línea se encuentran implicados actores de la sociedad civil que colaboran con la clínica con la finalidad de conseguir satisfacer sus intereses. Encontramos la clínica jurídico-penal, discapacidad y dependencia, intervención penitenciaria y derechos humanos, cambio climático y desarrollo sostenible, memoria democrática, menores y uso de internet o migrantes y derechos (Visto en: https://clinicajuridica.usal.es/lineas-actuacion/, última visita el 22/04/2024). Otro ejemplo es la Universidad Carlos III que cuenta con tres clínicas jurídicas especializadas en materias concretas: Clínica de Derechos Humanos, Clínica de Emprendimiento y Clínica Jurídica de Cohesión Social y Desarrollo Local (visto en: https://www.uc3m.es/conocenos/centros/clinica-juridica#:~:text=Para%20cualquier%20duda%20o%20informaci%C3%B3n,2%C2%AA%20planta, última visita: 22/04/2024).

20 RAMÍREZ CALDERÓN, C., «La Clínica Jurídica UNIR», en *Innovación docente y clínicas jurídicas*, obra colectiva, coordinador RAMÍREZ CALDERÓN, C., Tirant lo Blanch, Valencia, 2021, págs. 108-109, recoge cómo las pequeñas ONG normalmente se apoyan en las clínicas jurídicas para recabar asistencia jurídica consistente principalmente en labores de asesoría porque no se pueden permitir tener abogados en plantilla o contratar sus servicios.

21 GERBUERS, C., «La crítica del...», *op. cit.*, págs. 28-30.

6.4. La innovación tecnológica

Como venimos razonando, el rasgo más preponderante de las clínicas jurídicas en España es la promoción del aprendizaje del Derecho por medio de actividades de difusión de la cultura jurídica. Cuestión que se facilita ampliamente en el contexto de las tecnologías de la información y la comunicación propias del siglo XXI. Así, esa palabreja pegadiza, el e-aprendizaje, se convierte en la piedra angular del sistema de funcionamiento de las clínicas en la medida en que la «comunicación, búsqueda de información, creación de contenidos, colaboración y reflexión» se hace posible por medio de la tecnología, a la vez que incluso la formación de los estudiantes en el uso responsable de esas tecnologías dentro del respeto a los derechos del prójimo adquiere relevancia[22]. De hecho, acertadamente cabe apuntar que la supervivencia de las clínicas depende de su capacidad para adaptarse a la era digital porque «la búsqueda de metodologías de trabajo adaptadas a un ecosistema digital se revela como una cuestión en la que centrar la atención de manera perentoria: la discusión sobre su idoneidad ha dejado paso a la afirmación sobre su esencialidad»[23].

No obstante, reconectando con la idea de falta de implicación de los colegios de abogados y de los juzgados en la labor de formación de los estudiantes de las clínicas, echamos en falta ese mismo enfoque orientado a la formación en el uso de las tecnologías de la información en relación con las labores propias de un jurista en el ejercicio de la profesión. Así, en línea con la implicación de estos profesionales del Derecho en la formación de los estudiantes sería deseable que les permitiesen colaborar en la gestión de los sistemas informáticos implementados por las administraciones públicas y por la Administración de Justicia. De hecho, ni siquiera en el currículum de los estudios del máster de acceso a la profesión de abogado suele venir incluida referencia alguna al funcionamiento del sistema informático LexNET empleado para el intercambio de información segura dentro de los órganos de la Administración de Justicia. Y la referencia que se hace al uso de los portales electrónicos de las administraciones no pasa de su regulación general en las leyes de procedimiento administrativo y de régimen jurídico, sin que en ningún caso se muestre su funcionamiento práctico.

En el marco de su labor de promoción, nos parece acertado el razonamiento que defiende la conveniencia de utilizar tecnologías que hagan posible cumplir con las acciones de:

«- Transmitir y compartir conocimiento: asistir a sesiones formativas y disponer de materiales y documentación adecuados.

- Comunicarse: plantear dudas, generar debate, intercambiar experiencias

22 García González, G., «La Clínica Jurídica...», *op. cit.*, págs. 22-24.

23 Ramírez Calderón, C., «La Clínica Jurídica...», *op. cit.*, pág. 107.

- Evaluar: obtener datos e incorporar elementos de observación que permitan no solo una evaluación sumativa, sino también formativa»[24].

En esta línea, la generación de contenidos adquiere una particular relevancia y aunque tradicionalmente el medio escrito ha sido el prioritario en la transmisión del conocimiento jurídico en la actualidad adquieren relevancia otras como pueden ser los blogs, generadores de infografías y mapas mentales en línea; o la creación de videos y pódcast[25].

6.5. Conclusiones

PRIMERA; En el marco del aprendizaje por competencias la clínica jurídica como institución existente en la mayoría de las universidades españolas se sitúa a la vanguardia del aprendizaje práctico del Derecho en la medida en que enfrenta a los alumnos a resolver casos reales, en un entorno controlado. Asimismo, promueve el acercamiento de los estudiantes a la realidad de la sociedad por las sinergias que se establecen con las organizaciones de la sociedad civil y la implicación en actividades de fomento de los derechos humanos lo que redunda en formar juristas en valores.

SEGUNDA; En el escenario posterior a la implementación del Plan Bolonia la clínica jurídica en España ha recibido una renovada dimensión en el marco del aprendizaje por competencias en la medida en que contribuye a la enseñanza práctica del Derecho para los estudiantes de los últimos cursos del grado en derecho y del máster de acceso a la profesión de abogado. Así, el funcionamiento interno de las clínicas jurídicas se basa en un sistema colaborativo en el que los alumnos adoptan un rol protagonista y reciben, tramitan y resuelven las consultas que planteen los usuarios del servicio. Por su parte, los docentes colaboran orientando a los alumnos en la atención de los casos e informando el acierto de las respuestas que se dan a los usuarios.

---

24 GÓMEZ ESPINOSA, M., «Virtualización de la Clínica Jurídica: transformación de la metodología presencial a la metodología online», en *Innovación docente y clínicas jurídicas*, obra colectiva, coordinador RAMÍREZ CALDERÓN, C., Tirant lo Blanch, Valencia, 2021, págs. 39-40.

25 GÓMEZ ESPINOSA, M., «Virtualización de la...», *op. cit.*, p. 41, apunta que estas formas de comunicación son las más acertadas para los destinatarios de la labor de difusión de las clínicas jurídicas. *V.gr.*, las infografías y mapas mentales pueden servir para ayudar a inmigrantes que tengan dificultades con el idioma a entender cuáles son sus derechos o a las personas mayores a comprender conceptos jurídicos complejos. El uso de vídeos y pódcast es un recurso útil para transmitir conocimientos a los colectivos desfavorecidos y a los jóvenes porque «[...] permite una mayor cercanía y el uso de códigos de comunicación sencillos, y la tecnología facilita que estos recursos se puedan crear incluso desde los dispositivos móviles y compartir vía internet con el resto de implicados en el proceso».

TERCERA; El modelo de asistencia jurídica gratuita en España resta protagonismo a las clínicas jurídicas como servicio orientado a satisfacer las necesidades de las personas que lo puedan necesitar. A ello hay que sumar el recelo que pueda suscitar en los colegios de abogados como gestores del servicio de asistencia jurídica gratuita, en la medida en que puedan percibir a las clínicas como un supuesto de intrusismo que les reste usuario en el servicio que prestan. Lo recomendable sería fomentar una cooperación entre los colegios de abogados y las clínicas jurídicas que hiciese posible el intercambio de conocimientos prácticos y experiencias entre abogados y estudiantes, supliendo aquéllos las carencias de éstos en relación con la aptitud profesional necesaria para poder comparecer y actuar en juicio. Una buena opción para suplir las carencias de los estudiantes sería financiar la contratación de un abogado en ejercicio que diese soporte práctico y que cumplimentase la laguna que supone la falta de colegiación y de capacidad para litigar de los estudiantes que están en formación en las clínicas.

CUARTA; En el contexto actual las clínicas jurídicas se han reinventado para seguir aportando a la sociedad valor. A parte de atender las consultas de los ciudadanos, nos parece un acierto que las clínicas estén orientadas a fomentar la cultura de los derechos humanos y su tutela porque los grandes impulsos humanistas tradicionalmente han venido desde la universidad, institución que se ha caracterizado por ser más abierta y permeable al progreso que los restantes poderes públicos. En este sentido, nos parece un acierto la colaboración que desde la clínica jurídica se establece con la sociedad civil para brindarles la asistencia jurídica que puedan precisar. Ello brinda a los estudiantes una formación integral que va más allá de las meras aptitudes profesionales, inculcando a los estudiantes unos valores sociales que los acompañará el resto de su trayectoria profesional.

QUINTA; Aprovechando el contexto tecnológico actual las clínicas están llevando a cabo sus actividades de fomento de los derechos humanos por medio de la difusión de contenido jurídico de relevancia para la sociedad principalmente por medio de redes sociales. Los blogs y los *pódcasts* se han convertido en una herramienta habitual para difundir contenidos jurídicos de calidad que resulten accesibles al ciudadano medio.

SEXTA; La Clínica Jurídica de la Universidad de Cádiz es un ejemplo de éxito en la enseñanza clínica del Derecho en la medida en que ha sabido aprovechar todo su potencial y establecer los vínculos necesarios con la sociedad civil para alcanzar los fines sociales que le son propios a la institución. Particularmente acertado nos parece el férreo posicionamiento a favor de la tutela de los derechos de colectivos vulnerables por medio de la vinculación con el *Máster en Protección jurídico-social de personas y colectivos vulnerables* y la participación en proyectos de investigación orientados a la protección de menores y personas extranjeras, fomentando las inquietudes investigadoras de sus estudiantes en la materia.

6.6. Bibliografía

Carreño, H., «El curso de clínica judicial», en *Enseñanza clínica del Derecho*, obra colectiva, dirigida por Lepin Molina, C., Tirant lo Blanch, Valencia, 2020, págs. 185-195.

García González, G., «La Clínica Jurídica como paradigma de aprendizaje servicio: retos y desafíos de la práctica clínica en la sociedad de la información», en *Innovación docente y clínicas jurídicas*, obra colectiva, coordinador Ramírez Calderón, C., Tirant lo Blanch, Valencia, 2021, págs. 13-36.

Gebruers, C., «La crítica del derecho en las clínicas jurídicas», en *Revista Internacional de Derechos Humanos*, núm. 2, vol. 13, 2023, págs. 21-47.

Giddings, J., Burridge, R., Gavigan, S., y **Klein C. F.**, «La Primera Ola de la Educación Jurídica Clínica Moderna. Estados Unidos, Gran Bretaña, Canadá y Australia», *El movimiento global de clínicas jurídicas. Formando juristas en la justicia social obra colectiva*, obra colectiva, editada por Bloch, F. S., Tirant lo Blanch, Valencia, 2013, págs. 56-78.

Gómez Espinosa, M., «Virtualización de la Clínica Jurídica: transformación de la metodología presencial a la metodología online», en *Innovación docente y clínicas jurídicas*, obra colectiva, coordinador Ramírez Calderón, C., Tirant lo Blanch, Valencia, 2021, págs. 37-56.

Lavilla Rubira, J. J., «Sobre el "case-method" para la enseñanza del derecho: la experiencia de la "Harvard Law School"», en *R.A.P.*, núm. 117, 1988, págs. 1-14

Lorca Muñoz, L., «La intervención clínica representando a las personas transgénero y el cambio jurisprudencial logrado», en *Enseñanza clínica del Derecho*, obra colectiva, dirigida por Lepin Molina, C., Tirant lo Blanch, Valencia, 2020, págs. 165-184.

Montero Curiel, M., «El Proceso de Bolonia y las nuevas competencias», en *Tajuelo*, núm. 9, 2010, págs. 19-37.

Obiols Soler, M. y **Giner Tarida, A.**, «El modelo educativo de Bolonia y competencias docentes. Aportaciones desde el coaching educativo», en *Univest*, 2011.

Ramírez Calderón, C., «La Clínica Jurídica UNIR», en *Innovación docente y clínicas jurídicas*, obra colectiva, coordinador Ramírez Calderón, C., Tirant lo Blanch, Valencia, 2021, págs. 103-125.

Sanchica Moreno, C., «Clínicas Jurídicas en Colombia y otros países de América Latina», *Innovación docente y clínicas jurídicas*, obra colectiva, coordinada por Ramírez Calderona, C., Tirant lo Blanch, Valencia, 2021, págs. 126-146.

Sine Nomine., «La abogacía pro-bono, diferente de la justicia gratuita (y también de las series de EE. UU.)», *noticias de la Abogacía Española, Consejo General*, 2021.

Troncoso Reigada, A., «Introducción y presentación», en *Comentario al Reglamento General de Protección de Datos y a la Ley Orgánica de Protección de Datos Personales y Garantía de los Derecho Digitales*, obra colectiva, dirigida por Troncoso Reigada, A., Civitas, Navarra, , págs. 147-218.

Tudela, X., «Implementación de una Clínica Jurídica para la enseñanza clínica del Derecho», en *Enseñanza clínica del Derecho*, obra colectiva, dirigida por Lepin Molina, C., Tirant lo Blanch, Valencia, 2020, págs. 35-72.

7.

A 100 AÑOS DE SU APARICIÓN: APLICACIÓN DE *EL PROCESO* DE KAFKA A LA DIDÁCTICA DE LA TEORÍA DEL DERECHO

Luca Moratal Roméu

Profesor de Teoría y Filosofía del Derecho en la Universidad del Atlántico Medio

Profesor de Derecho del Trabajo en la Universidad Isabel I

RESUMEN: La novela *El proceso*, de Franz Kafka, ofrece fértiles posibilidades a la enseñanza de la Teoría del Derecho. La presente contribución se incorpora a un rico acervo académico-docente de estudio y puesta en práctica de las mismas, con ocasión del primer centenario de la muerte del escritor bohemio y la publicación, póstuma, de la que muchos consideran su obra cumbre. En ella se pone de manifiesto cómo *El proceso* puede estimular la reflexión acerca de los fines de la ordenación jurídica de la sociedad y la idoneidad de unas y otras dinámicas de poder para satisfacerlos; la seguridad jurídica; el sentido de las garantías procesales; el impacto del derecho en la vida de la persona; la misma naturaleza del derecho y sus distintas concepciones; el fenómeno de la burocracia y la disolución de la responsabilidad; la idea kelseniana de la unidad del ordenamiento, o la diferenciación entre normas de eficacia general y normas de excepción. De igual manera, este clásico de la literatura universal no puede sino invitar a tomar conciencia crítica de la deriva de nuestros sistemas políticos y jurídicos, decantada precisamente en un sentido no muy distante del anticipado por Kafka un siglo atrás.

PALABRAS CLAVE: Kafka; *El proceso*; Didáctica jurídica; Teoría del Derecho.

7.1. Composición de lugar

La presente contribución persigue ilustrar algunas de las posibilidades didácticas que la novela *El proceso* (en el original alemán, *Der Prozess*; 1925), de Franz Kafka (1883-1924), ofrece a la impartición de la asignatura Teoría del Derecho, presente en casi todos los planes de estudio de Grado en Derecho en España.

El trabajo se enmarca en lo que es ya toda una línea de investigación —y explotación académica— de la interacción entre derecho y literatura; una, por lo demás, notablemente consolidada, la enumeración de cuyos hitos —siquiera los de su vertiente hispanohablante— ocuparía no pocas páginas. De acuerdo con Bueno Ochoa, desde esta escuela se habrían cultivado cuatro grandes perspectivas: «1) Derecho "de" la Literatura —perspectiva normativa—; 2) Derecho "como" Literatura —perspectiva hermenéutica—; 3) Literatura "en" el Derecho —perspectiva narrativa— y 4) Derecho "en" la Literatura —perspectiva crítica—»[1]. Las consideraciones aquí emprendidas parecerían avenirse mejor con esta última. No obstante, sí creo que, tratándose de una obra como *El proceso*, cabría ir más allá y hablar no simplemente de derecho en la literatura (como temática más o menos presente entre otras), sino más bien de literatura *sobre* o *acerca del* derecho (literatura que hace del derecho su tema principal). No es de extrañar que Kafka lo reputara digno de semejante protagonismo. Jurista en tiempos de auge de la burocratización, el escritor praguense supo reconocer que cada vez más aspectos de la vida del hombre dependían del derecho, a la par que devenía cada vez más difícil entender su funcionamiento. Su preocupación, desde luego, tiene plena actualidad.

Si bien no es determinante para las ideas desarrolladas en lo sucesivo, no es superfluo mencionar que he puesto efectivamente en práctica la aplicación que planteo. Como profesor de Teoría del Derecho en la Universidad del Atlántico Medio, una de las actividades que he propuesto a los alumnos en el curso académico 2023-24 ha sido la elaboración de un ensayo dedicado a relacionar una obra literaria o cinematográfica con los contenidos de la asignatura. Este ensayo había de dividirse en tres partes:

---

1 BUENO OCHOA, L., «Reflexiones sobre la interacción entre derecho y literatura: A propósito de una experiencia docente», en *Anuario de filosofía del derecho*, núm. 37, 2021, pág. 97.

I.- Una primera, donde se contextualizaría el material utilizado, se resumiría la trama y se aportaría una primera aproximación a la relevancia de los temas tratados para el Derecho en general y la Teoría del Derecho en particular, justificando así la elección de la obra en cuestión.

II.- Una segunda, en la que se explicaría de manera objetiva y aséptica (esto es, todavía sin orientación crítica o valorativa personal) cómo la obra ilustra los temas, cuestiones, debates, etc., propios de la Teoría del Derecho. Al hilo de esta explicación, se expondrían distintas visiones que, desde la Teoría del Derecho, se hayan aportado con respecto al problema o problemas objeto de examen.

III.- Una tercera, consistente en una reflexión personal en la que el estudiante habría de posicionarse críticamente con respecto a los problemas tratados. A este objeto se disponía de bastante flexibilidad. Una posibilidad entre muchas otras habría sido sugerir una reforma institucional o legislativa, o defender unas instituciones y normas existentes, en base a la problemática escenificada en la trama y las lecciones que quepa extraer de ella. Por ejemplo, habiendo visionado la película *Los Intocables* (1987), uno podría haber reflexionado críticamente acerca de si, y hasta qué punto, es función propia del Derecho prohibir la producción, distribución y consumo de drogas.

Con ello no se pretendía otra cosa que estimular la profundización en estos temas teórico-jurídicos desde un prisma más amplio, favoreciendo precisamente la toma de conciencia, por parte del estudiantado, de la proyección e incidencia real de los mismos en la vida personal y comunitaria.

Por otro lado, conviene señalar que los contenidos de la asignatura —a relacionar, insístase, con el material elegido— eran, a grandes rasgos, los siguientes: i) Introducción a la Teoría del Derecho. Acción humana, tipos de normas y ubicación categorial de las jurídicas. Funciones sociales del derecho. La justicia. ii) Grandes concepciones del derecho: iusnaturalismo, iuspositivismo y iusrealismo. iii) Estructura y tipología de la norma jurídica. iv) Jerarquía normativa y fuentes del derecho. v) Coherencia y plenitud del ordenamiento jurídico. Antinomias y lagunas. Contenidos, como puede observarse, típicos de la asignatura homónima (u homóloga u homologable) en cualquier plan de estudios universitario español de Grado en Derecho.

Pues bien, es en estas circunstancias que presenté a los alumnos las conexiones que nutren esta contribución, con la finalidad de proporcionarles un modelo para la realización de la actividad. Para ello, como no podía ser de otra manera, me valí de la estructura requerida a efectos de dicha actividad; estructura que veo oportuno reflejar también en esta contribución.

Como puntualización final antes de entrar en materia, debo enfatizar que no ignoro el volumen de comentarios y estudios ya publicados con el mismo objeto (o que pueden servir al mismo objeto)[2]. No obstante, estimo que la riqueza y complejidad de *El proceso*, en buena medida acentuadas por el simbolismo de la novela, son lo suficientemente profundas como para que resulte imprudente cualquier pretensión de agotamiento de sus posibilidades interpretativas. Así, lejos de arrogarme una originalidad extraordinaria, no puedo descartar *ab initio* descubrir algún pliegue hasta ahora oculto, y puedo razonablemente esperar que no sea del todo vano engrosar este fecundo acervo *kafko-jurídico*.

7.2. Introducción a la obra, contextualización y primera aproximación a la relevancia teórico-jurídica de la temática

Si en 2024 se cumple el primer centenario de la muerte de Kafka, en 2025 se celebra el de la aparición de *El proceso*. La novela, como la mayor parte de su obra, se publica con carácter póstumo. Lo hace Max Brod, amigo íntimo del escritor, transgrediendo con ello su encargo —su «último ruego»— de quemar, «sin leerlos», todos sus manuscritos a su muerte[3].

Pocas aperturas son tan conocidas como la de *El proceso*: «Alguien debía de haber calumniado a Josef K., porque, sin que hubiera hecho nada malo, una mañana fue arrestado»[4]. Se trata, sin embargo, de un arresto muy singular; como singular será el proceso judicial del que vendrá seguido. El supuesto arresto tiene lugar en casa del protagonista (una habitación de pensión), pero éste no es conducido a ninguna parte. Podría pensarse, pues, en un arresto domiciliario; más, para sorpresa de K., el inspector al mando de los hombres que lo efectúan le comunica que es libre de ir a trabajar y continuar con su vida cotidiana. Esta aparente falta de gravedad de su situación hará que K. crea inicialmente estar siendo víctima de una broma, y que, por lo menos en los primeros compases de la historia, no le atribuya mucha importancia al asunto. Curiosamente, sin embargo, es la misma informalidad de la causa que contra él se sigue lo que irá poco a poco acrecentando su

---

2 En español, y entre otros muchos, cabría destacar: BUENO OCHOA, L., «Der Prozess (1925), de Franz Kafka, como contraejemplo para juristas», en *El proceso judicial en un marco cultural y digital*, obra colectiva, dir. CALAZA LÓPEZ, S., y QUESADA SÁNCHEZ, A. J., Editorial Colex, A Coruña, 2023, págs. 51-94; PINTO FONTANILLO, J. A., «El lado oscuro del derecho: *El proceso*, de Franz Kafka», en *Concepciones sistemáticas y visiones literarias del Derecho: Principios del Derecho VI*, obra colectiva, ed. FUERTES-PLANAS ALEIX, C., Dykinson, Madrid, 2020, pp. 257-286, o Silva, L., *El Derecho en la obra de Kafka*, Rey Lear, Madrid, 2008.

3 Es la primera disposición de su testamento, hallado por Max Brod entre sus papeles (*cf.* BROD, M., y KAFKA, F., *Eine Freundschaft. Briefwechsel*, ed. PASLEY, M., S. Fischer, Frankfurt am Main, 1989, pág. 365).

4 KAFKA, F., *Der Prozess*, Die Schmiede, Berlin, 1925, p. 1. Salvo donde se indique otra cosa, las traducciones al español son mías.

inquietud —pues esa informalidad, pese a sus superficiales ventajas, es sinónimo de incertidumbre. Lo único que sabe K. es que está siendo objeto de una investigación; pero acerca de ella lo desconoce todo. Nadie le informa de los hechos que se le imputan o de los que se le acusa (motivo por el cual se le revela impracticable la elaboración del informe autoexculpatorio que, en el capítulo 7, se propone escribir)[5], ni de la sanción a la que se enfrenta; ni siquiera de la naturaleza del aparato policial-judicial que impulsa el proceso. Todo lo que habitualmente entendemos por derechos y garantías procesales, necesarios para un juicio justo, brilla por su ausencia. Sólo por medio de esfuerzos ímprobos conseguirá K. ir descubriendo algunos detalles, con frecuencia contradictorios, de esa insólita forma de enjuiciamiento.

El proceso de K., sí, es insólito; pero dista mucho de ser la única situación insólita de la narración. Kafka, fiel a su estilo —al que debemos la cristalización, en tantas lenguas, del adjetivo «kafkiano» o equivalentes, para denotar lo absurdo, lo angustioso, lo pesadillesco—, convierte cada episodio en un delirio. Su protagonista, sin embargo, no parece verse afectado por ello, en la medida en que, a lo largo de la novela, mantiene generalmente una admirable sobriedad no exenta de chulería. Actitud desafiante que, indudablemente, no favorecerá la prosperidad de su pretensión principal: que se le deje en paz.

Probablemente el grueso de la novela había sido redactado en 1914, en un período de gran inspiración para Kafka. Bueno Ochoa[6], sobre la estela de la biografía de Reiner Stach[7], apunta a dos acontecimientos significativos en su concepción. El primero se remonta a 1899 y es la detención de un tal Joseph Kafka («tal vez un pariente lejano», sugiere Stach)[8] en las oficinas del Instituto de Seguros de Accidentes de Trabajo de Praga tras amenazar con un cuchillo a los empleados que le acababan de denegar una prestación[9]. El segundo —a mi juicio, más relevante— es «el incidente protagonizado por Hans Gross, eminente jurista [...], y su hijo, Otto Gross, psiquiatra y contestatario discípulo de Freud, además de paciente de Jung, que se vio forzado a salir de su domicilio berlinés en 1913, a instancia de su padre que había recurrido a la intervención policial, para ser trasladado a una clínica psiquiátrica»; ello, pre-

5 *Ibid.*, págs. 221-222.

6 BUENO OCHOA, L., «*Der Prozess* (1925) ...», pp. 53-54.

7 La biografía se compone de tres volúmenes: *Los primeros años* (*Die frühen Jahre*, 2014), *Los años de las decisiones* (*Die Jahre der Entscheidungen*, 2002) y *Los años del conocimiento* (*Die Jahren der Erkenntnis*, 2008). La editorial Acantilado (Barcelona) publicó en 2016 una traducción española de la biografía completa en dos tomos, que es la que aquí se cita.

8 STACH, R., *Kafka. Los años de las decisiones (II). Los años del conocimiento*, trad. FORTEA, C., Acantilado, Barcelona, 2016, pág. 1374.

9 Es verosímil que Franz tuviera conocimiento del incidente a través de «su superior, el director Marschner», a la sazón consultor del instituto y probable testigo de la escena (*cf.* STACH, R., *ibid.*).

cisa Stach, «sin que se le pudiera acusar de ningún delito concreto»[10]. Pero a estos dos debe añadirse un tercero, que precede —acaso exactamente— en un mes el trazado de las primeras líneas y que, en mi opinión, es el verdaderamente decisivo. Se trata del «juicio» a Kafka celebrado en el hotel berlinés Askanischer Hof el 12 de julio de 1914: en realidad, una rendición de cuentas ante su prometida, Felice Bauer, por las dudas que Kafka había confesado —a Grete Bloch, amiga de Felice— albergar con respecto al matrimonio, y que concluyó con la cancelación del compromiso. Para Elias Canetti, «la forma de esta separación, su concentración en un "juicio" —desde entonces nunca lo llamó de otra manera—, tuvo un efecto extraordinario sobre él. A principios de agosto empezó a formularse su reacción al mismo. [Este proceso] se convertía ahora en ese otro *Proceso* que todo el mundo conoce»[11].

Cuando se habla de *El proceso* se hace más importante que nunca explicitar la edición que se maneja. Yo manejo la original alemana de 1925, de la editorial Die Schmiede, complementada con la edición crítica de S. Fischer de 1990[12]; pero debe tenerse en cuenta que otras ediciones, en unos y otros idiomas, presentan alteraciones nada desdeñables. Esto se explica por la doble dificultad con la que se topa Max Brod al revisar el manuscrito tras la muerte de Kafka: por un lado, algunos capítulos parecen inacabados; por otro lado, los hay que carecen de emplazamiento claro en el conjunto de la trama, lo que hace altamente discutible la ordenación natural de ésta. Brod optó en un primer momento por descartar los capítulos aparentemente inconclusos (después, en la segunda edición de 1935, los publicaría como apéndices, y así seguirían publicándose en numerosas ediciones posteriores, inclusive la de 1990 que uso como complemento de la original), y evidentemente ordenó los restantes como juzgó conveniente. Desde entonces, ahora bien, se han sucedido múltiples y muy distintas versiones de la cuestión, con sus correspondientes ediciones críticas; de las cuales, cómo no, unas cuantas se anuncian como «definitivas».

Entre ellas no puede dejar de mencionarse la del colombiano Guillermo Sánchez Trujillo[13]. Este autor sostiene, en primer lugar, que los tradicionalmente considerados capítulos incompletos realmente no lo son. En contra de lo que se piensa, pues, *El proceso* sería una novela *acabada*. Una segunda tesis que resaltar es que *El proceso* es un «palimpsesto» de *Crimen y castigo*, de Dostoyevski, de suerte que «todos y cada uno de los capítulos de la novela

10 STACH, R., *Kafka. Los primeros años. Los años de las decisiones (I)*, trad. FORTEA, C., Acantilado, Barcelona, 2016, pág. 468.

11 CANETTI, E., *Der andere Prozeß. Kafkas Briefe an Felice*, Carl Hanser Verlag, München, 1969, págs. 66-67.

12 KAFKA, F., *Der Proceß*, ed. PASLEY, M., S. Fischer, Frankfurt am Main, (1925) 1990. La original de 1925 es la anteriormente citada.

13 SÁNCHEZ TRUJILLO, G., *El proceso —Edición definitiva—*, Instituto Tecnológico Metropolitano, 2019.

de Kafka están construidos con base en uno o varios capítulos de la novela de Dostoievski»[14]. Esto daría la clave para la correcta ubicación de los capítulos ordinalmente controvertidos, a cuyo objeto sólo habría que atender a la disposición de los capítulos análogos en la estructura de *Crimen y castigo*. Hasta aquí, personalmente, no tengo nada que objetar; antes al contrario, considero que estos descubrimientos, avalados por una argumentación tan sólida como minuciosa, y fruto de más de treinta años de investigación, son dignos del mayor elogio y difícilmente pueden ponerse en entredicho. Pero otras dos ideas —desprovistas de la demostración *more geometrico* de las anteriores— de Sánchez Trujillo sí me suscitan mayores discrepancias. Una de ellas es que, en puridad, el tema principal de *El proceso*, escondido bajo una epidérmica temática de misterio, sería la tormentosa relación de Kafka con Felice Bauer, narrada «de manera críptica»[15]. Y la segunda es que —no obstante la frase que abre la novela— K., después de todo, no tendría por qué ser inocente. Con respecto a esto último, creo que es aplicable el principio general del derecho según el cual *in claris non fit interpretatio* («en lo que es claro no cabe interpretación», «no se interpreta lo que está claro»): Kafka (especialmente Kafka) podría estar engañándonos, pero no procede asumirlo, ni siquiera contemplarlo, contra la literalidad del texto («[...] sin que hubiera hecho nada malo [...]»)[16]. En cuanto al tema principal de la novela —y, nuevamente, cualesquiera que fueran las intenciones reales del autor—, sólo un conocimiento muy profundo de la vida de Kafka y una fuerte predisposición en este sentido pueden desplazar el foco de lo que al común de los lectores aparece, con toda legitimidad, como tal *leitmotiv*: un proceso judicial anómalo, enigmático y a todas luces deleznable, conjunción de los peores aspectos de los que ha conocido la historia de la humanidad. Por lo demás, el hecho de que, como ha quedado expuesto, la estética «procesal» de la ruptura con Felice *inspirara* la novela, en modo alguno tiene por qué convertirla en su tema, argumento o trama[17].

No ambiciono, en todo caso, resolver este tipo de problemas, que durante tanto tiempo y con tanta intensidad han ocupado a los kafkólogos. Mi objetivo, formulado *ad initium*, es mucho más modesto, y para cumplirlo creo que el tándem de la edición original con la crítica de 1990 resulta perfectamente

14 *Ibid.*, pág. 24.

15 *Ibid.* pág. 27.

16 Tanto menos a falta de pruebas inequívocas de que lo está haciendo (una carta, una entrada en su diario...).

17 No puede obviarse, en fin, que una consideración general de la producción de Kafka, donde el derecho ocupa una posición preeminente, apoya una lectura jurídica de *El proceso*. El derecho, en efecto, es objeto de atención constante: no sólo en aquellos escritos dedicados esencial o enfáticamente a él, como *In der Strafkolonie* (*En la colonia penitenciaria*, 1919), *Das Schloss* (*El castillo*, 1926) o *Beim Bau der Chinesischen Mauer* (*La muralla china*, 1931), sino incluso en aquellos de los cuales no es tema destacado, y a los que, sin embargo, se extiende la terminología legal(ista) (un ejemplo es *Das Urteil* [*La condena*, 1913]).

aceptable; así como creo que lo es una aproximación a la novela inteligible para lectores no especializados, que no por desconocer los pormenores biográficos de su composición —o por no ir buscando mensajes cifrados en las profundidades de un texto que en sí y por sí mismo puede tener perfecto sentido— quedan privados de la posibilidad de extraer reflexiones y conclusiones interesantes.

Introducida y contextualizada así la obra, pocas dudas pueden subsistir a propósito de su pertinencia en relación con los temas propios de la Teoría del Derecho (amén de otras disciplinas jurídicas), o de su capacidad de ilustrarlos y estimular la reflexión sobre ellos. Siendo numerosas las posibilidades en este plano, a continuación me circunscribo a los siguientes: los fines de la ordenación jurídica de la sociedad y la idoneidad de unas y otras dinámicas de poder para satisfacerlos; la seguridad jurídica; el sentido de las garantías procesales; el impacto del derecho en la vida de la persona; la misma naturaleza del derecho y sus distintas concepciones; el fenómeno de la burocracia y la disolución de la responsabilidad; la idea kelseniana de la unidad del ordenamiento, y la diferenciación entre normas de eficacia general y normas de excepción.

7.3. *El proceso* y la teoría del derecho: una selección de temas

7.3.1. Fines y medios de la ordenación jurídica de la sociedad

A diferencia de otras obras literarias que incorporan el derecho a la trama, *El proceso* no sólo nos lo propone como dato, suceso o giro —o como fuente de estos—, sino que nos invita a reconsiderar su mismo fundamento. Puede resultar esclarecedor observar cómo esto no se da, por ejemplo, en *Crimen y castigo*. En la novela de Dostoyevski, el derecho, si bien ocupa un lugar prominente, opera con relativa normalidad: la policía investiga, por los cauces habituales, un delito que efectivamente se ha cometido; una vez el delincuente se entrega, es condenado a la pena correspondiente, que a nadie extraña en el lugar y tiempo en que se desarrolla la historia. Ésta es propicia para estimular una reflexión fundamental acerca de otros temas (la autonomía ética, la dimensión espiritual de la persona, el sentido individual de la justicia, la fragilidad humana, la necesidad de redención, el amor...) donde el comportamiento de los personajes sí reviste singularidad, y a veces hasta unicidad; pero no ocurre esto con el derecho como tal (aunque algunos de los temas mencionados estén incuestionablemente conectados con el derecho). En *El proceso*, en cambio, lo llamativo y lo insólito[18] es *cómo funciona el orden jurídico*, lo que inevitablemente nos exhorta al contraste con alguna

18 Con mayor precisión, el más importante de los elementos llamativos e insólitos de la novela, pues ciertamente hay otros.

idea de *cómo debería funcionar*. Dicho de otra manera, con los fines y medios del derecho en la comunidad humana.

A la pregunta por los fines del derecho se puede responder con vocación prescriptiva o descriptiva, es decir, señalando qué fines debería servir el derecho o bien cuáles sirve realmente. En ocasiones habrá coincidencia entre ambas perspectivas: por ejemplo, «el mantenimiento del orden» es un clásico de la teleología jurídica prescriptiva; al tiempo que constatamos empíricamente, a efectos descriptivos, que el derecho suele ayudar a mantener un cierto orden. En otros casos no será así: piénsese en el teórico marxista que interpreta el sistema jurídico de una sociedad capitalista como una superestructura más al servicio de los intereses económicos de la clase dominante (nivel descriptivo), pero propugna el tránsito revolucionario a una sociedad comunista en la que el derecho devenga instrumento de la dictadura del proletariado (nivel prescriptivo). Tampoco puede obviarse la existencia de posiciones antifinalistas, o negadoras de que el derecho tenga y/o deba tener un fin. Puede destacarse la de Hayek, para quien el derecho «no es un medio para ningún propósito, sino sencillamente una condición para el cultivo exitoso de la mayor parte de los propósitos»[19].

Sean cuales sean los fines a los que se vincule el derecho, a su definición habrá de acompañarse la de los medios más idóneos para satisfacerlos. A modo de ejemplo, alguien podría afirmar que el fin del derecho es o debe ser —probablemente entre otros— la protección de la propiedad privada; sin embargo, previsiblemente todos concordaremos en que la imposición de la pena de muerte a un carterista sería un medio inidóneo, por desproporcionado, para el cumplimiento de este fin, habida cuenta de que otros medios menos severos pueden ser igualmente eficaces para la prevención de este tipo de comportamientos, sin necesidad de sacrificar un bien jurídico tan importante como es la vida humana.

Volviendo a *El proceso*, es incierto a qué fin pueda subordinarse el régimen jurídico de la investigación y juicio del protagonista y de otros procesados a los que se alude. Desde luego conformarían una tortura psicológica muy refinada, si ese fuera su objetivo, pero nada en la novela nos indica por qué habría de serlo, o por qué los procesados habrían de merecerla. Sea como fuere, lo que sí podemos concluir es la inidoneidad de semejante proceso para cualquier fin preventivo general o social, puesto que: i) no se sabe qué tipo de actuaciones lo activan; ii) ni siquiera los acusados en su seno saben por qué lo son; iii) aunque así fuera, la generalidad de la ciudadanía desconoce su existencia[20], e incluso sus mismos agentes lo ignoran casi todo acerca de él.

---

19 Hayek, F., *Law, Legislation and Liberty*, Routledge, London and New York, [1982] 2013, p. 107.

20 Una muchacha que parece trabajar en los «juzgados» reconoce abiertamente que «nuestro sistema judicial no es muy conocido entre la población» (Kafka, F., *Der Prozess...*, 1925, p. 121)

7.3.2. Seguridad jurídica, garantías procesales e impacto del derecho en la vida de la persona

El proceso nos proporciona un óptimo telón de fondo para someter a reflexión dos extremos que en la novela brillan por su ausencia: la seguridad jurídica y las garantías procesales. Obviamente no puede haber seguridad jurídica allá donde no hay manera de saber qué conductas son enjuiciadas —y, por tanto, perseguidas y reprimidas— a través del proceso extraordinario que se sigue contra K., a qué penas se exponen sus autores, qué fases y actuaciones integran el procedimiento judicial y cómo cabe defenderse en él. Con respecto a lo primero, vale la pena subrayar que no sólo se desconocen las conductas punibles con antelación (imposibilitándose con ello la adecuación del propio comportamiento a la evitación de estas), sino que, como decíamos, ni siquiera una vez incoado el proceso saben los procesados por qué se los investiga, qué se les imputa o de qué se los acusa. Como le explica a K. su abogado, «los escritos del tribunal, especialmente el escrito de acusación, son inaccesibles para el acusado y su defensa. Por lo tanto, generalmente no se sabe, o al menos no se sabe con exactitud, contra qué debe dirigirse la primera respuesta; así que solo por casualidad puede contener algo que sea relevante para el caso. [...] En estas circunstancias, la defensa se encuentra, naturalmente, en una situación muy desfavorable y difícil»[21]. Ello por no hablar de la información contradictoria que, por unos y otros canales, va recibiendo K., la cual no hace sino alimentar su confusión. Como en tantos otros casos, pues, la indeterminación del derecho se da aquí la mano con otra patología del orden jurídico, la mencionada falta de garantías procesales, manifestándose como dos caras de una misma moneda.

Estas cuestiones admiten muchas y muy variadas conexiones; baste aquí limitarnos a algunos clásicos. Por una parte, enlazando con la historia del derecho romano, podríamos evocar la Ley de las XII Tablas como resultado de la reivindicación plebeya de publicidad del derecho. Por otra, no podría omitirse una referencia a Cesare Beccaria y su tratado *De los delitos y de las penas* (1764). Y en lo que concierne al fundamento de las garantías procesales podría esbozarse una consideración. Generalmente, dicho fundamento tiende a concretarse en las exigencias de la justicia y la humanidad en relación con el encausado, como parte débil del proceso penal, especialmente cuando el que acusa es el Estado: si se pretende la legitimidad del castigo que eventualmente se le imponga, se deberá haber demostrado inequívocamente su culpabilidad, y se le deberá haber dado la oportunidad real de defenderse; a lo que se añade la proscripción de toda suerte de tratos indignos de la persona humana (como la tortura, otrora empleada regularmente con fines de averiguación penal). No obstante, conviene poner de relieve que su fundamento no se agota en esto, extendiéndose a otros valores sociales

21 *Ibid.*, págs. 198-199.

como puede ser la —o una cierta— tranquilidad colectiva, o general confianza de los ciudadanos en que no serán víctimas de abusos policiales o judiciales (y que, si lo son, dispondrán de mecanismos para enfrentarse a ellos). En otras palabras, la existencia notoria de garantías procesales no sólo beneficia al sujeto inmerso en unas diligencias policiales o en un proceso judicial, sino también a aquellos que a lo mejor nunca han tenido contacto significativo con la policía o la administración de justicia, pero saben que podría tocarles en cualquier momento (cosa que nadie puede descartar).

Cuando la inseguridad jurídica y/o la indefensión alcanzan determinados niveles, pueden desencadenar un auténtico cuadro de *angustia* jurídica. La angustia se diferencia del miedo, que es conciencia individualizada de un peligro bien definido, y se presenta como zozobra, congoja, turbación o desasosiego abstracto, ignorante de sus mismas causas. La sola aproximación al concepto arroja contradicciones; si bien, *prima facie*, la angustia parece ser una forma de inquietud, Zubiri la describe lúcidamente en sentido contrario, como «una especial quietud que deja al angustiado como clavado y fijo en el vacío en que queda». Con todo, sí es claro que la angustia es, en formulación del mismo Zubiri, «un fenómeno de hundimiento de todo terreno o punto de apoyo»[22]. Una de sus fuentes puede ser el derecho, cuando se revela tan imprevisible y arbitrario que hace imposible planificar la propia vida con una mínima expectativa de acierto. Entonces, por mucho que observamos el despliegue de la coacción a nuestro alrededor, y por muy minuciosamente que analizamos nuestra situación, no encontramos los parámetros que nos permitan idear una estrategia siquiera medianamente fiable para sustraernos a la amenaza jurídica; lo que inexorablemente nos sume en una preocupación constante, tan obsesiva como estéril. Es lo que le pasa a K., al que, a partir del séptimo capítulo, «el pensamiento del proceso ya no le abandonaba»[23].

7.3.3. La naturaleza del derecho

Se decía antes que *El proceso* nos invita a reconsiderar el fundamento mismo del derecho. El fundamento del derecho, ahora bien, no son sólo sus fines, sino asimismo su *naturaleza*. A los lectores más perspicaces se les suscitará también este problema, sobre todo al hilo de algunas insinuaciones.

Uno de los personajes de la novela que parecen saber más sobre el sistema judicial con el que lidia K. es Titorelli, el pintor oficial del tribunal. Cuando K. cree detectar algunas contradicciones en el relato que le hace Titorelli, éste replica: «Esas contradicciones son fáciles de aclarar. [...] Aquí se habla de dos cosas diferentes: de lo que dice la ley y de lo que yo he experimentado

---

22 ZUBIRI, X., «Las fuentes espirituales de la angustia y la esperanza», en *Revista de Filosofía*, 3.ª época, vol. IV, núm. 6, (1961) 1991, pág. 239.

23 KAFKA, F., *Der Prozess...*, 1925., *op. cit.*, pág. 195.

personalmente; no debe confundirlas. En la ley, aunque yo no lo he leído, naturalmente se establece que el inocente será absuelto, mientras que, por otro lado, no se dice que los jueces puedan ser influenciados. Pues bien, yo he experimentado precisamente lo contrario. No conozco ninguna absolución real, pero sí muchas influencias»[24]. Esa dicotomía entre «lo que dice la ley» y lo que las personas realmente experimentan es el fondo de la disputa entre dos de las grandes concepciones del derecho históricamente predominantes: el positivismo y el realismo jurídicos. Para el iuspositivismo, sobre todo en la obra de Hans Kelsen, la ciencia del derecho debe quedar depurada de todo análisis que trascienda el sistema de normas del Estado (de ahí que la teoría de Kelsen se postule como «teoría *pura* del derecho»)[25]; incluyendo, por supuesto, la experiencia jurídica personal y social, que pertenecería al ámbito de la psicología, la sociología, la moral, etc. Que esta experiencia no tenga nada que ver con la letra de la ley sería irrelevante para el jurista. Para el iusrealista, por el contrario, el efectivo impacto físico, psicológico y sociológico del derecho es lo esencial. De poco sirve —argüiría dicho realista jurídico ante una escena como la citada— que un jurista conozca de memoria el código que teóricamente regula el proceso judicial de K. si sus disposiciones no se reflejan en su funcionamiento real y no existe posibilidad de forzar su observancia. El derecho, propiamente dicho, serían las decisiones susceptibles de imposición coercitiva; o, desde un punto de vista científico, «las profecías de lo que los jueces, de hecho, harán, y nada más pretencioso que esto»[26].

La tercera gran teoría del derecho en discordia sería el iusnaturalismo o doctrina del derecho natural. De tradición inveterada, esta concepción propugna la existencia de «una serie de preceptos cuya vigencia o imperatividad no viene determinada por, o condicionada a, decisión o aprobación humana»[27]. Determinadas acciones podrían reputarse conformes a derecho pese a ser prohibidas por el legislador y efectivamente reprimidas, o, *sensu contrario*, antijurídicas no obstante haber sido declaradas «oficialmente» (¡cuántas dificultades plantea la noción de lo «oficial»!) como derechos y no ser en absoluto perseguidas en los hechos. Hay que decir que el iusnaturalismo ofrece una amplia gama de grados, que van desde un derecho natural mínimo (en el Radbruch de posguerra, por ejemplo, sólo entraría en juego cuando la injusticia del derecho positivo alcanzase cotas poderosamente intolerables)[28] a intentos de deducir, hasta los últimos detalles y con pretensiones de validez

24 *Ibid.*, págs. 267-268.

25 *Vid.* Kelsen, H., *Teoría pura del derecho. Introducción a los problemas de la ciencia jurídica*, trad. y pres. Robles, G., Trotta, Madrid, (1934) 2011.

26 Holmes Jr., O. W., *The Path of the Law*, Floating Press, [1897] 2009, pág. 9.

27 Moratal Roméu, L., *El ocaso de la abogacía*, Unión Editorial, Madrid, 2024, pág. 21.

28 *Cf.* Radbruch, G., *Arbitrariedad legal y derecho supralegal*, Marcial Pons, Madrid, 2019, *passim*.

universal, enteros ordenamientos jurídicos (así en la escuela racionalista del derecho natural de los siglos XVII y XVIII).

También debe repararse en la concurrencia de teorías eclécticas e integradoras, destacando entre ellas la «teoría tridimensional del derecho» de Miguel Reale[29]. En ella, el derecho no se entendería sin su triple dimensión de valor (en el que pone el acento el iusnaturalismo), norma (central para el iuspositivismo) y hecho (tema predilecto del iusrealismo), de suerte que un déficit en cualquiera de estos elementos desnaturalizaría, en mayor o menor medida, el derecho.

7.3.4. La unidad del ordenamiento jurídico

Una de las tesis de la teoría pura del derecho de Hans Kelsen es la necesaria unidad del ordenamiento jurídico: no puede haber más que un derecho vigente en un mismo territorio, y toda norma jurídica vigente en tal territorio debe recibir su validez de ese derecho. Esta tesis se complementa con otra: que, en una sociedad moderna, el único derecho es el del Estado.

La realidad irradia apariencias en sentido distinto: derechos que, como el canónico o el consuetudinario, no tienen su origen en el Estado, y que no por ello dejan de desplegar eficacia; territorios reclamados por un Estado en los que, sin embargo, éste no logra ejercer su soberanía; organizaciones criminales y mafiosas con códigos altamente desarrollados que coexisten con el poder político e imponen exitosamente su propia ley. La ficción no se queda atrás, y así cabría preguntarse si, en *El proceso*, la población —y con ella el protagonista— está sometida a dos derechos: el «oficial» del Estado de que se trate (Kafka no explicita cuál es) y el «extraoficial» de quienes impulsan el particular enjuiciamiento de K. y participan en él.

Para Kelsen, todos estos rompecabezas pueden resolverse con alguna de las dos siguientes explicaciones. Si el Estado admite la validez de normas exógenas (la costumbre, el derecho canónico, etc.)[30], entonces éstas pasan a formar parte del ordenamiento estatal. Si, por el contrario, el Estado no admite su validez, tales normas no son propiamente jurídicas, no forman parte del ordenamiento jurídico, por eficaces que puedan resultar (ejemplos pueden ser las impuestas por la mafia en Sicilia o por la camorra en Nápoles). En uno y otro caso, la unidad del derecho queda a salvo.

---

29 *Vid*. REALE, M., *Teoría tridimensional del derecho*, Tecnos, Madrid, 1997.

30 El derecho internacional es un caso peculiar e independiente, al que Kelsen dedica buena parte de sus esfuerzos teóricos.

7.3.5. Normas de eficacia general y normas de excepción

Muchos programas docentes y manuales de Teoría del Derecho contemplan una cuestión interesante que entronca con lo que venimos tratando: la clasificación de las normas jurídicas en normas de eficacia general y normas de excepción. La eficacia de las normas puede ser excepcional, en vez de general, por razón de la materia (verbigracia, una duración máxima de la detención preventiva superior a la habitual para delitos especialmente graves), de los sujetos a los que se dirigen (un colectivo vulnerable), del territorio afectado (en atención a sus fueros o derechos históricos) o del tiempo en el que deban aplicarse (una disposición transitoria).

El proceso de K. constituye un caso palmario de excepcionalidad normativa, sin que nos quede claro por razón de qué criterio. El hecho de que, por su carácter, el protagonista no se deje amedrentar por nadie y ante nadie dé muestras de debilidad no es óbice para que experimente, comprensiblemente, un profundo desconcierto ante todo lo que le acontece. No estamos, desde luego, ante normas y procedimientos de eficacia general, sino ante anomalías o, dicho de otra manera, especialidades normativas. Mas, como apuntábamos, desconocemos en qué se justifican y qué las motiva. ¿Pertenece K. a una minoría perseguida por medios extraordinarios? ¿Es sospechoso de un crimen particularmente ominoso? ¿Su elección como procesado es simplemente casual? La narración no nos lo desvela.

7.3.6. Burocracia y disolución de la responsabilidad

En los juicios a los mandatarios, oficiales y altos funcionarios nazis que se sucedieron después de la Segunda Guerra Mundial, la estrategia de defensa más repetida por los acusados fue alegar que se habían limitado a cumplir órdenes. En el de Adolf Eichmann, celebrado en Jerusalén en 1961, éste aseguró que habría matado a su propio padre si sus superiores se lo hubieran ordenado[31]. No cabe duda de que muchos de los crímenes enjuiciados se cometieron en ejecución de órdenes cuyo incumplimiento los acusados podrían haber pagado con su vida. Sin embargo, a nadie escapa que la admisión de este argumento (el cumplimiento de órdenes) como excusa penal implica una disolución de la responsabilidad que, en último término, puede llegar a ser total. El mismo Hitler, de haber sido capturado, podría haberse escudado en el mandato conferido en las urnas por el pueblo alemán, reconduciendo la responsabilidad por los crímenes del nacionalsocialismo a cada uno de los más de cuarenta millones de alemanes que en 1932 y 1933 lo auparon al poder con su voto. Huelga decir que sería ilusorio pensar en un sistema de rendición de cuentas capaz de exigírselas a semejante número de personas.

---

31 *Cf.* Arendt, H., *Eichmann in Jerusalem: A Report on the Banality of Evil*, Viking Press, New York, (1963) 1965, págs. 22 y 42.

Vemos, pues, cómo una de las principales virtudes que habitualmente se atribuyen a la burocracia como forma de organización administrativa, la jerarquía[32] —al servicio de la eficiencia—, se torna en su gran problema a efectos de responsabilidad. En este frente, los regímenes democráticos poseen una desventaja con respecto a los autocráticos y los oligárquicos: y es que, en estos, por lo menos la cadena de responsabilidades termina por agotarse, o sedimentarse, en un individuo o grupo de individuos razonablemente susceptibles de procesamiento.

Tanto la burocracia como la disolución de responsabilidad que aquélla conlleva permean toda la novela. Los intervinientes en el proceso se encargan constantemente de enfatizar su propia intrascendencia y la de otros. En el arresto inicial, por ejemplo, el inspector le explica a K.: «Estos señores aquí presentes y yo somos completamente irrelevantes para su asunto; de hecho, casi no sabemos nada al respecto. [...] Tampoco puedo decirle que esté encausado, o, mejor dicho, ni siquiera sé si lo está. Está arrestado, eso es seguro, pero no sé más. Tal vez los guardias hayan dicho algo diferente, pero si es así sólo fue palabrería»[33]. Esos guardias habían mostrado una cierta disposición a aceptar sobornos a cambio de beneficios menores, pero otros funcionarios son incorruptibles. Cuando, a resultas de las quejas de K. sobre los malos tratos dispensados por los guardias, estos son azotados, K., enternecido por el triste espectáculo, ofrece dádiva al azotador para que cese en el castigo. Éste, sin embargo, la rechaza, con el inobjetable argumento de que «se me ha contratado para azotar, así que azoto»[34]. Entre unas cosas y otras, los responsables últimos, si es que los hay, no se dejan rastrear.

7.4. Valoración crítica de los problemas abordados

En la tercera parte de la actividad se espera una valoración crítica o reflexión personal acerca de los temas, cuestiones y problemas hasta entonces perfilados. La orientación del docente puede ser más comedida en este punto, que ostensiblemente sugiere una mayor subjetividad y al que el alumno debería llegar ya con una buena base analítica. En estas líneas, por tanto, me contento con dejar bosquejadas algunas direcciones que podría adoptar esta reflexión.

En primer lugar, sería apropiado llamar la atención sobre las insuficiencias del positivismo jurídico, señaladamente en su versión kelseniana, para explicar la realidad jurídica, siempre a la luz de *El proceso*. Retomando el problema relativo a la unidad del ordenamiento jurídico, ninguna de las dos soluciones de Kelsen resulta satisfactoria. Si el derecho «normal» de la comunidad política de K. reco-

32 *Cf.* Weber, M., *Wirtschaft und Gesellschaft. Grundriß der verstehenden Soziologie*, Tomo 1, Mohr, Tübingen, (1921-1922) 1976, págs. 125-126.

33 Kafka, F., *Der Prozess...*, 1925., *op. cit.*, págs. 20-21.

34 Kafka, F., *Der Prozess...*, [1925] 1990., *op. cit.*, pág. 112.

nociera validez al ciertamente anormal proceso que se le sigue, cabe imaginar que su existencia sería más o menos conocida entre la población. No parece, pues, que sea el caso. Procedería entonces negar la validez jurídica, y en consecuencia la licitud, de dicho proceso. Pero ¿qué provecho, científico o práctico, se deriva de ello? Lo cierto es que el proceso de K. conduce potencialmente, al igual que cualquier proceso «lícito», «válido» u «oficial», a un resultado coactivo, de tal modo que difícilmente puede interponerse un muro conceptual entre unos y otros: más allá de diferencias accidentales (en un proceso «lícito» existen unas ciertas garantías, en el «ilícito» —si se insiste en llamarlo así— no; etc.), ¿por qué unos habrían de considerarse «derecho», y el otro no? En otras palabras, ¿de qué nos sirve un jurista, o una teoría, que nos explique privativamente el «derecho normal», eximiéndose del «derecho anormal»? A K. le asesora un abogado. ¿Qué otro profesional podría o debería hacerlo, si nos empeñamos, por fidelidad a Kelsen, en que sus problemas no son de índole jurídica?

Por lo que hace a la clasificación de las normas en generalmente eficaces y excepcionales, y de estas últimas en función de su ámbito y razón, la novela no sólo es oportuna para exponerla y ejemplificarla, sino igualmente para abrir un debate acerca de la legitimidad de dicha excepcionalidad normativa, máxime en el marco de una cultura jurídica que valora sin mesura la igualdad ante la ley. ¿En qué casos, en qué condiciones se justifica la existencia de normas de excepción, y, por ende, la desigualdad ante la ley? ¿Hasta qué punto es admisible? Lo deseable parecería ser un término medio aristotélico entre un fundamentalismo igualitarista (que, por poner sólo un ejemplo, excluiría los beneficios fiscales a personas con discapacidad) y una apertura de par en par a cualquier tipo de excepcionalidad a capricho del legislador (quizá para comprar el apoyo de algún sector de la sociedad o del parlamento); pero definirlo no es tarea fácil.

Algunos lectores, en fin, podrían mostrarse escépticos con respecto al sentido mismo de esta contribución. La ficción, podrían argüir, no sería una buena compañera para el estudio de la realidad, que a fin de cuentas es el antónimo de aquélla. En el caso de *El proceso*, además, su trama estaría tan alejada del funcionamiento real del derecho que no podría aspirar a enseñarnos o ilustrarnos nada acerca de éste. A estos lectores se les podría cuestionar que verdaderamente estemos tan lejos de la pesadilla de K. Sistemas políticos como los nuestros, que se dotan de los instrumentos jurídicos necesarios para arruinar a cualquier ciudadano bajo apariencias de normalidad y legitimidad, y para defraudar toda expectativa de derecho fundada en la experiencia, haciendo de las leyes una auténtica forma de munición liberticida, ¿no se parecen cada vez más a dicha pesadilla?

7.5. Conclusiones

La contribución que aquí concluye ha ilustrado cómo la enseñanza de la Teoría del Derecho puede beneficiarse de una novela tan importante como es *El proceso* de Kafka. Siguiendo el esquema de una actividad académica real consistente en relacionar una obra literaria o cinematográfica con los contenidos de dicha asignatura, se han abordado, siempre con la oscura novela de fondo, los siguientes temas: los fines de la ordenación jurídica de la sociedad y la idoneidad de unas y otras dinámicas de poder para satisfacerlos; la seguridad jurídica; el sentido de las garantías procesales; el impacto del derecho en la vida de la persona; la misma naturaleza del derecho y sus distintas concepciones; el fenómeno de la burocracia y la disolución de la responsabilidad; la idea kelseniana de la unidad del ordenamiento, y la diferenciación entre normas de eficacia general y normas de excepción. Finalmente se han propuesto algunos esbozos de reflexiones críticas que sería interesante cultivar.

7.6. Bibliografía

Arendt, H., *Eichmann in Jerusalem: A Report on the Banality of Evil*, Viking Press, New York, (1963) 1965.

Brod, M., y **Kafka, F.**, *Eine Freundschaft. Briefwechsel*, ed. Pasley, M., S. Fischer, Frankfurt am Main, 1989.

Bueno Ochoa, L.: «Reflexiones sobre la interacción entre derecho y literatura: A propósito de una experiencia docente», en *Anuario de filosofía del derecho*, núm. 37, 2021, pp. 95-115.

— «*Der Prozess* (1925), de Franz Kafka, como contraejemplo para juristas», en *El proceso judicial en un marco cultural y digital*, obra colectiva, dir. Calaza López, S., y Quesada Sánchez, A. J., Editorial Colex, A Coruña, 2023, pp. 51-94.

Canetti, E., *Der andere Prozeß. Kafkas Briefe an Felice*, Carl Hanser Verlag, München, 1969.

Hayek, F., *Law, Legislation and Liberty*, Routledge, London and New York, [1982] 2013.

Holmes Jr., O. W., *The Path of the Law*, Floating Press, [1897] 2009.

Kafka, F.: *Der Prozess*, Die Schmiede, Berlin, 1925.

— *Der Proceß*, ed. Pasley, M., S. Fischer, Frankfurt am Main, (1925) 1990.

Kelsen, H., *Teoría pura del derecho. Introducción a los problemas de la ciencia jurídica*, trad. y pres. Robles, G., Trotta, Madrid, (1934) 2011.

Moratal Roméu, L., *El ocaso de la abogacía*, Unión Editorial, Madrid, 2024.

Pinto Fontanillo, J. A., «El lado oscuro del derecho: *El proceso*, de Franz Kafka», en *Concepciones sistemáticas y visiones literarias del Derecho:*

Principios del Derecho VI, obra colectiva, ed. FUERTES-PLANAS ALEIX, C., Dykinson, Madrid, 2020, pp. 257-286.

RADBRUCH, G., *Arbitrariedad legal y derecho supralegal*, Marcial Pons, Madrid, 2019.

REALE, M., *Teoría tridimensional del derecho*, Tecnos, Madrid, 1997.

SÁNCHEZ TRUJILLO, G., *El proceso —Edición definitiva—*, Instituto Tecnológico Metropolitano, 2019.

SILVA, L., *El Derecho en la obra de Kafka*, Rey Lear, Madrid, 2008.

STACH, R.: *Kafka. Los primeros años. Los años de las decisiones (I)*, trad. FORTEA, C., Acantilado, Barcelona, 2016.

— *Kafka. Los años de las decisiones (II). Los años del conocimiento*, trad. FORTEA, C., Acantilado, Barcelona, 2016.

WEBER, M., *Wirtschaft und Gesellschaft. Grundriß der verstehenden Soziologie*, Tomo 1, Mohr, Tübingen, (1921-1922) 1976.

ZUBIRI, X., «Las fuentes espirituales de la angustia y la esperanza», en *Revista de Filosofía*, 3.ª época, vol. IV, núm. 6, (1961) 1991, pp. 239-245.

8.

LA ENSEÑANZA DEL DERECHO EN UN MUNDO DIGITALIZADO Y GLOBAL

Nuria Puentes Ruiz
Doctoranda en Derecho en la Universidad de Alcalá (UAH). Profesora de la Universidad Isabel I. Colaboradora de la Cátedra Jean Monnet ad personam de Derecho de la Unión Europea (UAH).
nuria.puentes@ui1.es

SUMARIO: 8.1. Introducción 8.2. Los grandes obstáculos en la época de la digitalización del derecho 8.3. El derecho a través de la digitalización: nuevas formas de docencia 8.4. Conclusiones 8.5. Bibliografía

RESUMEN: La transformación digital ha logrado que nos encontremos en un mundo en constante cambio que ha dado soluciones a problemas que planteaba la enseñanza en la globalización, como, por ejemplo, la docencia online. Sin embargo, ha recalcado otros obstáculos a los que, de momento, no ha dado respuesta: dificultades en las zonas rurales; nuevos ámbitos sin regular o *new laws*, como las criptomonedas; conflictos en la adaptación del profesorado; y otros muchos...

En este artículo se pretende ver las posibles adaptaciones que debería realizar la docencia universitaria, en especial en la rama del Derecho, si quiere lograr formar a sus futuros profesionales con las herramientas adecuadas para su desarrollo y capacitación que les permita afrontar situaciones laborales del mundo digitalizado y globalizado en el que vivimos. Para ello, analizaremos la normativa existente en materia de docencia universitaria, con especial atención al marco español y europeo, lo que nos permitirá ver las carencias y los dilemas que plantean a la hora de aplicarla a la realidad universitaria y laboral, teniendo en cuenta una perspectiva digital, social y regional.

Finalmente, se presentarán unas conclusiones sobre el grado de adecuación del actual sistema educativo para dar cabida a la realidad globalizada y digital en el ámbito jurídico, así como ciertos cambios que sería conveniente aplicar para adaptar mejor la docencia a la materialidad a la que tendrán que enfrentarse los futuros graduados y futuras graduadas.

PALABRAS CLAVE: Derecho; Innovación; Enseñanza; Digital; Globalización

8.1. Introducción

La globalización ha sido posible gracias a la digitalización. Tanto la una como la otra han planteado soluciones a problemas existentes; por otra parte, también han formulado cuestiones de nueva creación, como puede ser el caso de la biotecnología, la inteligencia artificial o la conducción automatizada.

Estos tres supuestos son los más llamativos para la sociedad civil, al entenderse los beneficios que podrían lograrse a través de un verdadero estudio de sus cualidades y capacidades. Pues bien, como cualquier elemento de reciente constitución en sus inicios no se encuentran limitados o regulados por el Derecho; con esto queremos decir que no presentan un marco para sus actuaciones, por lo que, además de los aspectos positivos que estas tecnologías podían obtener, igualmente es posible su uso moralmente negativo, malintencionado, o, incluso, delictivo, siendo claros ejemplos, la clonación de personas, la sustitución de empleados en ciertos trabajos por máquinas capaces de actuar y pensar por sí solas, o el uso de tanques y drones autodirigidos en las guerras.

Por estos motivos, es de vital importancia la regulación de la utilización de las tecnologías, pero encontramos nuevas barreras: ¿cómo se puede acotar el uso de elementos tecnológicos que ni los propios expertos en la materia conocen en su totalidad? ¿Cómo predecir el desarrollo de unas tecnologías que estamos descubriendo y de las cuáles desconocemos hasta dónde pueden llegar? ¿Cómo enseñar a nuestros jóvenes (y no tan jóvenes) a convivir con ellas o trabajar con ellas?

En las páginas de este artículo veremos las consecuencias que tiene la digitalización del Derecho, así como los impedimentos que este proceso puede encontrar. Por esta razón, tendremos que tratar, brevemente, la globalización, ya que ambas, digitalización y globalización, se encuentran intrínsecamente unidas.

A continuación, se estudiará el sistema educativo superior, con especial atención a las universidades, con la finalidad de dilucidar si éstas están capacitadas para formar a unos profesionales jurídicos que saldrán a un mercado laboral cada vez más digitalizado y que tendrán que hacer frente a lagunas en la legislación a causa del rápido crecimiento de las tecnologías, como adelantábamos en el inicio de este trabajo con la conducción automática, la biotecnología o la inteligencia artificial.

Finalmente, y tras lo analizado en estas páginas, se alcanzarán unas conclusiones sobre el sistema educativo jurídico, la digitalización y la necesidad de innovar los métodos de docencia universitaria.

8.2. Los grandes obstáculos en la época de la digitalización del derecho

La globalización es un proceso que, hoy en día, definimos como económico, tecnológico, social y cultural, y que transformó nuestra forma de entender el mundo, al romper límites que llevaban siglos establecidos. Se expandieron los mercados, se diseñaron tecnologías nunca vistas, creció el flujo migratorio y se facilitó el intercambio cultural.

Un claro ejemplo de las consecuencias de la globalización sería que antes de dicho proceso los actores internacionales eran, principalmente, los Estados, mientras que, actualmente, contamos con los Estados; organizaciones internacionales, supranacionales o regionales, como Naciones Unidas, la Unión Europea o el MERCOSUR; organismos transnacionales; organizaciones sin ánimo de lucro para el desarrollo (ONGD); etc.

La pluralidad de actores, aunque ahora lo reconocemos como un aspecto positivo del mercado global, al dar heterogeneidad, en sus inicios supuso una novedad que planteaba cuestiones relativas a la capacidad de éstos, qué roles debían tener, cómo se debían regular, entre otras cuestiones.

La digitalización demostró ser un elemento básico para el desarrollo, que nos ayuda a resolver preguntas como las planteadas previamente entre otras, lo que conllevó una proliferación del uso de tecnologías en dispositivos y aplicaciones, hasta el punto en el que ésta es un aspecto intrínsecamente ligado a nuestro día a día que debemos conocer para poder usar adecuadamente y avanzar con el resto de la sociedad.

Se trata de una pieza constantemente cambiante, por lo que nuestros conocimientos sobre las tecnologías se deben ir actualizando cada cierto tiempo, ya que, si decidimos no renovarnos, nos encontraremos con nuestra incapacidad de progresar.

Con la finalidad de dar una solución a esta coyuntura, Finlandia incluyó en sus legislaturas unos «Comités del Futuro» [1], unos *think tanks* parlamentarios encargados de realizar estudios que mejorasen la comprensión tecnológica e interactuasen con expertos en múltiples disciplinas para formular políticas basadas en datos rigurosos y no desactualizados. Este país ha sido capaz de entender la importancia de no mantenerse estático, debiendo modificar su forma de pensar y actuar para no estancarse y continuar con la evolución de su sociedad en el mundo global.

Como mencionábamos anteriormente, debemos entender que las tecnologías pueden ser usadas para el progreso de la sociedad, promoviendo los de-

1 Fernández Cabrera, S. R., «La era digital y la globalización, un desafío para el derecho», *Informática y derecho. Revista Iberoamericana de derecho informático*, 2021, núm. 10, págs. 53-72.

rechos humanos, o pueden ser utilizadas para menoscabarlos. Esta dualidad está, en estos momentos, en mente de todos con elementos como la lectura de las pupilas para la identificación, existiendo empresas que compran dicha huella, con la intención, supuestamente, de crear una base de datos mundial, pero que en futuro podrían suponer la llave para muchas otras aplicaciones y que, generalmente, se desconocen.

Otro de los trazos negativos de la digitalización es la posibilidad de exacerbar la desigualdad, creando una división entre la sociedad en varios ámbitos: nuevas generaciones, capacitadas para usarlas, frente a las anticuadas generaciones, que se quedan atrás y no pueden realizar gestiones habituales como sacar dinero del cajero del banco; o las personas que tienen acceso a las tecnologías al tener una mayor economía frente a aquéllas que no se pueden permitir los dispositivos.

Si queremos que la digitalización no suponga una brecha social, ya sea dentro de un propio país o en relación con otros países, en el mundo en el que vivimos, será necesario que las Tecnologías de la Información y Comunicación, conocidas como TIC, sean globales y de acceso abierto. Para ello, serán esenciales propuestas como la cooperación digital, siendo un compromiso global de las Naciones Unidas[2].

En este nuevo sistema surgen conceptos como el ordenamiento legal *glocal*, siendo un anglicismo que se refiere a factores tanto globales como locales, o que reúnen trazas de ambos[3]. Poniendo de ejemplo a España, su ordenamiento jurídico, enmarcado en el mundo globalizado y digital, se compone del derecho nacional, del supranacional de la Unión Europea y del internacional de las Naciones Unidas, y la realidad jurídica del país no podría ser entendida sin alguno de esos niveles, que son interdependientes (si las normas españolas no permitiesen la aplicación de las otras, éstas no tendrían cabida en el sistema nacional, dado que se ha aceptado la aplicación de estos órdenes; pero si las normas europeas planteasen una incompatibilidad deberían modificarse las nacionales).

Debemos tener en cuenta que la creación de instituciones jurídicas de ámbito global, la expansión del conocimiento de los derechos humanos y la aplicación de normativa de sistemas regionales o supranacionales (como el caso de la Unión Europea), rompe con los límites preestablecidos, por lo que la sociedad civil reconoce con mayor frecuencia la necesidad de lo que se podría definir como unas fronteras más laxas: entiende que su ámbito de ac-

2 Naciones Unidas, «Hoja de ruta del secretario general para la cooperación digital» [en línea], *Panel de Alto Nivel del Secretario General sobre la Cooperación Digital*, [Consulta: 15 de abril de 2024]. Disponible en: https://www.un.org/es/sg-digital-cooperation-panel

3 Torres Guzmán, F. M. *Los dilemas del derecho como ciencia en el ámbito de la globalización y la era digital*, Dos Mil Tres Mil, noviembre, 2022. https://doi.org/10.35707/dostresmil/24348

tuación no está limitado al territorio en el que se encuentra, pudiendo hacer gestiones en otros países, siendo tal el caso del medio de la red informática, por lo que sus derechos deben ser protegidos en ese otro lugar. Dicha preocupación, antes de la digitalización y la globalización no era posible o, al menos, no era generalizado entre todos los ciudadanos, mientras que ahora, en mayor o menor medida, la población realiza gestiones de ámbito internacional (compras online, trabajo en remoto, inscripción en estudios, etc.)[4].

En consecuencia, con estas nuevas posibilidades, deben darse nuevos derechos, ya que la transformación digital no debe suponer vulneraciones ni brechas en los derechos de las personas.

Victoria Ortega Benito, presidenta del Consejo General de la Abogacía Española, poniendo como ejemplo la implantación de LexNet, plataforma de intercambio de información entre órganos judiciales y operadores jurídicos, hablaba de las facilidades que han acompañado al proceso, tratando la posibilidad de formar a los abogados a través de cursos informativos para el uso de la web o acuerdos con proveedores para los despachos que necesitasen renovar equipos informáticos[5].

Con esto vemos que para que la digitalización, en todos sus ámbitos, suponga una mejora y no cree más obstrucciones en las vidas de las personas, es necesario que su aplicación vaya acompañada de regulaciones que sean actualizadas de manera periódica. Si la normativa que reglamenta el uso de las TIC no avanza al mismo paso que las tecnologías, nos encontraremos con que ésta se halla desfasada y no es capaz de poner límites a la actuación, creando brechas en la igualdad y vulnerando los derechos de las personas, al mismo tiempo que no nos permitirá explotar al completo sus ventajas.

Por consiguiente, y siguiendo el ejemplo de Finlandia, los Estados y las organizaciones deberían tomar en consideración la posibilidad de consultar a expertos o crear sus propios *think tanks* que identifiquen el progreso de las tecnologías para que, a la hora de revisar la regulación de éstas, no haya discordancias entre las posibles causas y efectos de su aplicación. Asimismo, se debería establecer un proceso constante de modernización del marco regulador, acarreando una renovación de la normativa cuando dichos expertos comuniquen los resultados sobre el desarrollo de las TIC.

4 GRÜN, E. «La globalización del Derecho: un fenómeno sistémico y cibernético», en *Revista Telemática de Filosofía del Derecho* [en línea], 1998/1999, núm. 2, págs. 11-17 [Consulta: 08 de abril de 2024]. Disponible en: http://www.rtfd.es/numero2/2-2.pdf

5 MOHAIALLA, J. R. «Victoria Ortega: en esta nueva era de la globalización tecnológica parece razonable que la ley se ocupe de abrir un catálogo de derechos digitales a proteger» [en línea], *Lefebvre,* 30 de marzo de 2019, [Consulta: 08 de abril de 2024]. Disponible en: https://elderecho.com/victoria-ortega-esta-nueva-la-globalizacion-tecnologica-parece-razonable-la-ley-se-ocupe-abrir-catalogo-derechos-digitales-proteger

8.3. El derecho a través de la digitalización: nuevas formas de docencia

El Derecho en el mundo globalizado y digitalizado debe ser flexible, adaptándose constantemente al contexto y fundamentándose en la diversidad social. Debe aceptarse un pluralismo jurídico, reconociéndose otros ordenamientos jurídicos, lo que permitirá una prelación en grados en las jerarquías normativas, como es el caso de la Unión Europea y sus Estados miembros[6].

La digitalización es esencial para que esto sea posible: sin ésta no habría mundo globalizado, ya que no se expandirían los límites de los Estados y no existiría esta pluralidad jurídica.

De hecho, esta transnacionalización del Derecho puede tener como resultado la promoción de la integración regional, al favorecerse la creación de instituciones supranacionales que ayuden a los Estados a navegar entre las presiones económicas, políticas y sociales de ámbito internacional.

En consecuencia, los futuros y futuras juristas del mundo deben tener desarrollada una capacidad de búsqueda y aplicación en cualquier ámbito del ordenamiento jurídico, no pudiendo continuarse con ese concepto de arraigo del profesional, en el que, si apelamos a una ilustración, un abogado español o una abogada alemana no podían ejercer en Francia, al desconocer la normativa de ese país. Actualmente, estos profesionales, posiblemente, no conozcan el funcionamiento de la normativa francesa, pero tendrían las habilidades necesarias para aplicar la normativa europea.

Es así, entonces, que la digitalización conlleva una globalización de los sistemas jurídicos, debiendo adecuarse la enseñanza digital en todos los niveles y sectores educativos, replanteándose los conceptos preexistentes: ya no son posibles las clases magistrales ni la cultura memorística del Derecho.

Por eso, abogamos por una modernización, tanto de las universidades como de los profesionales que las forman. Toda universidad debe tener una plataforma o aula virtual funcional y accesible, donde los profesores cuelguen, sistemáticamente y con antelación a la lección, los materiales que los alumnos van a necesitar (guías docentes, diapositivas del temario, casos prácticos, etc.); se debe poner fin a los sistemas de puntuación por asistencia, pudiendo incluso facilitarse un sistema híbrido; debe favorecerse la impartición de clases dinámicas, que posibiliten la participación del alumnado; o, como último ejemplo, debe cambiarse el método de enseñanza de memorística de la legislación, ya que las normativas actualmente están constantemente ajustándose, por lo que se debe preparar a los futuros y futuras profesionales en la correcta búsqueda en los sistemas digitales del ordenamiento, como puede ser el propio Boletín Oficial del Estado, los boletines de las Comunidades Autónomas, Eur-lex, CURIA,, etc.

---

6 Fernández Cabrera, S. R., *op. cit.*, pág. 60.

Si bien es cierto que se ha visto una mejora en la docencia en las últimas décadas, la pandemia ha reforzado la necesidad de digitalizar la enseñanza en las universidades públicas, proliferándose el surgimiento de universidades *online*, que presentan una enseñanza digitalizada, actualizada, funcional, accesible y práctica para el profesional del mañana. Estas nuevas universidades han demostrado estar más capacitadas que las públicas, ya sea porque disponen de aulas virtuales más actualizadas o porque cuentan con profesionales jóvenes que tienen mayores facilidades a la hora de renovar sus conocimientos en el uso de TIC e impartición de clases.

Las TIC pueden coadyuvar en la docencia al plantear nuevos recursos como videoconferencias o proyecciones auditivas, es decir, aportan una fuente de información más variada al poder ser los contenidos en directo o diferidos. La docencia digitalizada puede desarrollar las habilidades del alumnado planteadas como *soft skills*: la creatividad, enseñando la producción de material de contenido; pensamiento crítico, capacitando a los profesionales frente a las *fake news* y la saturación de datos, y a poder tomar sus propias decisiones sin verse influenciados por otros; colaboración entre compañeros, el trabajo en equipo es una destreza básica para el futuro. Foros de discusión, *think tanks*, plataformas virtuales, redes sociales, entre otras, son formas de tecnologías de la información y la comunicación que pueden resultar útiles en la educación para la preparación de los juristas de cara a su futura inclusión en el mercado laboral[7].

El método tradicional de docencia jurídica ha dejado de resultar llamativo para los alumnos y alumnas que han crecido con las TIC, en colegios e institutos donde se premiaba la creatividad y colaboración, siendo el profesorado un apoyo en el aprendizaje, en vez de la única persona de la clase con todos los conocimientos.

Por dicho motivo, el claustro universitario ha de plantearse qué deben cambiar para no perder la atención del alumnado. La formación profesional está atrayendo a muchos alumnos de segundo de bachillerato que se la plantean, no porque su perfil académico no sea el adecuado para las universidades, como podía suceder antiguamente, sino porque el plan educativo de la universidad no es tentador.

Los docentes deben dinamizar sus clases, a través de herramientas de aprendizajes como *Moodle*, o, en el ámbito jurídico, el uso de la inteligencia artificial para la ordenación de expedientes por prioridad, corrección de escritos y/o aportación de soluciones. Con esto queremos decir que el claustro docente debe reconocer la utilidad de las tecnologías y abrir el espacio formativo a éstas, realizando prácticas que motiven al estudiante, olvidándose

---

7 AVILA SILVA, J. M., «La enseñanza del derecho a través de las tecnologías de la información y la comunicación en la globalización», *Advocatus* [en línea], 2023, núm. 37, [Consulta: 08 de abril de 2024]. Disponible en: https://doi.org/10.18041/0124-0102/a.37.8167

de los exámenes de redacción y pasando a tipos test prácticos[8]. El profesor o la profesora debe hacer que el alumnado entienda que las TIC son herramientas que van a ser útiles en su futuro, tanto para la adquisición de nuevos conocimientos como para la realización de sus tareas cotidianas y dicha cuestión se torna imposible si el propio claustro desconoce las aplicaciones de las TIC en su día a día, ya que, la gran mayoría únicamente conoce el sistema de mensajería instantánea con los correos institucionales y desconoce las funciones de las plataformas virtuales que la universidad les facilita.

En consecuencia, es necesario el reciclaje continuo de los profesores y profesoras de las universidades, siendo una formación que debería ser obligatoria para todos y no un asunto voluntario y a decidir por el profesional. Las universidades deben comprometerse a que sus contratados estén al día, proporcionando cursos sobre nuevas tecnologías de la enseñanza que todos debería emprender si desea continuar impartiendo clases.

La transformación del claustro académico debe ir acorde a los nuevos avances de la tecnología, dándose una integración de las TIC en la enseñanza para crear una educación de calidad que obvie el aprendizaje por repetición o nemotécnico, y fomente una investigación con conocimientos adaptables al mundo digitalizado y global, así como un nuevo clima educativo con la constante capacitación de los docentes y los estudiantes[9].

Como contrapartida, entendemos que la modernización del sistema educativo de las universidades pueda suponer un reto para muchas personas y organizaciones, dado que requiere la incorporación de las TIC en las aulas y planes de estudio, ya que, además, conlleva alteraciones radicales en otros niveles, como puede ser la ruptura con el modelo tradicional de enseñanza.

La universidad, si quiere seguir estando a la vanguardia de la educación superior, deberá plantearse cambios estructurales como la posibilidad de la docencia y aprendizaje híbridos, con utilización de la inteligencia artificial y su consecuente redefinición de las instalaciones, todo ello con bases en los Objetivos de Desarrollo Sostenible.

A todo esto, es necesario sumarle el hecho de que el alumnado ya no presenta el perfil al que están acostumbradas las universidades: algunos no han realizado bachillerato y provienen de grados formativos; otros ya han estudiado carreras previamente; tienen una trayectoria profesional anterior a su matriculación; o están trabajando en otros ámbitos a la vez que se for-

---

8 Durán Chinchilla, C., García Quintero, C. L., y Rosado Gómez, A. A., «El rol docente y estudiante en la era digital» en *Revista Redipe* [en línea], 2021, núm. 2, vol. 10, págs. 287-294, [Consulta: 09 de abril de 2024]. Disponible en: https://doi.org/10.36260/rbr.v10i2.1213

9 VV. AA., «El maestro universitario en la era digital» [en línea], en *Revista Innova Educación*, 2022, vol. 4, núm. 2, págs. 201-212. [Consulta: 20 de abril de 2024]. Disponible en: https://dialnet.unirioja.es/descarga/articulo/8632833.pdf

man. Para estas personas, los horarios rígidos, la sobrecarga de actividades, las conferencias magistrales, los exámenes presenciales memorísticos, entre otras cosas, suponen elementos que hacen retroceder su entusiasmo a iniciar o continuar con sus estudios en universidades que mantengan estas vías, y, sobre todo, hacen que la universidad sea recordada como unos años de estrés que nadie quiere repetir[10].

En España, con la finalidad de modernizar a las Universidades, y digitalizarlas, se ha creado el Plan UniDigital[11]. Con presupuesto de 142,85 millones de euros, el ministerio español dedicado a las Universidades propone tres aspectos prioritarios: primero, la disposición de recursos técnicos, materiales y humanos; segundo, el estudio de la innovación y la transformación digital; y, tercero, el desarrollo de proyectos estratégicos innovativos.

Dividiéndose el Plan en líneas de actuación, velará por la actualización de las universidades, tanto en el material usado como en la capacitación del personal docente, facilitando la posición de dichas organizaciones como actores en la transformación digital y educativa de la sociedad. Por tal motivo, se realizarán proyectos estratégicos en innovación educativa dentro de las líneas temáticas: infraestructuras y servicios TIC; desarrollo de *software* y medidas de apoyo; incentivos a la digitalización y la docencia; y, estrategias y coordinación.

Empero, nos llama la atención que, siendo un Plan con metas hacia 2026, únicamente se haya abierto una convocatoria en 2021 de subvenciones a universidades públicas para dicho fin, y con un presupuesto de 76.850.000 €[12] y el resto haya sido dejado en manos de proyectos colaborativos entre universidades[13]. Esto nos hace pensar, que, al igual que el resto de las medidas que conllevan la digitalización de las universidades, se están tomando respuestas; ahora bien, no son las suficientes y no van al mismo nivel que la demanda de la sociedad: de un total de 47 proyectos colaborativos entre

---

10 VV. AA. «La transformación digital de la docencia universitaria» [en línea] en *Profesorado, Revista de currículum y formación del profesorado*, 2022, vol. 26, núm. 2, págs. 1-5. [Consulta: 16 de abril de 2024] Disponible en: https://revistaseug.ugr.es/index.php/profesorado/article/view/25560.

11 Ministerio para la Transformación Digital y la Función Pública. «Plan UniDigital» [en línea], *España digital 2026*, [Consulta: 16 de abril de 2024]. Disponible en: https://espanadigital.gob.es/lineas-de-actuacion/plan-unidigital

12 Ministerio de Universidades., «Subvenciones a universidades públicas para la modernización y digitalización del sistema universitario español» [en línea], *Becas, ayudas y premios universitarios,* [Consulta: 21 de abril de 2024]. Disponible en: https://www.universidades.gob.es/subvenciones-a-universidades-publicas-para-la-modernizacion-y-digitalizacion-del-sistema-universitario-espanol/

13 Ministerio de Universidades. «Listado de proyectos colaborativos UniDigital» [en línea], *Plan de mejora de infraestructuras digitales, el equipamiento, las tecnologías, la docencia y la evaluación digitales universitarios,* [Consulta: 21 de abril de 2024]. Disponible en: https://unidigital.um.es/

las universidades públicas, únicamente 12 están encuadrados en la línea de educación digital, y ninguno pertenece al ámbito jurídico.

Asimismo, se cuenta con el Índice de Digitalización[14], herramienta financiada en el marco del Plan de Recuperación, Transformación y Resiliencia, que analiza el grado de digitalización del sistema universitario español a través de diez indicadores, entre los que se puede destacar el número de profesores que utilizan sistemas de videoconferencia para la docencia; número de profesores formados en herramientas de tecnologías educativas para la formación online; nivel medio de competencia digital del profesorado a través del *European Framework for the Digital Competence of Educators*.

En la incidencia de la Unión Europea, encontramos el Plan de Acción de Educación Digital[15], adoptado en 2020 con la finalidad de establecer un medio de cooperación para la transformación digital de la educación. Dispone dos prioridades: primera, fomentar un ecosistema educativo digital de alto rendimiento; y segunda, mejorar las competencias y capacidades digitales. Sin embargo, se trata de una hoja de ruta centrada, predominantemente, en la educación obligatoria, con la idea de armonizar los contenidos dados en los Estados miembros.

Por consiguiente, podemos decir que no existen, como tal unas pautas generales para la innovación digital de las Universidades, dejándose a elección de cada una la forma de hacerlo, pero coincidiéndose en el hecho de que dicha transformación digital es necesaria.

Ciertamente, se están empezando a crear grados de Derecho y *New law,* concepto que abarca un nuevo tipo de práctica del Derecho que integra las normativas con la innovación tecnológica y la gestión ética. A los inscritos en estos grados, se les enseña a resolver sus casos desde una perspectiva multidisciplinar, aplicando tecnologías de análisis de datos e inteligencia artificial que ofrece un listado de respuestas adecuadas[16].

No obstante, la completa digitalización y actualización de las enseñanzas también puede tener efectos negativos como la creación de desigualdades: si se establecen aulas virtuales para facilitar el acceso a los materiales para la impartición de las clases, será necesario asegurar que todos los alumnos

---

14 MINISTERIO DE UNIVERSIDADES. «Índice de digitalización» [en línea], *Índice de digitalización universitario,* [Consulta: 21 de abril de 2024]. Disponible en: https://www.universidades.gob.es/indice-de-digitalizacion/

15 ESPACIO EUROPEO DE EDUCACIÓN. «¿Qué es el Plan de Acción de Educación Digital?» [en línea], *Plan de Acción de Educación Digital (2021-2027),* [Consulta: 21 de abril de 2024]. Disponible en: https://education.ec.europa.eu/es/focus-topics/digital-education/action-plan

16 EC BRANDS, «"NewLaw": qué es y por qué los futuros abogados deberían especializarse en ello», [en línea] *El Confidencial,* 08 de abril de 2024, [Consulta: 20 de abril de 2024]. Disponible en: https://www.elconfidencial.com/alma-corazon-vida/educacion/2024-04-08/derecho-new-law-formacion-esic-bra_3853542/

y alumnas matriculados disponen de las herramientas o dispositivos necesarios para el acceso a dicha plataforma.

Similarmente, sería factible disponer de un espacio tecnológico en las facultades o bibliotecas, como ordenadores o tablets y que se facilitase la identificación a ella a través de la cuenta de usuario de la universidad, o con el carné de estudiante. E, incluso, se podría dar un paso más e instaurar un sistema de préstamo de portátiles para que los alumnos y alumnas pudiesen realizar las tareas, exámenes o ver clases desde el lugar que ellos y ellas deseen.

8.4. Conclusiones

Como anunciábamos en la introducción de este trabajo, la era digital ha sugerido muchas incógnitas de difícil resolución. Desde la imposibilidad de generaciones pasadas, y, sobre todo, que se niegan a reciclarse tecnológicamente, enseñando a generaciones futuras a convivir y trabajar con las TIC, pasando por el continuo desarrollo de sus aplicaciones, y llegando a la complejidad de normativizar unas tecnologías de las cuáles todavía no comprendemos todas sus posibles utilidades.

Las TIC han de ser usadas, eso queda fuera de cuestión, mas, deben emplearse con conocimiento para asegurar que éstas no instauren vulnerabilidades, ya sea al crear desigualdades (entre nuevas generaciones acostumbradas a su uso y aquéllas que no desean aprender la digitalización; entre las personas que pueden permitirse dispositivos que estén al día y aquéllas que no tengan acceso a ellos, etc.), al posibilitar nuevos mercados (las compras de retinas que estamos viviendo, por ejemplo), o al diseñar tecnologías de doble uso, civil y militar, como la conducción automática (visto en coches que ya están en uso en Estados Unidos y Japón, y en drones para la guerra).

Con la finalidad de evitar esa eventual perspectiva negativa, a la hora de regularse su aplicación es necesario que las personas encargadas de dicha labor estén asistidas por un conjunto de especialistas de ámbitos multidisciplinares, para que puedan comprender la situación exacta en la que esa tecnología en especial puede ser usada, qué capacidades presenta, el coste que conlleva, etc.

Asimismo, dicha normativa debe ser revisada con la intención de que ésta no se quede atrasada en relación con los avances de la tecnología. Debemos tener en cuenta que en la era digital se tarda más en descubrir y comprender un aspecto informático de lo que éste puede tardar en evolucionar, e, igualmente, el proceso de su regulación es complejo por lo que muy probablemente, cuando la normativa ya esté a punto de salir a la luz, la nueva versión esté, también, lista o eliminando los errores de *software* para su variante 2.0.

Podría considerarse como una opción válida para prevenir dicha coyuntura, al igual que ha hecho Finlandia, la incorporación de *think tanks,* a cargo de subvenciones públicas, responsables de cada tecnología emergente, con la finalidad de estudiarlos para entender sus capacidades, recursos y aplicaciones. De esta manera, se estaría promocionando el I+D+i, al mismo tiempo que nos aseguraríamos de estar al corriente de las últimas novedades para poder enmarcar jurídicamente mejor las TIC.

Dicho lo cual, ¿quién debe ponerse a la vanguardia de esta potencial solución? Si, como decíamos en este trabajo, la digitalización es una cuestión global, parece lógico que la respuesta sea también lo más amplia posible en su aplicación, ya que, si ese fuese el caso, habría mayores posibilidades de avanzar más rápidamente al contar con grandes cantidades de recursos humanos, económicos, institucionales, etc.

En cualquier caso, parece evidente que, como mínimo, cada Estado y/o organización que quiera regular la transformación digital, de manera progresiva y adaptada al cambio, deberá estar asesorada por expertos en la materia que hayan, a su vez, orientado el proyecto desde un ámbito multidisciplinar, con la finalidad de lograr unos resultados realistas, actualizados y que tengan en cuenta diversas cuestiones (posibles contratiempos, costes, desigualdades que pueda crear, etc.).

Ahora bien, en caso de reducirse dicha idea al nivel estatal, y al ser la digitalización una parte de la globalización debe darse una comunicación entre aquellos investigadores para que los conocimientos sean públicos y la normativa sea más acertada. La transferencia de información y de los resultados es la clave del éxito en la investigación.

No obstante, no podemos hablar de investigaciones multidisciplinares, si la digitalización se limita a los ámbitos tecnológicos. Los profesionales del futuro deben estar preparados para utilizar las TIC en su día a día, y para ello, es necesario que reciban unos conocimientos a través de una docencia digitalizada.

En el caso de la enseñanza jurídica española, y, principalmente, en las universidades públicas, no es habitual encontrar asignaturas que traten el *new law*, estas esferas de nueva reglamentación, siendo ejemplos los citados a lo largo de este trabajo como la inteligencia artificial.

Las universidades públicas presentan una desactualización en cuanto a la realidad social del alumnado. La gran mayoría de los alumnos no son únicamente estudiantes, por lo que no les convienen horarios rígidos de mañana o tarde, ni cargas de prácticas a realizar, temario a leer o clases que ver; entienden las facilidades que la digitalización entraña, por lo que no van a aceptar una cultura memorística y exámenes de desarrollo; están acostumbrados a una dinamización de clases en la educación primaria y secundaria, por lo que no resisten la duración de una clase magistral, ya que se les ha enseñado la teoría a través de la práctica.

Por consiguiente, si una institución les ofrece una docencia innovadora, que los va a preparar mejor para el futuro, pero sin saturarles su presente, no van a requerir meditar mucho su respuesta: elegirán una universidad, generalmente, privada y *online*.

Esto expone a los alumnos y alumnas a una desigualdad: hacer frente a una cuota de matriculación superior en una universidad privada, pero que se encuentra digitalizada, o, realizar sus estudios en una universidad pública, más barata, pero que plantea, en términos generales, una docencia arcaica.

La docencia jurídica del futuro debe estar digitalizada. Es necesario actualizar la estructura educativa superior, especialmente en el formato de las universidades, para que cuando se reinicie el sistema, los alumnos y alumnas del futuro se encuentren con profesionales capacitados en el manejo de las TIC, con los medios adecuados (proyectores, pizarras electrónicas, micrófonos, aulas virtuales, etc.) que impartan una docencia principalmente práctica a través de la resolución de casos, ya sea en forma de foros de discusión, trabajos en grupo u otras variaciones, con exámenes (si es que fuesen necesarios) que promuevan el pensamiento crítico y ayuden a que el alumnado ponga en práctica los conocimientos adquiridos.

Ahora bien, para que esto sea posible, las universidades deben contar con instalaciones tecnológicamente adaptadas, con un profesorado que se haya ido reciclando y con espacios tecnológicos de libre acceso al cuerpo estudiantil. Para que esto sea viable, debe haber subvenciones públicas dedicadas a la digitalización de las instalaciones y a la continua renovación del claustro docente, con una modernización de los planes académicos, dado que, en caso contrario, las universidades públicas no van a poder competir con las universidades privadas y/o centros de formación profesional.

Con todo esto, y, para finalizar, debemos plantearnos una última cuestión: ¿es adecuado criticar la falta de digitalización en la docencia jurídica española cuándo la Administración de Justicia es en su gran mayoría analógica? Si bien es cierto que el alumnado que desee dedicarse a la adjudicatura o fiscalía, por ejemplo, no va a tener una necesidad imperiosa de conocer el desarrollo de las tecnologías y su aplicación, aquéllos que se dediquen al sector privado sí que van a requerir unos conocimientos digitales más actualizados.

Con la llegada de LexNet se ha visto un progreso positivo en la digitalización de la justicia española, sin embargo, todavía queda mucho por hacer. Los juzgados no están habilitados para la completa digitalización, pese a haberse visto con la pandemia, la introducción paulatina de intervenciones online, no cuentan con unos sistemas informáticos actualizados; además, los jueces no están preparados para resolver cuestiones de *new law*, ni existen juzgados especializados, elementos que habría que plantearse de cara a un futuro que sepa dar respuestas más apropiadas.

8.5. Bibliografía

Avila Silva, J. M., «La enseñanza del derecho a través de las tecnologías de la información y la comunicación en la globalización», *Advocatus* [en línea], 2023, núm. 37, [Consulta: 08 de abril de 2024]. Disponible en: https://doi.org/10.18041/0124-0102/a.37.8167

Durán Chinchilla, C., García Quintero, C. L., y **Rosado Gómez, A. A.**, «El rol docente y estudiante en la era digital» en *Revista Redipe* [en línea], 2021, núm. 2, vol. 10, págs. 287-294, [Consulta: 09 de abril de 2024]. Disponible en: https://doi.org/10.36260/rbr.v10i2.1213

EC Brands, «"NewLaw": qué es y por qué los futuros abogados deberían especializarse en ello», [en línea] *El Confidencial*, 08 de abril de 2024, [Consulta: 20 de abril de 2024]. Disponible en: https://www.elconfidencial.com/alma-corazon-vida/educacion/2024-04-08/derecho-new-law-formacion-esic-bra_3853542/

Espacio Europeo de Educación. «¿Qué es el Plan de Acción de Educación Digital?» [en línea], *Plan de Acción de Educación Digital (2021-2027)*, [Consulta: 21 de abril de 2024]. Disponible en: https://education.ec.europa.eu/es/focus-topics/digital-education/action-plan

Fernández Cabrera, S. R., «La era digital y la globalización, un desafío para el derecho», *Informática y derecho. Revista Iberoamericana de derecho informático*, 2021, núm. 10.

Grün, E. «La globalización del Derecho: un fenómeno sistémico y cibernético», en *Revista Telemática de Filosofía del Derecho* [en línea], 1998/1999, núm. 2, págs. 11-17 [Consulta: 08 de abril de 2024]. Disponible en: http://www.rtfd.es/numero2/2-2.pdf

Ministerio de Universidades. «Índice de digitalización» [en línea], Índice de digitalización universitario, [Consulta: 21 de abril de 2024]. Disponible en: https://www.universidades.gob.es/indice-de-digitalizacion/

— «Listado de proyectos colaborativos UniDigital» [en línea], *Plan de mejora de infraestructuras digitales, el equipamiento, las tecnologías, la docencia y la evaluación digitales universitarios*, [Consulta: 21 de abril de 2024]. Disponible en: https://unidigital.um.es/

— «Subvenciones a universidades públicas para la modernización y digitalización del sistema universitario español» [en línea], *Becas, ayudas y premios universitarios*, [Consulta: 21 de abril de 2024]. Disponible en: https://www.universidades.gob.es/subvenciones-a-universidades-publicas-para-la-modernizacion-y-digitalizacion-del-sistema-universitario-espanol/

Ministerio para la Transformación Digital y la Función Pública. «Plan UniDigital» [en línea], *España digital 2026*, [Consulta: 16 de abril de 2024]. Disponible en: https://espanadigital.gob.es/lineas-de-actuacion/plan-unidigital

Moratalla, J. R. «Victoria Ortega: en esta nueva era de la globalización tecnológica parece razonable que la ley se ocupe de abrir un catálogo de derechos digitales a proteger» [en línea], *Lefebvre*, 30 de marzo de 2019, [Consulta: 08 de abril de 2024]. Disponible en: https://elderecho.com/victoria-ortega-esta-nueva-la-globalizacion-tecnologica-parece-razonable-la-ley-se-ocupe-abrir-catalogo-derechos-digitales-proteger

Naciones Unidas, «Hoja de ruta del secretario general para la cooperación digital» [en línea], *Panel de Alto Nivel del Secretario General sobre la Cooperación Digital*, [Consulta: 15 de abril de 2024]. Disponible en: https://www.un.org/es/sg-digital-cooperation-panel

Torres Guzmán, F. M. «Los dilemas del derecho como ciencia en el ámbito de la globalización y la era digital», *Dos Mil Tres Mil*, noviembre, 2022. https://doi.org/10.35707/dostresmil/24348

VV. AA., «El maestro universitario en la era digital» [en línea], en *Revista Innova Educación*, 2022, vol. 4, núm. 2. [Consulta: 20 de abril de 2024]. Disponible en: https://dialnet.unirioja.es/descarga/articulo/8632833.pdf

VV. AA., «La transformación digital de la docencia universitaria» [en línea] en Profesorado, *Revista de currículum y formación del profesorado*, 2022, vol. 26, núm. 2. [Consulta: 16 de abril de 2024] Disponible en: https://revistaseug.ugr.es/index.php/profesorado/article/view/25560.

9.

MÁS ALLÁ DEL AULA VIRTUAL: LA SINFONÍA DE MOODLE Y REDES SOCIALES EN LA ENSEÑANZA

Ester Renedo Santamaría
Profesora de derecho administrativo de la Universidad Isabel I; Investigadora predoctoral de la Universidad de Burgos
Ester.renedo@ui1.es

RESUMEN: La sinfonía del modelo y las redes sociales en la enseñanza del derecho busca integrar tecnologías y plataformas digitales para mejorar la educación jurídica. Este enfoque aprovecha las redes sociales, como Facebook y Twitter, para debates académicos, intercambio de información y *networking*, complementando las clases tradicionales y creando una comunidad académica dinámica. Las plataformas digitales permiten a los estudiantes mantenerse actualizados con las novedades jurídicas y participar en discusiones en tiempo real. Además, la sinfonía del modelo combina metodologías como el aprendizaje basado en problemas, simulaciones jurídicas y acceso a bases de datos legales en línea, ofreciendo una formación más práctica y completa. En resumen, la integración de redes sociales y métodos pedagógicos innovadores en la enseñanza del derecho crea un entorno educativo interactivo, accesible y adaptado a las necesidades modernas.

PALABRAS CLAVE: Moodle; Redes Sociales; Enseñanza online; Desafío e Integración.

9.1. Introducción

A lo largo de este capítulo se aborda la relevancia de las plataformas de gestión del aprendizaje, con un enfoque específico en Moodle. Se discute su evolución, desde su concepción como un simple sistema de gestión de cursos hasta su papel actual como una herramienta integral para la enseñanza en línea.

Se entiende Moodle como un sistema de gestión del aprendizaje (LMS, por sus siglas en inglés) de código abierto y gratuito, diseñado para ayudar a educadores, administradores y estudiantes a crear y gestionar entornos de aprendizaje en línea. El acrónimo Moodle significa *Modular Object-Oriented Dynamic Learning Environment* (Entorno de Aprendizaje Dinámico Modular Orientado a Objetos), y refleja su enfoque en el modularidad y la flexibilidad[1].

Desarrollado por Dougiamas y Taylor en 2002, «Moodle se ha convertido en una de las plataformas de e-learning más populares del mundo. Permite a los educadores crear cursos en línea con una amplia variedad de recursos y actividades, incluyendo foros de discusión, cuestionarios, tareas, recursos multimedia, wikis, entre otros»[2].

Además, en este capítulo, se analiza cómo las redes sociales han cambiado la forma en que interactuamos y aprendemos, y cómo estas dinámicas han influido en el ámbito educativo. Se destacan los beneficios y desafíos de incorporar las redes sociales en la enseñanza, así como su potencial para enriquecer la experiencia de aprendizaje.

---

1 Figuerola, C. G., Alonso Berrocal, J. L., Zazo, Á. F., y Gómez Díaz, R., «Software libre y software gratuito para la innovación docente y la creación de contenidos orientados al EEES», en *Revista Universidad de Salamanca*, Salamanca, 2008, págs. 79-103.

2 Dougiamas, M., y Taylor, P. C., «Interpretive analysis of an internet-based course constructed using a new courseware tool called Moodle», en *Conferencia HERDSA,* Australia, 2002.

Las redes sociales son plataformas en línea que permiten a los usuarios interactuar, conectarse y compartir información, ideas, intereses, contenido multimedia y otros tipos de contenido con otros usuarios en tiempo real o de manera asincrónica. Estas plataformas facilitan la creación y el mantenimiento de redes sociales y profesionales, así como la comunicación entre individuos, grupos, organizaciones y comunidades en línea.

Las redes sociales suelen ofrecer una variedad de funciones y herramientas que permiten a los usuarios; crear perfiles personales o profesionales, conectar con otros usuarios, compartir contenido, interactuar y comunicarse y explorar y descubrir contenido.

9.2. La sinfonía del Moodle y redes sociales en el aula

Una vez presentados los conceptos de Moodle y de redes sociales, así como sus respectivas implicaciones y usos, se examinará cómo se explora la integración de Moodle y las redes sociales en el proceso educativo desde la perspectiva del aprendizaje del Derecho, resaltando sus roles respectivos y cómo se complementan entre sí.

9.2.1. Integración de Moodle en el proceso educativo jurídico

La integración de Moodle en el proceso educativo jurídico implica aprovechar las funcionalidades y herramientas que ofrece esta plataforma de gestión del aprendizaje para mejorar la enseñanza y el aprendizaje en entornos legales. Moodle puede desempeñar un papel esencial en la facilitación de la educación jurídica en línea, la entrega de contenido legal, la interacción entre estudiantes y profesores de Derecho, la evaluación y el seguimiento del progreso del estudiante en temas legales[3]. A continuación, se exploran algunos aspectos importantes de la integración de Moodle en el proceso educativo jurídico: la creación y la entrega de contenido[4], la interacción y la

3 Garnica Hoz, J. L., *Nuevos «ambientes de aprendizaje» para viejas prácticas pedagógicas: el uso de Moodle en la Facultad de Educación de la Universidad de Cantabria*, [Trabajo de Fin de Máster], Universidad Nacional de Educación a Distancia, Madrid, España, 2015.

4 Creación y entrega de contenido: Moodle permite a los educadores de Derecho crear y organizar contenido jurídico de manera estructurada y accesible para los estudiantes. Los materiales legales, como casos judiciales, documentos legales, legislación, y doctrina pueden ser cargados en la plataforma y organizados en secciones y módulos para facilitar la navegación y el acceso.

colaboración[5], la creación de actividades de aprendizaje[6], la evaluación y el seguimiento del progreso[7] y la personalización y adaptación[8].

9.2.2. Experiencias exitosas de uso de Moodle en contextos educativos jurídicos

El uso exitoso de Moodle se ha documentado en una amplia variedad de contextos educativos jurídicos en todo el mundo con grandes experiencias destacadas en prácticamente todos los niveles de la educación jurídica.

En primer lugar, se puede ver que, en la Educación Jurídica Superior, las facultades de derecho de universidades de todo el mundo utilizan Moodle para ofrecer cursos en una amplia gama de áreas del derecho, como derecho civil, derecho penal, derecho constitucional, y derecho internacional[9].

---

5 Interacción y colaboración: Moodle ofrece diversas herramientas para fomentar la interacción y colaboración entre estudiantes de Derecho y profesores. Los foros de discusión jurídica permiten la comunicación asincrónica, donde los estudiantes pueden plantear preguntas, participar en debates sobre casos legales y compartir ideas jurídicas. Las videoconferencias y los chats en tiempo real pueden facilitar la comunicación sincrónica entre estudiantes y profesores de Derecho, brindando la oportunidad de interactuar en tiempo real sobre temas legales.

6 Actividades de aprendizaje: Moodle ofrece una variedad de actividades de aprendizaje interactivas que pueden ser integradas en los cursos de Derecho para fomentar la participación y el compromiso de los estudiantes. Algunas de estas actividades incluyen análisis de casos, resolución de problemas legales, debates sobre cuestiones jurídicas actuales, y simulaciones de juicios. Estas actividades pueden ser diseñadas para evaluar la comprensión jurídica de los estudiantes, fomentar la argumentación legal y proporcionar retroalimentación inmediata sobre su desempeño.

7 Evaluación y seguimiento del progreso: Moodle facilita la evaluación de los estudiantes de Derecho a través de herramientas como cuestionarios en línea, tareas legales, y actividades de autoevaluación. Los profesores de Derecho pueden crear cuestionarios con una variedad de tipos de preguntas sobre temas legales, establecer condiciones de entrega y fechas límite, y utilizar el sistema de calificación integrado para evaluar el desempeño de los estudiantes en el ámbito legal. Además, Moodle permite realizar un seguimiento del progreso del estudiante a lo largo del curso de Derecho, proporcionando informes detallados sobre las actividades completadas, las calificaciones obtenidas y el tiempo dedicado al estudio de temas jurídicos.

8 Personalización y adaptación: Una de las fortalezas de Moodle es su capacidad para adaptarse a las necesidades y preferencias específicas de cada curso y estudiante de Derecho. Los cursos pueden ser personalizados y adaptados según el contenido jurídico del curso, el estilo de enseñanza del profesor de Derecho y el ritmo de aprendizaje de los estudiantes. Los profesores de Derecho pueden configurar permisos de acceso, crear grupos de estudiantes por áreas legales de interés, y establecer restricciones de actividad para adaptar el curso a las necesidades individuales y grupales en el ámbito legal.

9 Cerrillo i Martínez, A., «El prácticum en Derecho en el Espacio Europeo de Educación Superior», en *Docencia del Derecho y tecnologías de la información y la comunicación*, obra colectiva, Huygens Editorial, Barcelona, 2010, págs. 27-39.

En segundo lugar, la Educación Legal Continua implica que muchas instituciones legales y despachos de abogados utilizan Moodle para ofrecer programas de educación continua y formación profesional a abogados y profesionales del derecho. Por ejemplo, bufetes de abogados de renombre ofrecen cursos de actualización legal en temas específicos a través de Moodle[10].

En tercer lugar, la Educación Jurídica a Distancia, en este tipo de educación, el Moodle es una herramienta popular para la educación jurídica a distancia, permitiendo a estudiantes de derecho de todo el mundo acceder a cursos y materiales de aprendizaje legal desde cualquier lugar con una conexión a Internet. Por ejemplo, programas de máster en Derecho de universidades online se imparten de manera asíncrona a través de Moodle[11].

En cuarto lugar, la formación Legal en el Ámbito Laboral, en la que varias firmas legales y empresas utilizan Moodle para ofrecer programas de formación legal a empleados y miembros del equipo en áreas específicas del Derecho, como derecho laboral, derecho mercantil, y derecho de propiedad intelectual[12].

Y, por último, el aprendizaje de idiomas, en este caso concreto, el denominado inglés jurídico. Moodle se utiliza en instituciones de idiomas jurídicos y centros de idiomas especializados para ofrecer cursos de aprendizaje de idiomas legales en línea. Por ejemplo, programas de inglés legal para abogados extranjeros se imparten en línea a través de Moodle[13].

9.2.3. El papel de las redes sociales en el aprendizaje jurídico

Las redes sociales desempeñan un papel significativo en el aprendizaje jurídico, especialmente en la era digital en la que vivimos. Estas plataformas ofrecen una amplia gama de oportunidades para la colaboración, la comunicación y la creación de comunidades de aprendizaje jurídico.

No obstante la aparición de la redes sociales han permitido que aumente el fomento de la colaboración y el intercambio de conocimientos jurídicos ya

10 Amoros Martínez, A., Cavero Rubio, J. A., y González Morales, M., «Rendimiento académico y uso de las TIC en la docencia semipresencial del Grado en Derecho», en *Educación en valores y normas: innovación docente y transferencia de conocimiento en cuestiones de equidad y derecho*, obra colectiva, Dykinson S.L, Madrid, 2023, págs. 738-750.

11 Vitalaru, B., «Wikis como herramientas de trabajo colaborativo complementario y desarrollo de recursos para la formación en traducción a nivel universitario: análisis retrospectivo», en *Revista de Educación a Distancia (RED)*, 2019, vol. 19, núm. 59.

12 López Rodríguez, F., *La tutela jurídica de los derechos de autor en plataformas e-learning: un consenso de propiedad intelectual*, [Tesis doctoral], Repositorio: Universidad Nacional de Educación a Distancia, Madrid, 2015.

13 *Ibidem.*, pág. 75.

que proporcionan espacios donde los estudiantes de derecho pueden colaborar entre sí, pueden compartir recursos legales, discutir sobre sentencias y casos, todo ello, a través de plataformas como Facebook, Twitter, LinkedIn y Reddit que permiten a los estudiantes de derecho conectarse con otros que comparten intereses similares en temas legales, facilitando el intercambio de conocimientos y experiencias jurídicas[14].

Además, estas redes sociales tienen el efecto de ampliar la red de contactos permitiendo a los estudiantes de derecho conectarse con profesionales del derecho, con expertos en diferentes áreas jurídicas y con compañeros de estudio de todo el mundo, lo que les brinda la oportunidad de establecer contactos en la comunidad legal y acceder a oportunidades de aprendizaje y desarrollo profesional. Facilitando así, la comunicación y la interacción en la esfera jurídica, ya que las redes sociales ofrecen una amplia variedad de herramientas de comunicación, como publicaciones, comentarios, mensajes directos y videoconferencias. Esta comunicación puede tener lugar de manera síncrona o asíncrona, lo que brinda flexibilidad en la participación y la colaboración en discusiones sobre temas legales[15].

Por todo ello, la introducción de las redes sociales en el aula ha supuesto un auge del crecimiento de la comunidad jurídica tanto en el ámbito académico como en el ámbito profesional.

9.2.4. Las ventajas de incorporar redes sociales en el aula virtual jurídica

La incorporación de las redes sociales en el aula virtual puede proporcionar una serie de ventajas significativas para el proceso educativo. La interacción y la colaboración jurídica que prometen las redes sociales permite una comunicación colaborativa y fluida entre alumnos y profesores. Los estudiantes pueden interactuar entre sí, hacer preguntas legales y compartir recursos de manera más dinámica, lo que fomenta la discusión y el intercambio de ideas sobre temas legales[16].

Esto permite que a través de las plataformas de redes sociales se pueda fomentar el aprendizaje activo en el aula virtual ya que permite a los estudiantes que estos participen en discusiones o debates jurídicos sobre cuestiones legales actuales o sobre el contenido de la materia que se está estudiando.

---

14 Orler, J., «Pensar la catedra: calidad e inclusión en modelos educativos de masividad» en *Enseñanza del derecho en el siglo XXI: Desafíos, innovaciones y proyecciones*, en Series: Debates Del Observatorio, obra colectiva, Universidad Nacional de la Plata, Argentina, 2019, págs. 119-125.

15 López-Meneses, E., *Las tecnologías de la información y la comunicación en la praxis universitaria*, Ediciones Octaedro Digital, 2020. DOI: http://DOI.org/10.36006/16212 Referencia: 16212-1.

16 *Ibidem.*, pág. 23.

Además, el acceso a recursos digitales y el contacto directo con expertos en la materia a través de las redes sociales permite a los estudiantes de derecho acceder a una gran variedad de recursos adicionales lo que enriquece su experiencia educativa y posteriormente les proporciona perspectivas adicionales o puntos de vista diferentes sobre temas legales específicos. Con todo ello, se puede observar que esto permite una personalización del aprendizaje, ya que no solo los estudiantes van a contar con los recursos y materiales adaptados curricularmente a dicha materia, si no que van a poder participar en actividades que se ajusten a sus intereses y niveles de habilidad lo que incentiva un aprendizaje más personalizado y significativo[17].

Desarrollar habilidades digitales en entornos jurídicos es cada vez más importante, por lo que es necesario que los estudiantes tengan las capacidades digitales[18] para buscar información, para comunicarse, para prepararse para su ejercicio profesional, es decir, para desarrollar su identidad digital.

Por otro lado, a los profesores de derecho se les permite, a través de estas plataformas dar un feedback inmediato, lo que permite a los estudiantes recibir orientación y apoyo de manera rápida y eficiente sobre cuestiones legales específicas, sobre cursos y sobre sus propios trabajos académicos. Así es como se puede mantener la motivación y el compromiso ya que se favorece a una participación activa y significativa en el proceso educativo jurídico[19].

En definitiva, la integración de Moodle y las redes sociales en el proceso educativo jurídico puede enriquecer la experiencia de aprendizaje de los estudiantes de Derecho al proporcionarles herramientas y oportunidades para interactuar, colaborar y aprender de manera más efectiva en el ámbito legal. La combinación de las funcionalidades de Moodle y las ventajas de las redes sociales puede ayudar a los educadores de Derecho a crear entornos de aprendizaje más dinámicos, participativos y personalizados que preparen a los estudiantes para los desafíos del ejercicio profesional en el campo legal.

9.3. Aplicaciones de las redes sociales a Moodle: prácticas y ejemplos

Este epígrafe se enfoca en la implementación práctica de la integración entre Moodle y las redes sociales, proporcionando ejemplos concretos de cómo estas herramientas pueden utilizarse de manera efectiva en el ámbito jurídico.

---

17 LUCERO, M. M., «Entre el trabajo colaborativo y el aprendizaje colaborativo», en *Revista iberoamericana de Educación*, 2003, vol. 33, núm. 1, págs., 1-21.

18 CABANÉS CACHO, B., y GARCÍA CASAREJOS, M. N., «Integrando los conocimientos teóricos y prácticos a través de Twitter» en *Buenas prácticas en la docencia universitaria con apoyo de TIC. Experiencias en 2017*, obra colectiva, Prensas de la Universidad de Zaragoza, Zaragoza, 2018, págs.117-122.

19 *IBIDEM.*, pág. 119.

9.3.1. Casos de estudio sobre la combinación efectiva de Moodle y redes sociales

Dada la investigación realizada que se ha llevado a término para poder comprobar que realmente esta sinfonía de Moodle y redes sociales en entornos educativos jurídicos es efectiva, se exponen a continuación varios casos sobre la integración de estas herramientas y de cómo pueden mejorar significativamente la experiencia de aprendizaje de los estudiantes y facilitar la labor de los educadores.

El primero de ellos es la Universidad Tecnológica de San Juan del Río[20], México: Aquí, los profesores utilizan Moodle como plataforma central para la entrega de contenido y la gestión de cursos. Para fomentar la interacción y colaboración entre los estudiantes, se integran redes sociales como Facebook y WhatsApp. Los profesores crean grupos privados en estas redes para cada curso, donde los estudiantes pueden discutir temas relacionados, hacer preguntas y compartir recursos adicionales. Esta combinación ha aumentado la participación de los estudiantes y mejorado la comunicación entre estudiantes y profesores.

En segundo lugar, la Universidad Nacional de Educación a Distancia[21] (en adelante, UNED), España: En la UNED, Moodle se utiliza como plataforma principal para la enseñanza en línea, complementada con Twitter como herramienta adicional de comunicación y colaboración. Los profesores utilizan Twitter para publicar actualizaciones importantes, enlaces a recursos relevantes y anuncios sobre eventos relacionados con el curso. Se alienta a los estudiantes a participar en discusiones utilizando un *hashtag* específico para el curso. Esta integración ha creado una comunidad en línea activa y fomentado la participación de los estudiantes en actividades fuera del aula virtual.

Y como último ejemplo, la Universidad de California en Berkeley[22], Estados Unidos: Aquí, los profesores utilizan Moodle como plataforma central para la entrega de contenido y la evaluación de los estudiantes. Para fomentar la colaboración y el intercambio de conocimientos entre

---

20 La Universidad Tecnológica de San Juan del Río es un organismo público descentralizado de Gobierno del Estado de Querétaro que ofrece educación superior localizada al suroeste de la ciudad de San Juan del Río. La universidad ofrece las siguientes carreras de nivel superior: Ingeniería en Mantenimiento Industrial.

21 La UNED es una universidad pública dedicada a la enseñanza superior de calidad y la investigación. La UNED tiene el mayor campus europeo y el modelo de aprendizaje online y semipresencial líder en España.

22 La Universidad de California en Berkeley (en idioma inglés University of California, Berkeley), también conocida como UC Berkeley, Berkeley o Cal, es una universidad pública estadounidense con sede en Berkeley, California (Estados Unidos). Es la institución insignia del sistema de la Universidad de California y está clasificada como una de las universidades más prestigiosas del mundo y la universidad pública número uno en Estados Unidos.

los estudiantes, se integran herramientas de redes sociales como Slack y LinkedIn. Se crean canales de Slack privados para cada curso, donde los estudiantes pueden discutir temas relacionados, hacer preguntas y colaborar en proyectos grupales. Además, se anima a los estudiantes a conectarse en LinkedIn para ampliar su red profesional. Esta combinación ha promovido el aprendizaje colaborativo y facilitado la transición de los estudiantes al mundo laboral.

9.3.2. El uso de Moodle como plataforma central y redes sociales como complemento

Este enfoque es una estrategia interesante adoptada por muchas instituciones educativas en el ámbito jurídico. Moodle proporciona una estructura sólida para la entrega de contenido y la evaluación del progreso del estudiante, mientras que las redes sociales ofrecen un entorno familiar y accesible para la comunicación y la colaboración entre estudiantes.

Al integrar las redes sociales con Moodle, los docentes pueden aprovechar las características únicas de cada plataforma. Por ejemplo, Moodle es ideal para la distribución de materiales de curso y la gestión de calificaciones, mientras que las redes sociales pueden facilitar discusiones en tiempo real, la colaboración en proyectos y el intercambio de recursos entre los estudiantes. Algunos casos de uso comunes incluyen: foros de discusión[23], colaboración en proyectos[24], distribución de recursos[25], Feedback y apoyo entre pares[26] y eventos y recordatorios[27].Principio del formulario Final del formulario

---

23 Foros de discusión: Los educadores pueden utilizar herramientas de redes sociales como Facebook Groups o Twitter para alojar discusiones informales sobre temas relacionados con el curso. Estos espacios pueden fomentar la participación de los estudiantes fuera del entorno de Moodle y promover un sentido de comunidad.

24 Colaboración en proyectos: Plataformas como Slack o Discord pueden ser utilizadas para la comunicación en tiempo real y la colaboración en proyectos grupales. Los estudiantes pueden compartir archivos, discutir ideas y coordinar sus esfuerzos de manera más eficiente que a través de los medios tradicionales de Moodle.

25 Compartir recursos: Las redes sociales son excelentes para compartir enlaces a artículos, videos o recursos en línea relevantes para el curso. Los estudiantes pueden compartir fácilmente recursos útiles entre ellos y discutir su relevancia en un entorno más informal.

26 Feedback y apoyo entre pares: Las redes sociales pueden ser un espacio donde los estudiantes puedan proporcionar retroalimentación rápida y apoyo entre pares. Por ejemplo, pueden hacer preguntas sobre problemas específicos o solicitar opiniones sobre trabajos en progreso.

27 Eventos y recordatorios: Las redes sociales también pueden ser útiles para recordatorios de eventos importantes, como fechas límite de asignaciones o sesiones de tutoría. Los educadores pueden utilizar estas plataformas para mantener a los estudiantes informados y comprometidos con el calendario del curso.

9.4. Consideraciones y desafíos en la implementación de las redes sociales en Moodle

En este epígrafe, se abordan los diversos aspectos que deben tenerse en cuenta al integrar redes sociales en Moodle, así como los desafíos que pueden surgir durante este proceso.

9.4.1. Aspectos por considerar al implementar esta sinfonía de Moodle y redes sociales en el aula

Al integrar Moodle y redes sociales en el ámbito jurídico, es esencial considerar una serie de aspectos clave para garantizar una implementación exitosa y efectiva.

En primer lugar, los objetivos y la alineación curricular[28] propician la definición de los objetivos de aprendizaje y cómo esta sinfonía puede alcanzar estos objetivos dentro del plan de estudios establecido.

En segundo lugar, el diseño de actividades y recursos permite ofrecer una variedad de estos en Moodle y redes sociales[29] que promuevan la participación activa y el compromiso de los estudiantes promoviendo la capacitación y el apoyo adecuados para ayudar a los estudiantes a familiarizarse con el uso de Moodle y las redes sociales, especialmente si no están familiarizados con estas plataformas.

En tercer lugar, la privacidad y la seguridad[30] son dos caracteres muy importantes cuando se trata de plataformas en línea ya que la exposición tanto del estudiante como del docente es mayor, por lo que hay que asegurarse de cumplir con las leyes de privacidad de datos al utilizar Moodle y redes sociales, protegiendo la información personal y confidencial de los estudiantes y configurar adecuadamente la privacidad en Moodle y redes sociales para garantizar que los estudiantes se sientan seguros al participar en actividades en línea.

Y, por último, la evaluación y la retroalimentación[31], como ya se ha adelantado al inicio de este capítulo, utilizar herramientas en Moodle y redes

28 ALCOBA GONZÁLEZ, J., «Organización de los métodos de enseñanza en función de las finalidades educativas: el alineamiento curricular en Educación Superior» en *Profesorado: revista de curriculum y formación del profesorado*, 2013, vol. 17, núm. 3, págs. 241-255.

29 FARIÑA-VARGAS, E., GONZÁLEZ-GONZÁLEZ, C., y AREA-MOREIRA, M., «¿Qué uso hacen de las aulas virtuales los docentes universitarios?» en *Revista de Educación a Distancia (RED)*, 2013, núm. 35, págs. 1-13.

30 ORLER, J., «Pensar la catedra...»., *op. cit.*, págs. 121-122.

31 FARIÑA-VARGAS, E., GONZÁLEZ-GONZÁLEZ, C., y AREA-MOREIRA, M., «¿Qué uso hacen...?», *op. cit.*, pág. 6.

sociales para realizar evaluaciones formativas que permitan a los docentes monitorear el progreso de los estudiantes y proporcionar retroalimentación oportuna y fomentar la reflexión y la retroalimentación de los estudiantes sobre su propio aprendizaje. El uso de Moodle y de las redes sociales como plataformas para la autorreflexión y además permite realizar ajustes según sea necesario para mejorar la experiencia de aprendizaje de los estudiantes y recopilar comentarios de los estudiantes y los docentes sobre su experiencia con Moodle y redes sociales, y utilizar estos comentarios para informar futuras mejoras y desarrollos[32].

Al tener en cuenta estos aspectos al implementar la integración de Moodle y redes sociales en el ámbito jurídico, los docentes pueden maximizar el potencial de estas herramientas para mejorar la enseñanza y el aprendizaje en entornos educativos digitales. La planificación cuidadosa y la atención a las necesidades específicas de los estudiantes son fundamentales para el éxito de esta integración.

9.4.2. Desafíos y posibles soluciones a este reto actual

La integración de Moodle y redes sociales en el aula puede enfrentar varios desafíos que deben abordarse para garantizar una implementación exitosa. Los desafíos más relevantes en este aspecto son: la resistencia al cambio, la coordinación y gestión, la evaluación y retroalimentación, el acceso y equidad y la privacidad y la seguridad.

En primer lugar, la resistencia al cambio[33] representa un gran desafío en el ámbito del aprendizaje online en materia de derecho ya que tanto alumnos como profesores se pueden mostrar contrarios al uso de nuevas tecnologías y metodologías de enseñanza. Por lo tanto, la solución que se podría plantear en este supuesto consistirá en comunicar claramente los beneficios y las ventajas de la integración de Moodle y redes sociales en el aula jurídica, enfatizando cómo pueden mejorar la investigación legal, el análisis de casos y la comunicación legal a través de comunidades prácticas donde se puedan compartir experiencias y estrategias efectivas para la enseñanza del Derecho.

En segundo lugar, la coordinación y la gestión[34] son un desafío desde el punto de vista de la coordinación ya que gestionar efectivamente las actividades en Moodle y en redes sociales puede ser desafiante en entornos legales con múltiples cursos y docentes. En este supuesto la solución se basa en

32 *Ibidem.*, pág. 11.

33 PÉREZ SÁNCHEZ, B., y SALAS MADRIZ, F., «Hallazgos en investigación sobre el profesorado universitario y la integración de las TIC en la enseñanza» en *Revista Electrónica Actualidades Investigativas en Educación*, 2009, vol. 9, núm. 1, págs. 1-25. Recuperado de: https://www.redalyc.org/pdf/447/44713054006.pdf

34 *Ibidem.*, pág. 19.

establecer protocolos y procedimientos claros para el uso de Moodle y redes sociales en el contexto jurídico, asegurando que se alineen con las prácticas legales éticas y profesionales. Por lo que asignar roles y responsabilidades específicas tanto a docentes como estudiantes en relación con el uso de estas herramientas, la gestión de proyectos y la comunicación adaptadas al contexto legal para así facilitar la coordinación y el seguimiento de las actividades, priorizando la precisión y la confidencialidad en la gestión de la información legal.

En tercer lugar, el análisis de la evaluación y la retroalimentación[35] supone un desafío a la hora de evaluar y proporcionar retroalimentaciones efectivas sobre el aprendizaje de los estudiantes en entornos virtuales puede resultar complejo en el contexto del derecho, no obstante, como posible solución la utilización de herramientas de evaluación integradas en Moodle, como cuestionarios y tareas para poder evaluar el progreso de los estudiantes, para fomentar la comprensión de conceptos legales y su capacidad para aplicarlos, para retroalimentar de tal forma que se permita a los estudiantes analizar y debatir entre ellos y para así proporcionar estas retroalimentaciones personalizadas a los estudiantes sobre su desempeño y progresos en el curso, enfocándose en aspectos específicos del razonamiento jurídico y la argumentación legal.

En cuarto lugar, el acceso y la equidad como desafío[36] se presenta en el momento en el que en áreas con recursos limitados no tienen acceso a material informático por lo que se crea una brecha digital. Erradicar la brecha digital es uno de los objetivos existentes en la Agenda 2030 para solucionar este problema proporcionar un acceso gratuito a internet y a dispositivos electrónicos tanto a estudiantes como a docentes será necesario. Además, para incentivar estas propuestas se deben ofrecer opciones flexibles de participación, se debe colaborar con instituciones y organizaciones de carácter jurídico para proporcionar un apoyo adicional, como bibliotecas, para aquellos estudiantes que no puedan acceder a Moodle o las redes sociales de manera regular.

Y, por último, y ya mencionado, la privacidad y la seguridad[37] se convierten en un desafío a la hora de garantizar la privacidad y la seguridad de los datos de los estudiantes en Moodle y en redes sociales es una preocupación importante en el ámbito legal. Por ello, siempre se deben implementar políticas

35 Pérez Sánchez, B., y Salas Madriz, F., «Hallazgos en investigación...»., *op. cit.*, pág. 13.

36 Renedo Santamaría, E., «Tecnologías emergentes y desarrollo sostenible: Claves para una dimensión igualitaria» en *Reconocimiento facial y brecha digital de género desde la perspectiva procesal: Entre riesgo, libertad y emancipación*, obra colectiva, Aranzadi, Madrid, 2023. págs. 71-94.

37 Rivera-Vargas, P., Raffaghelli, J., y Miño-Puigcercós, R., «Plataformas digitales comerciales en la educación pública. Desafíos emergentes sobre privacidad y protección de datos» en *Edutec, Revista Electrónica de Tecnología Educativa*, 2024, núm. 87, págs. 28-42.

claras de privacidad y seguridad para proteger la información legal confidencial de los estudiantes, asegurando el cumplimiento de las leyes de privacidad de datos, así como, educar a los estudiantes sobre prácticas seguras en línea y la importancia de proteger la confidencialidad de la información legal en entornos digitales, resaltando la ética profesional en la gestión de casos y datos legales.

Al abordar estos desafíos desde la perspectiva del aprendizaje del Derecho, los educadores pueden optimizar la integración de Moodle y redes sociales en el aula jurídica, promoviendo un ambiente de aprendizaje efectivo y ético que prepare a los estudiantes para los desafíos del ejercicio legal contemporáneo. La colaboración entre docentes, estudiantes y profesionales del Derecho es esencial para abordar estos desafíos de manera efectiva y garantizar una formación jurídica de calidad.

9.4.3. La superación de la resistencia al cambio de paradigma educativo

La superación de la resistencia al cambio en el paradigma educativo es esencial para la integración exitosa de redes sociales en plataformas establecidas como Moodle. Este cambio implica no solo la adopción de nuevas herramientas tecnológicas, sino también la transformación de la forma en que se concibe y se lleva a cabo el proceso de enseñanza y aprendizaje.

La comunicación efectiva desempeñará un papel fundamental en este proceso, por lo que será necesario comunicar claramente los beneficios y objetivos de integrar redes sociales en Moodle. Esto implicará destacar cómo estas herramientas pueden mejorar la participación de los estudiantes, fomentar la colaboración y enriquecer el aprendizaje a través de la interacción en línea.

La capacitación y el desarrollo profesional, por otro lado, son aspectos críticos para ayudar a los educadores a sentirse más cómodos y seguros al utilizar nuevas herramientas y enfoques pedagógicos en Moodle. Las oportunidades de capacitación adecuadas y la orientación personalizada podrán ayudar a reducir la resistencia al cambio y fomentarán una mayor aceptación de las nuevas prácticas.

Los casos de éxito y ejemplos de instituciones educativas que han integrado con éxito redes sociales en Moodle podrán ayudar a disipar la resistencia al cambio. La demostración de cómo otras instituciones han superado los desafíos y cosechado los beneficios de esta integración puede inspirar confianza en el nuevo enfoque y motivar a los educadores a adoptarlo[38]. Que todas las partes interesadas en el proceso de toma de decisiones se vean involucradas también es fundamental. Esto incluye educadores, estudiantes, administrado-

38 RENEDO SANTAMARÍA, E., «Tecnologías emergentes y desarrollo...», *op. cit.*, pág. 77.

res y padres. Escuchar sus preocupaciones y opiniones, y trabajar juntos para abordarlas, podrá ayudar a crear un sentido de propiedad compartida sobre el cambio y fomentará un mayor apoyo y aceptación de este.

La promoción de una cultura de innovación y experimentación en el entorno educativo podrá reducir la resistencia al cambio. Animar a los educadores a probar nuevas ideas y enfoques, y celebrar los éxitos, fomentará una mentalidad abierta hacia el cambio y hacia la adopción de nuevas prácticas.

El apoyo continuo y las oportunidades para recibir retroalimentación durante el proceso de implementación también es crucial a la hora de ofrecer sesiones de capacitación adicionales, recursos de soporte en línea y canales de comunicación abiertos para que los educadores puedan compartir sus experiencias y recibir orientación adicional según sea necesario.

Al implementar estas estrategias de manera proactiva, las instituciones educativas pueden superar la resistencia al cambio de paradigma educativo y maximizar los beneficios de la integración de redes sociales en Moodle para mejorar el aprendizaje de los estudiantes.

9.5. Conclusiones

PRIMERA: La integración exitosa de Moodle y las redes sociales en el aula virtual ofrece una amplia gama de beneficios para el proceso educativo. Desde mejorar la interacción entre estudiantes y profesores hasta facilitar el acceso a recursos y expertos, esta combinación proporciona un entorno de aprendizaje más dinámico y enriquecedor.

SEGUNDA: El uso de redes sociales en el aula virtual no solo promueve la interacción y colaboración entre los estudiantes, sino que también fomenta el desarrollo de habilidades digitales importantes y la personalización del aprendizaje. Al permitir una comunicación más fluida y acceso a una variedad de recursos, las redes sociales pueden aumentar la motivación y el compromiso de los estudiantes en su proceso de aprendizaje.

TERCERA: La combinación estratégica de Moodle como plataforma central y redes sociales como complemento ofrece un enfoque efectivo para enriquecer la experiencia de aprendizaje de los estudiantes. Estos casos de estudio ilustran cómo esta integración puede mejorar la interacción y colaboración entre estudiantes y profesores, así como promover una comunidad en línea activa y participativa.

CUARTO: El uso de redes sociales como complemento de Moodle permite una mayor flexibilidad y adaptabilidad en la enseñanza y el aprendizaje. Al aprovechar las características únicas de cada plataforma, los educadores pueden ofrecer una experiencia de aprendizaje más dinámica y personalizada, facilitando la comunicación, la colaboración y el acceso a recursos adicionales para los estudiantes.

QUINTA: La integración de redes sociales en Moodle ofrece numerosas oportunidades para mejorar la experiencia de enseñanza y aprendizaje, pero también plantea desafíos que deben ser abordados cuidadosamente. Es fundamental tener en cuenta aspectos como los objetivos educativos, el diseño de actividades y recursos, la capacitación docente, la privacidad y seguridad de los datos, entre otros, para garantizar una implementación exitosa. Además, es importante considerar los desafíos como la resistencia al cambio, la coordinación y gestión, la evaluación y retroalimentación, el acceso y equidad, y la privacidad y seguridad, y buscar soluciones efectivas para superarlos. Con una planificación cuidadosa, un enfoque colaborativo y un compromiso continuo, los educadores pueden aprovechar al máximo el potencial de la integración de Moodle y redes sociales para enriquecer el proceso educativo y promover un aprendizaje más interactivo y significativo para los estudiantes.

9.6. Bibliografía

Alcoba González, J., «Organización de los métodos de enseñanza en función de las finalidades educativas: el alineamiento curricular en Educación Superior» en *Profesorado: revista de curriculum y formación del profesorado*, 2013, vol. 17, núm. 3.

Amoros Martínez, A., **Cavero Rubio, J. A.**, y **González Morales, M.**, «Rendimiento académico y uso de las TIC en la docencia semipresencial del Grado en Derecho», en *Educación en valores y normas: innovación docente y transferencia de conocimiento en cuestiones de equidad y derecho*, obra colectiva, Dykinson S.L, Madrid, 2023.

Cabanés Cacho, B., y **García Casarejos, M. N.**, «Integrando los conocimientos teóricos y prácticos a través de Twitter» en *Buenas prácticas en la docencia universitaria con apoyo de TIC. Experiencias en 2017*, obra colectiva, Prensas de la Universidad de Zaragoza, Zaragoza, 2018.

Cerrillo i Martínez, A., «El prácticum en Derecho en el Espacio Europeo de Educación Superior», en *Docencia del Derecho y tecnologías de la información y la comunicación*, obra colectiva, Huygens Editorial, Barcelona, 2010.

Dougiamas, M., y **Taylor, P. C.**, «Interpretive analysis of an internet-based course constructed using a new courseware tool called Moodle», en *Conferencia HERDSA*, Australia, 2002.

Fariña-Vargas, E., **González-González, C.**, y **Area-Moreira, M.**, «¿Qué uso hacen de las aulas virtuales los docentes universitarios?» en *Revista de Educación a Distancia (RED)*, 2013, núm. 35.

FIGUEROLA, C. G., ALONSO BERROCAL, J. L., ZAZO, Á. F., y **GÓMEZ DÍAZ, R.**, «Software libre y software gratuito para la innovación docente y la creación de contenidos orientados al EEES», en *Revista Universidad de Salamanca*, Salamanca, 2008.

GARNICA HOZ, J. L., *Nuevos «ambientes de aprendizaje» para viejas prácticas pedagógicas: el uso de Moodle en la Facultad de Educación de la Universidad de Cantabria*, [Trabajo de Fin de Máster], Universidad Nacional de Educación a Distancia, Madrid, España, 2015.

LÓPEZ RODRÍGUEZ, F., *La tutela jurídica de los derechos de autor en plataformas e-learning: un consenso de propiedad intelectual*, [Tesis doctoral], Repositorio: Universidad Nacional de Educación a Distancia, Madrid, 2015.

LÓPEZ-MENESES, E., *Las tecnologías de la información y la comunicación en la praxis universitaria*, Ediciones Octaedro Digital, 2020. DOI: http://DOI.org/10.36006/16212

LUCERO, M. M., «Entre el trabajo colaborativo y el aprendizaje colaborativo», en *Revista iberoamericana de Educación*, 2003, vol. 33, núm. 1, págs., 1-21.

ORLER, J., «Pensar la catedra: calidad e inclusión en modelos educativos de masividad» en *Enseñanza del derecho en el siglo XXI: Desafíos, innovaciones y proyecciones*, en Series: Debates Del Observatorio, obra colectiva, Universidad Nacional de la Plata, Argentina, 2019.

PÉREZ SÁNCHEZ, B., y **SALAS MADRIZ, F.**, «Hallazgos en investigación sobre el profesorado universitario y la integración de las TIC en la enseñanza» en *Revista Electrónica Actualidades Investigativas en Educación*, 2009, vol. 9, núm. 1, págs. 1-25. Recuperado de: https://www.redalyc.org/pdf/447/44713054006.pdf

RENEDO SANTAMARÍA, E., «Tecnologías emergentes y desarrollo sostenible: Claves para una dimensión igualitaria» en *Reconocimiento facial y brecha digital de género desde la perspectiva procesal: Entre riesgo, libertad y emancipación*, obra colectiva, Aranzadi, Madrid, 2023. págs. 71-94.

RIVERA-VARGAS, P., RAFFAGHELLI, J., y **MIÑO-PUIGCERCÓS, R.**, «Plataformas digitales comerciales en la educación pública. Desafíos emergentes sobre privacidad y protección de datos» en *Edutec, Revista Electrónica de Tecnología Educativa*, 2024, núm. 87, págs. 28-42.

VITALARU, B., «Wikis como herramientas de trabajo colaborativo complementario y desarrollo de recursos para la formación en traducción a nivel universitario: análisis retrospectivo», en *Revista de Educación a Distancia (RED)*, 2019, vol. 19, núm. 59.

10.

LA IMPORTANCIA DE LA ENSEÑANZA DE OTROS MÉTODOS DE ENTENDIMIENTO DEL OBJETO DE ESTUDIO EN LAS CIENCIAS JURÍDICAS Y CRIMINOLÓGICAS

Myriam Rodríguez Lorenzo
Coordinadora y Docente en la Universidad Isabel I
Myriam.rodriguez@ui1.es

SUMARIO: 10.1. Introducción. 10.2. Antes del método: el objeto de estudio de las ciencias criminológicas. 10.2.1. Relación entre las ciencias criminológicas y las ciencias jurídicas. 10.2.2. Una cuestión epistemológica: autonomía de la criminología en tanto ciencia multidisciplinar. 10.3. El peso del método en los planes docentes. 10.3.1. La importancia de los saberes prácticos. 10.3.2. La importancia de la enseñanza de nuevos marcos de pensamiento. 10.4. Conclusiones. 10.5. Bibliografía.

RESUMEN: La configuración en los planes docentes de los grados en Criminología necesita ser cuestionada, especialmente en su relación de dependencia con respecto a otras ramas científicas. Se parte de la idea de que, para poder llevar a cabo propuestas de innovación docente en esta disciplina, primero ha de problematizarse su objeto de estudio y entender su naturaleza y necesidades como ciencia empírica aplicada. De este modo, la reflexión sobre las materias dedicadas a la enseñanza de métodos, tanto cuantitativos como cualitativos, ha de ser primordial para alcanzar la meta de profesionalización y especialización que el alumnado necesita. Por ello, el trabajo trascurre en una breve revisión sobre las distintas rupturas epistemológicas que ha sufrido la Criminología a lo largo de su, relativamente, breve historia, y sobre las distintas propuestas docentes que se han desarrollado en distintas universidades españolas en materia de innovación metodológica. Las principales conclusiones discurren en la idea de la complejidad que envuelve al hecho de la emancipación criminológica en las aulas o facultades con respecto a las ciencias jurídicas y en la necesidad de formación, tanto del alumnado como del profesorado, en nuevos marcos de pensamientos propios de la ciencia criminológica que la especialicen como diciplina universitaria.

PALABRAS CLAVE: Ciencia; Criminología; Epistemología; Método y Multidisciplinar.

10.1. Introducción

Por todos es sabido que la configuración de la enseñanza de la disciplina criminológica en las aulas universitarias está sujeta a una relación de dependencia a otras ramas del conocimiento científico, como pueden ser la psicología, la sociología o las ciencias jurídicas. Esta particularidad debe ser atendida antes de comenzar a hablar de nuevos métodos docentes, porque resulta imprescindible abordar algunos puntos referentes a la propia autonomía de las ciencias criminológicas y a su propio objeto de estudio. Ahora bien, si se habla de objeto de estudio en ciencias sociales, la dificultad de definir el marco de pensamiento está servida, puesto que entran en juego muchas subjetividades[1].

Parte de la doctrina focaliza sus estudios y reflexiones en problematizar los atributos[2], podría decirse ya clásicos, a los que siempre se recurre para definir «criminología» en las aulas, especialmente, a los de «multidisciplinar» y «holística». Resulta una verdad ineludible que la Criminología se constituye sobre la multidisciplinariedad en tanto ha ido siendo construida por diferentes ramas del saber, cuyos profesionales poseían el bagaje de la propia, en palabras de Palacios Pómanes, arquitectura de su profesión; pero precisamente por eso es necesario aunar esfuerzos por encontrar un discurrir común, un discurso estructural que permita edificar la disciplina sobre una base sólida que autorice construir una Teoría general que contenga un marco conceptual válido para todas las corrientes criminológicas[3]. El recurso a la multidisciplinariedad no puede ser un refugio, sino una realidad que se demuestre ineludible y adquiera la coherencia y la verdad necesarias para poder configurar una ciencia. Se trata, por tanto, de la necesidad de una profunda revisión epistemológica de la

---

1 Bourdieu, P., y Wacquant, L., «La duda radical», en *Respuesta: por una antropología reflexiva*, Grijalbo, México, 1995, pp. 177-184.

2 Teóricos como Foucault proponen la problematización como método de análisis. *Vid.*, en Foucault, M., *Discurso y Verdad en la Antigua Grecia,* Paidós, Argentina, 2004, p. 214.

3 Palacios Pámanes, G. S., *Criminología Contemporánea: introducción a sus fundamentos teóricos*, INACIPE, México, 2012, pp. 361-422.

ciencia criminológica[4] y de su posterior puesta en práctica en los planes docentes universitarios.

A pesar de que no se trata de propuestas recientes y de que lo expuesto constituye un debate complejo y constante en las discusiones criminológicas en la Academia, sigue siendo una cuestión relevante y de actualidad, porque todavía no se ha llegado a un acuerdo y no existe discurso doctrinal con una clarividencia tal que haya resuelto esta cuestión. Es ahí donde se encuentra la relevancia de seguir discurriendo sobre esta problemática para poder fomentar una buena formación criminológica en las universidades españolas.

Muchas son las propuestas de mejora en los planes de estudio de los grados universitarios en Criminología que pretenden acercar este saber a la realidad, profesionalizar al estudiante de esta rama y mostrar la necesidad de lo que sus conocimientos pueden aportar a diferentes ámbitos laborales que deberían ocupar tras terminar su formación. Estas proposiciones van desde acuerdos de prácticas formativas que buscan espacios laborales para estos profesionales tanto en instituciones públicas como en el sector privado, hasta la innovación en los métodos docentes que permitan la adquisición de habilidades prácticas que doten de aplicabilidad a los conocimientos teóricos impartidos. Máxime si se tiene en cuenta la absoluta filtración de la tecnología e Internet en las universidades, que han tenido que adaptarse a través de plataformas como Moodle a la nueva realidad virtual. Sin embargo, el escenario es que el estudiante de criminología sigue sin tener claro cuál puede ser su futuro laboral y su espacio de ejercicio, por lo que todo esfuerzo en seguir avanzando y mejorando en esta cuestión es absolutamente necesario y fructuoso.

Tras toda la situación expuesta, en este trabajo se va a intentar dar respuesta a dos cuestiones, principalmente. La primera es si puede y debe la criminología emanciparse de las ciencias, en el caso que aquí ocupa, jurídicas, especialmente de la justicia y del sistema penal. Y, la segunda, es si es posible hacer propuestas de mejoras docentes en materia de innovación con respecto a los métodos en la disciplina criminológica sin antes hablar de su propio *ethos.* Como se puede adelantar fácilmente, los objetivos son demasiado pretenciosos, por lo que las conclusiones extraídas tan tolo son aproximaciones a una toma de postura que aún debe seguir desarrollándose.

4 Ferrajoli, L., «Criminología, crímenes globales y Derecho penal: el debate epistemológico en la criminología contemporánea», en *Revista Crítica Penal y Poder,* núm. 4, 2013, pp. 224; Rivera Beiras, I., «La memoria: categoría epistemológica para el abordaje de la historia y las ciencias penales», en *Revista de Derecho Penal y Criminología,* núm. 3, 2011, pp. 33-43.

10.2. Antes del método: el objeto de estudio de las ciencias criminológicas

Resulta oportuno traer a colación, para comenzar, las aportaciones de ANITUA, que desarrolla una justificación muy elaborada sobre por qué debe hablarse de «criminologías», en plural, en su vasta y conocida obra «Historias de los pensamientos criminológicos». En ella expone que los pensamientos criminológicos no son lineales, es decir, no se superan unos con otros o desaparecen con su autor: el pensamiento criminológico no es uno[5].

En esta línea, otros autores, como los miembros del Observatorio del Sistema penal y Derechos Humanos de la Universidad de Barcelona, también exponen que todas las teorías criminológicas que han surgido a lo largo del siglo XX no han ido desapareciendo o superándose, por lo que consideran a la Criminología como una especie de Torre de Babel por donde transitan teorías contradictorias y multidimensionales[6].

Lo cierto es que la Criminología, como se apuntaba anteriormente, está construida sobre las arquitecturas de muchos saberes, algo que efectivamente la convierte en una ciencia multidisciplinar, pero con una realidad muy compleja. Es importante diferenciar entre los límites del uso de dicho concepto y del abuso.

10.2.1. Relación entre las ciencias criminológicas y las ciencias jurídicas

Para ser honestos, si se quiere realizar una crítica coherente sobre una ciencia, hay que empezar por cuestionar al científico. Este se encuentra permeado de creencias e ideologías, por lo que es importante reconocerlas para no caer en la falacia de la ciencia como algo neutral[7]. Ligado a esto irremediablemente, también es imprescindible que, en una ciencia como la criminológica, el científico reconozca su bagaje formativo, su arquitectura científica[8]. Es por ello por lo que aquí, a pesar de la multidisciplinariedad del saber objeto de estudio, la discusión se centra especialmente en su relación con las ciencias jurídicas, particularmente las penales.

5 ANITUA, G. I., *Historias de los pensamientos criminológicos,* Editores del Puerto, Buenos Aires, 2005, pp. 5 y ss.

6 VV. AA., «Estudio Preliminar», en MORRISON, W., *Criminología, civilización y nuevo orden mundial,* Anthropos, Barcelona, 2012, p. XXVII.

7 A este respecto, resulta recomendable la lectura de TAYLOR, I., WALTON, P y YOUNG, J., *La nueva criminología: contribución a una teoría social de la conducta desviada,* Amorrortu Editores, Buenos Aires, 1975.

8 PALACIOS PÁMANES, G. S., *Criminología Contemporánea: introducción a sus fundamentos teóricos... óp., cit.*, pp. 361-365.

Para entender la estrecha ligazón entre las ciencias criminológicas y las jurídico-penales, se debe acudir a los inicios de la primera. La Escuela Clásica es pre criminológica, pero sienta las bases, de la mano de Beccaria y Bentham, de esta disciplina. En el campo penal, los postulados de esta Escuela culminan en el principio de legalidad de los delitos y de las penas, en la humanización de estas y en la racionalidad legislativa que entraña la codificación. Ambos autores son exponentes de los principios ilustrados y utilitaristas concernientes a esta disciplina.

Sin embargo, como apunta MIRANDA, la codificación puede entenderse como las ideas hechas leyes[9]. El delito y la pena han sido, históricamente, objetos principales de estudio de la Criminología, y esta ha construido sus teorizaciones intentando darles respuesta. Se cuestionaba de este modo —dependiendo del bagaje del científico en cuestión, de la ideología, del método de estudio y del contexto histórico— el por qué y el cómo se ha de castigar, pero la legitimidad del castigo siempre ha sido justificada, bien en base al contrato social, a la amarga necesidad, a la disuasión o a la retribución[10].

Ha hecho falta desarrollar muchos marcos de pensamiento distintos que ofrecieran la posibilidad de comenzar a cuestionar el por qué una determinada conducta es delito y por qué debe ser castigada a través del *ius puniendi* estatal. Hoy en día, siguen desarrollándose nuevos marcos teóricos que permitan desligar el objeto de estudio de la Criminología de un constructo del Derecho, como lo es el delito.

La Criminología siempre se ha centrado en el estudio del delito ordinario o individual, de los delitos a nivel micro. Para criticar este hecho, FERRAJOLI pone de ejemplo los crímenes de Estado y los crímenes de Sistema, especialmente acontecidos en el pasado siglo y presentes actualmente, y el del nacimiento y la necesidad de la Corte Penal Internacional. Aboga, de este modo, porque la Criminología devenga global, al igual que lo hace el Derecho, incluso el penal, porque este mismo se lo impone[11]. Actualmente, existen muchos conflictos y fenómenos complejos que se conforman como verdaderas atrocidades y que generan un daño social innegable y difícilmente comparable con el que producen muchos delitos castigados por el sistema penal. Con

9 MIRANDA, M. J., Bentham en España, en FOUCAULT, M y MIRANDA, M. J., *Jeremias Bentham. El Panóptico,* Ediciones la Piqueta, Madrid, 1979, p. 141.

10 Sobre los cuestionamientos a estas bases, se recomienda la lectura de LARRAURI, E., *La herencia de la Criminología crítica,* Siglo XXI de España Editores, 1991.

11 FERRAJOLI, L., «Criminología, crímenes globales y Derecho penal: el debate epistemológico en la criminología contemporánea» ... *op. cit.*, pp. 224. Sobre la importancia del estudio del Tribunal Europeo de Derechos Humanos en la enseñanza de las ciencias jurídicas también reflexiona COLOMER BEA, D., «La importancia del Tribunal Europeo de Derechos Humanos en la enseñanza del Derecho penal», en obra colectiva VV. AA., *Innovación en la docencia e investigación de las ciencias jurídicas, económicas y empresariales,* Vol., I Experiencias de innovación en la docencia del Derecho, Dykinson, Madrid, 2021, pp. 650-666.

ello, se está haciendo referencia a desastres naturales provocados en gran medida por el efecto de las conductas del ser humano, por sus sistemas de producción y económicos, por los efectos del mercado, a guerras, a hambrunas, etc., violaciones de derechos humanos, en definitiva, en todas sus manifestaciones.

Ahora bien, para llegar hasta aquí, pueden datarse, siguiendo a SANDE, al menos, tres rupturas epistemológicas[12].

10.2.2. Una cuestión epistemológica: autonomía de la criminología en tanto ciencia multidisciplinar

Juristas como FERRAJOLI llevan años trabajando sobre el necesario debate epistemológico en torno a la Criminología contemporánea. Lo que este autor pretende es justificar la necesaria autonomización de la disciplina criminológica del sistema penal, una autonomía que se fundamente precisamente en una crítica constante a este, apostando por la necesaria ampliación del objeto de estudio de la disciplina criminológica[13].

En primer lugar, se encuentra el cuestionamiento a los postulados discriminatorios y selectivos siempre criticados de la «vieja» criminología, el conocido como determinismo biológico. A través del enfoque del etiquetamiento (estudio de la reacción social y de los procesos de criminalización) y de la criminología marxista (estudio de las causas estructurales y políticas que generan estos procesos de criminalización) tiene lugar la primera ruptura[14]. Con ella se pone de manifiesto que el delito es un constructo[15] y que, como objeto de estudio de la criminología, tiene la particularidad de que es creado por la ley y la normatividad. Sin embargo, estas contracorrientes de aquel momento también recibieron sus críticas por su determinismo social y económico respectivamente.

Históricamente, y debido a esta subalternidad de la criminología al sistema penal, la ciencia criminológica ha sido concebida como el brazo derecho

---

12 SANDE, F. J., «Recorrido sobre las rupturas epistemológicas en la cuestión criminal y escenario(s) presente(s)», en *Revista Anales de la Facultad de Ciencias Jurídicas y Sociales, Universidad Nacional de La Plata,* núm., 48, 2018, pp. 677-694.

13 A este respecto, la obra de referencia es MORRISON, W., *Criminología, civilización y nuevo orden mundial,* Anthropos, Barcelona, 2012. También las aportaciones del conocido artículo doctrinal HILLYARD, P y TOMBS, S., «¿Más allá de la Criminología?», en *Revista Crítica Penal y Poder,* núm. 4, 2013, pp. 224.

14 A este respecto, resulta recomendable la lectura de TAYLOR, I., WALTON, P y YOUNG, J., *La nueva criminología: contribución a una teoría social de la conducta desviada... op. cit.*

15 PALACIOS PÁMANES, G. S., *Criminología Contemporánea: introducción a sus fundamentos teóricos... op. cit.*, pp. 39 y ss. A este respecto, también se recomienda leer la literatura académica de Nils Christie, especialmente: CHRISTIE, N., *Los límites del dolor,* Fondo de Cultura Económica, México, 1984.

del Derecho. Es a partir del surgimiento de nuevas ramas criminológicas, como la criminología crítica[16], que surge de la crisis de legitimidad ante hechos graves como, por ejemplo, la guerra de Vietnam —entre muchas otras, como es sabido—, cuando se produjo, precisamente, una verdadera crítica al sistema penal. Comienza, por tanto, a problematizarse el objeto de estudio y este pasa a ser, precisamente, el sistema penal y sus agencias y dispositivos[17]. Es la que puede considerarse como segunda ruptura epistemológica.

En tercer lugar, puede hablarse de la ruptura contemporánea o tercera ruptura, en la que, siguiendo a SANDE, destaca el debate entre si el objeto de estudio debe ser el delito/crimen o la cuestión criminal (visión amplia)[18] y el daño social. En este último caso existe un término para denominar el marco de pensamiento que se abre para la ciencia criminológica, y es el de *zemiología*[19].

Es, ahora sí, donde entran en juego otras categorías independientes del Derecho penal, como la que se ha venido a denominar crimen de sistema o crimen global y que tiene que ver con la presencia de la visión estructural en la lógica de la Criminología y su enseñanza. Se trata de crímenes que no son configurables como delitos, sino que analizan la implicación de la globalización capitalista o del sometimiento del poder del Estado al del mercado en las lesiones a derechos humanos. La Criminología es una ciencia politizada, es eminentemente política en tanto que no debe perder su finalidad: influir en las políticas estatales, mejorar la vida de la gente, y valorizar y empoderar su principal fin, que es el social. Algo que recuerda a lo que académicos como BERDUGO siempre tienen presente en su concepción del Derecho, y es que este también es un producto histórico y es ideología[20]. Si la Criminología no logra autonomizarse del Derecho (penal), será mucho más complejo que pueda estudiar conductas o desviaciones que puedan entenderse como criminales o dañosas socialmente por sus consecuencias, estudiar cómo prevenirlas, controlarlas o castigarlas, o incluso determinar y dirigir directrices al Derecho penal de si debe hacerse o no. En palabras de HILLYARD y TOMBS «el "crimen" excluye muchos daños graves»[21].

16 TAYLOR, I., WALTON, P y YOUNG, J., *Criminología crítica,* Siglo XXI, Madrid, 1981.

17 FOUCAULT, M., *Vigilar y castigar, nacimiento de la prisión,* Siglo XXI, Argentina, 2003.

18 ZAFFARONI, E. R., *La cuestión criminal*, Planeta, Buenos Aires, 2012.

19 Concepto que será desarrollado más adelante. *Vid.,* en FAVA, G. C. y SANDE, F. J., «Daño social, zemiología y violencia estructural. Nuevos replanteamientos de la cuestión criminal a la luz de los conceptos de conflicto, daño social y violencias», en *Revista Anales de la Facultad de Ciencias Jurídicas y Sociales, Universidad Nacional de La Plata,* núm., 49, 2019, pp. 703-716.

20 BERDUGO GÓMEZ DE LA TORRE, I., *Viejo y Nuevo Derecho Penal: principios y desafíos del Derecho penal de hoy,* Iustel, Madrid, 2012.

21 HILLYARD, P y TOMBS, S., «¿Más allá de la Criminología?» ... *op. cit.*, p. 178.

De esta forma, puede quedar entendida la importancia de la problematización del objeto de estudio de esta disciplina antes de comenzar a cuestionarse por la configuración docente de esta en las aulas: porque primero debe quedar claro a qué se dedica.

Hay tres bloques de objeto de estudio clave en Criminología: la desviación, el control y el daño sociales[22]. Ahora bien, lo cierto es que la interseccionalidad entre cualquiera de estas elecciones pasa necesariamente por el estudio y la comprensión en su magnitud y complejidad de los Derechos Humanos[23].

10.3. El peso del método en los planes docentes

Sobre la necesidad de un replanteamiento profundo acerca de la propia técnica evaluativa dominante en las universidades españolas, recurriendo casi irremediable e imperativamente al cuestionario y a la capacidad memorística como forma de calificar los conocimientos adquiridos por los estudiantes, no cabe duda. Sin embargo, eso es un problema generalizado imposible de abordar en este espacio.

Sobre lo que no está de más reflexionar, en primer lugar, es sobre el papel del tiempo y los plazos en las universidades, incompatibles con la reflexión y la posibilidad de ejercer diversas formas de investigación y no solo una. Por poner un ejemplo, de nada sirve conocer las tasas estadísticas de la criminalidad en un determinado tiempo y lugar si no se es capaz de contextualizarlas[24], situarlas en su contexto histórico, político, económico y social y si no se sabe interpretarlas y complementarlas con bases teóricas de rigor científico. Y para eso, no solo se necesitan conocimientos, sino también tiempo. Criminólogos como Silva Esquinas y Pérez Suárez desarrollan en su obra, titulada *Criminología de frontera*, estas observaciones críticas, proponiendo métodos mixtos a través del análisis de los planes académicos de las universidades españolas para dotar a esta crítica, precisamente, de sustento empírico[25].

Estos mismos autores analizan los planes de estudio de las 34 universidades españolas que, a fecha de 2020, impartían Criminología. La Criminología se considera como una ciencia empírica, que, de acuerdo con

22 Palacios Pámanes, G. S., *Criminología Contemporánea: introducción a sus fundamentos teóricos... op. cit.,* p. 364.

23 Para parte de la doctrina los Derechos Humanos deberían constituirse como fuente de la criminología. *Vid.,* en Ríos Patio, G., «Archivos de Criminología, Seguridad Privada y Criminalística», en *Archivos de Criminología, Seguridad Privada y Criminalística,* Vol., 2016, agosto-septiembre 2016, pp. 75-105.

24 Larrauri, E., *La herencia de la Criminología crítica... op. cit.,* pp. 87-89.

25 Silva Esquinas, A y Pérez Suárez, J. R., *Criminología de frontera: una propuesta crítica a la Criminología española,* Eolas, España, 2020.

el peso de sus asignaturas metodológicas en los planes docentes de los grados españoles, contiene de media un peso de 7.1 ETCS en la enseñanza de métodos cuantitativos y de 1 ETCS en cualitativos a fecha 2020[26]. Sin embargo, para que los alumnos de esta rama del conocimiento puedan encontrarse cualificados para el trabajo de campo en el momento de su salida al mercado laboral, la importancia del correcto diseño de estas asignaturas, así como su peso a lo largo de su aprendizaje, es esencial para poder profesionalizarles.

10.3.1. La importancia de los saberes prácticos

Debido a la diferencia del peso entre ambas metodologías, se critica precisamente, y a colación con las rupturas epistemológicas anteriormente expuestas, la carencia de enseñanzas más estructurales y cualitativas, que fomenten la imaginación reflexiva y crítica del alumnado con respecto a la cuestión jurídica y social que rodea a la cuestión criminal. En este sentido, también es necesario poner en valor la necesidad de formar en métodos prácticos, y no solo teóricos, no únicamente en técnicas cuantitativas, sino también en las cualitativas.

Retomando a Silva Esquinas y Pérez Suárez, en su crítica se preguntan por qué los estudiantes de las universidades no desarrollan un espíritu crítico en lugar de seguir la misma línea que se les marca de forma general a partir de líneas de pensamiento como las que proponen la criminología actuarial y administrativa[27], imperante en la reproducción científica y en la aclamación pública de entre las muchas líneas de investigación que ofrece la Criminología. En opinión de estos autores, es algo que tiene que ver con «los sistemas de producción y reproducción del conocimiento. El de producción está basado en una meritocracia pervertida» y con el de reproducción hacen alusión «al sistema universitario y a los sujetos que en él habitan»[28].

En este sentido, se considera necesario apostar por el fomento de un aprendizaje más activo en el caso de las ciencias criminológicas y jurídicas que enseñe metodología al alumnado para que puedan extrapolar la teoría a la realidad y a la práctica social, y que, sobre todo, acerquen estos saberes a la realidad social para los que deben servir en su beneficio. Resulta interesante a este respecto la propuesta concretamente de Silva-Esquinas

---

26 *Ibidem.*, p. 130.

27 Sobre una aguda crítica sobre la rama criminológica administrativa y su lógica actuarial en la gestión del control y la seguridad ciudadana, consúltese Muñiz Oller, M. R., «Seguridad urbana y control social: riesgo y criminología actuarial», en *Derecho y Ciencias Sociales,* núm., 21, mayo-octubre 2019, pp. 145-165.

28 Silva Esquinas, A. y Pérez Suárez, J. R., *Criminología de frontera: una propuesta crítica a la Criminología española... op. cit.,* p. 89.

sobre la *etnografía digital*[29] o la potenciación de los *focus group* o grupos de discusión en las mismas aulas o de forma virtual. Es una cuestión, por tanto, de saberes prácticos.

Sobre las propuestas más interesantes expuestas por diferentes docentes a través de sus experiencias reales, caben resaltar las siguientes:

En primer lugar, hay que destacar la importancia y la utilidad de la modalidad continua en el proceso tanto de enseñanza como de aprendizaje, cosa que parece estar en auge tras la pandemia[30], especialmente en la modalidad online a través de Moodle. Encaja aquí las conocidas como *flipped classroom,* que se configuran como una especie de «aula invertida» que debe tener disponibles los contenidos y materiales previamente para que el alumnado pueda prepararse el tema sin necesidad de clases magistrales. El objetivo es utilizar el tiempo fuera de las aulas para el estudio, mientras que el que transcurre en estas sea empleado para aplicar los contenidos de forma más creativa y práctica[31]. Es algo que, de alguna manera, también encaja con un modelo de docencia muy en boga actualmente, como lo es el online. Ahora bien, en este punto, las habilidades, destrezas y competencias del personal docente cobran especial importancia, así como la extensión del grupo y el periodo docente en cuanto a cuestión de tiempos, como se indicaba al inicio.

El Role Play presenta resultados muy interesantes en la profesionalización del alumnado, tanto de Criminología como de Derecho. Por ejemplo, en la asignatura de Derecho penitenciario de la Universidad de Cádiz se ha puesto en práctica esta técnica a través de la participación de funcionarios de prisiones y añadiendo, además, la técnica de la entrevista, algo que permite acercar la realidad a las aulas y viceversa[32].

---

29 Es un enfoque de investigación que combina la etnografía tradicional con el uso de herramientas digitales y tecnológicas para estudiar las interacciones y dinámicas sociales en entornos en línea. Esta metodología permite a los investigadores observar y analizar comunidades virtuales, redes sociales, foros de discusión, entre otros, con el objetivo de comprender cómo las personas se relacionan, se comunican y construyen identidades en el mundo digital.

30 González Cobaleda, E., «La evaluación continua y en modalidad online a través de las nuevas herramientas disponibles en la educación superior universitaria: hacia un nuevo rol docente», en obra colectiva VV. AA., *Innovación en la docencia e investigación de las ciencias jurídicas, económicas y empresariales,* Vol., I *Experiencias de innovación en la docencia del Derecho*, Dykinson, Madrid, 2021, pp. 361-381.

31 De la Encarnación, A.M., «No es digital todo lo que reluce: innovación docente a la vieja usanza», en obra colectiva VV. AA. *Sobre la innovación docente universitaria y el progreso del derecho a la educación,* Tirant Lo Blanch, Valencia, 2023, pp. 57.

32 Gallardo García, R. M., «Asumiendo el reto de la profesionalización mediante el role play: el jurista y el Derecho Penitenciario», en obra colectiva VV. AA., *Innovación en la docencia e investigación de las ciencias jurídicas, económicas y empresariales,* Vol., I Experiencias de innovación en la docencia del Derecho, Dykinson, Madrid, 2021, pp. 666-684.

El recurso al cine también es algo muy habitual y útil en las ciencias criminológicas y jurídicas, puesto que hay determinados aspectos del objeto de estudio de estas ciencias muy difíciles de presenciar en la vida real o de acceder de forma práctica. Obras cinematográficas como *Dangerous mind*[33], *La naranja mecánica*, *The Wire*, *Te doy mis ojos*..., los pódcast, así como determinados recursos musicales que utilicen la canción y el videoclip constituyen una herramienta muy útil para comprender fenómenos, factores, ideas, lógicas, prácticas e incluso conceptos extremadamente complejos de forma visual o auditiva[34].

En quinto lugar, aludir al aprendizaje basado en problemas o proyectos. Se centra en presentar problemas o preguntas al estudiantado que deben resolver a través del diseño y la planificación de su aprendizaje y de su investigación, dotándoles, de esta forma, de autonomía, aunque con apoyo y guiando su exposición y defensa ante el resto de sus compañeros. Fomenta una visión práctica y crítica, en detrimento de la memorística, criticada al principio de este trabajo. Además, también posibilita el intercambio de roles entre alumno y profesor, haciendo que el primero se implique en su propia formación[35].

Por último, en Criminología, como ciencia empírica y aplicada, debe ser imperativo la enseñanza del manejo de *Softwares* tanto cuantitativos como cualitativos, como SPSS o Atlas. Ti., respectivamente, entre otros, que vayan más allá de aquellos de licencia libre. Son absolutamente necesarios para pensar, emprender y ejecutar cualquier tipo de investigación[36].

10.3.2. La importancia de la enseñanza de nuevos marcos de pensamiento

Dicho todo lo anterior, corresponde ahora abordar la imprescindible reflexión y crítica que no puede faltar en las aulas universitarias y que debe

33 Puede consultarse un estudio muy completo sobre esta película en relación con las controversias que trae consigo el concepto de control social en Martín Lupiánez, I., «Dangerous Minds y la ambivalencia del control social informal ante la criminalidad». *Innovación en la docencia e investigación de las ciencias jurídicas, económicas y empresariales,* Vol., I *Experiencias de innovación en la docencia del Derecho*, Dykinson, Madrid, 2021, pp. 611-631.

34 De la Encarnación, A. M., «No es digital todo lo que reluce: innovación docente a la vieja usanza...», *op. cit.*, pp. 57 y ss.

35 Este método ha sido desarrollado y estudiado en la asignatura del Política criminal de la Universidad de Cádiz. Solari-Merlo. M. N., «Aprendizaje basado en problemas en el ámbito universitario. Propuesta para el Grado en Criminología y Seguridad de la Universidad de Cádiz», en obra colectiva VV. AA., *Innovación en la docencia e investigación de las ciencias jurídicas, económicas y empresariales,* Vol., I *Experiencias de innovación en la docencia del Derecho*, Dykinson, Madrid, 2021, pp. 632-650.

36 *Ibidem.,* p. 633; Silva Esquinas, A y Pérez Suárez, J. R., *Criminología de frontera: una propuesta crítica a la Criminología española... op. cit.*, pp. 98 y ss.

situar, en cualquier caso, el estudio de los Derechos Humanos como fuente de contenido y como herramienta de la teorización criminológica si esta disciplina efectivamente quiere servir para lo que debería: estudiar las distintas situaciones de injusticia y daño provocadas por la vulneración de derechos humanos a través de sus diferentes formas (discriminación, exclusión, odio, abuso...) con el fin de prevenirlas, de proponer soluciones y de mejorar la vida de las personas en la sociedad. ¿Puede y debe, por ejemplo, la criminología estudiar la tipificación de conductas en materia de inmigración sin entender, a su vez, las políticas migratorias supranacionales y nacionales y las disposiciones internacionales al respecto? ¿Puede estudiar los crímenes internacionales transpuestos a nuestro Código penal sin entender el contexto político y los juegos geoestratégicos que median en el asunto? ¿Sin conocer la historia del nacimiento de instrumentos como la Corte Penal Internacional o el Tribunal Europeo de Derechos Humanos? ANIYAR DE CASTRO dedicó esfuerzos notables en la construcción y fundamentación de una Criminología de los Derechos Humanos en su conocida obra[37].

Como se adelantaba, a este respecto resulta una verdad ineludible que la Criminología se constituye sobre la multidisciplinariedad en tanto ha ido siendo construida por diferentes ramas del saber, pero precisamente por eso es necesario aunar esfuerzos por encontrar un discurrir común que construya un discurso estructural, edificador de la disciplina sobre una base sólida que autorice construir una Teoría general que contenga un marco conceptual válido para todas las corrientes criminológicas[38].

En las últimas décadas, cada vez es más frecuente escuchar en las aulas explicaciones sobre Criminología marxista, criminología critica, criminología verde, criminología corporativa, criminología informática, criminología feminista, criminología del daño social, criminología global, criminología de los derechos humanos. Pero no están incluidas, o no todo lo que debería, en los planes docentes como Escuelas criminológicas o corrientes de pensamiento autónomas e independientes. ¿Por qué no? Piénsese en esta misma cuestión en otras disciplinas. Esto es, dentro del Grado en derecho, sus planes de estudio siguen una lógica común que la dota de rigor científico: se estudian las distintas ramas del derecho (derecho romano, derecho civil, derecho mercantil, administrativo, laboral, penal, procesal...). Dentro de la rama de la psicología o de la sociología sucede lo mismo[39].

La interseccionalidad y complementariedad de las distintas materias y asignaturas que configuran el plan docente de un grado debe ser primordial

37 ANIYAR DE CASTRO, L., *Criminología de los Derechos Humanos: Criminología axiológica como política criminal,* Editores del Puerto, Buenos Aires, 2010.

38 PALACIOS PÁMANES, G. S., *Criminología Contemporánea: introducción a sus fundamentos teóricos... op. cit.*, pp. 361-422.

39 *Ibidem.*, p. 361 y ss.

para poder dotar de profesionalización y saber a su alumnado. Un criminólogo ha de recibir saberes de distinta naturaleza, pero con sentido, rigor, coherencia y proyección. Solo de ese modo un estudiante de criminología podrá saber qué es lo que estudia y cuál es su utilidad, tanto teórica como práctica y laboral. El grado en Criminología necesita, primero y, en definitiva, dotarse de especialidad.

Por eso, autores como IÑAKI BEIRAS o ROBERTO BERGALLI realizan propuestas, como la de establecer la «memoria» como categoría epistemológica de la criminología, que se sustenta en la necesidad de ampliar la mirada no solo a lo sucedido, sino también a lo que no terminó de suceder porque fue aplastado o aniquilado[40]. Se trata de poder usar pública y socialmente el pasado y entender el presente de una forma más completa, así como de dotar de pensamiento crítico al alumnado[41]. En palabras de REYES MATE: «lo interesante es ver la presencia de lo ausente»[42]. Es un reclamo de justicia anamnética (centrada en la víctima). Es un cuestionamiento a la verdad única y a la objetividad de cualquier ciencia, algo que en este texto se ha intentado mostrar como imprescindible en apartados anteriores.

Además, otras líneas de investigación sugieren nuevos marcos de pensamiento para la Criminología, como es la *«zemiología»*[43]. Este enfoque teórico se organiza en torno al concepto de daño por considerarlo más coherente y progresista. Toma como objeto el conjunto de consecuencias que producen las actividades y dinámicas estatales y las corporaciones supra e internacionales. No solo estudia esas formas de daño social, sino que también pone el foco de atención desde el otro punto de vista, es decir, desde el estudio de las diferentes formas de victimización a las que los miembros de la sociedad pueden estar sometidos[44]. De esta forma, se pone el foco en la necesidad de reparación a las víctimas[45], lo que, además, también supone un cambio de

40 RIVERA BEIRAS, I., «La memoria: categoría epistemológica para el abordaje de la historia y las ciencias penales» ... *op. cit.*

41 Además, teniendo en cuenta que no es lo mismo enseñar al alumnado de criminología a pensar de manera crítica que Criminología crítica. *Vid.,* en SILVA ESQUINAS, A y PÉREZ SUÁREZ, J. R., *Criminología de frontera: una propuesta crítica a la Criminología española... op. cit.,* p. 97.

42 REYES MATE, M., «Teoría crítica: La "Escuela de Frankfurt". Walter Benjamin: Tesis sobre el concepto de historia», *Filosofía del mal y memoria*, 2012, p. 74.

43 FAVA, G. C. y SANDE, F. J., «Daño social, zemiología y violencia estructural. Nuevos replanteamientos de la cuestión criminal a la luz de los conceptos de conflicto, daño social y violencias» ... *op. cit.*, 703-716; HILLYARD, P y TOMBS, S., «¿Más allá de la Criminología?» ... *op. cit.*, 2013, pp. 224.

44 HILLYARD, P y TOMBS, S., «¿Más allá de la Criminología?» ... *op. cit.*, pp. 183-184.

45 FAVA, G. C. y SANDE, F. J., «Daño social, zemiología y violencia estructural. Nuevos replanteamientos de la cuestión criminal a la luz de los conceptos de conflicto, daño social y violencias» ... *op. cit.*, 703-716;

paradigma en cuanto a la concepción de justicia, no tan basada en la retribución sino en la asunción de responsabilidades y diálogo ante situaciones conflictivas.

Ambos, son solo dos ejemplos que para la línea argumental de este trabajo resultan muy ilustrativos, pero no son los únicos. Lo importante es potenciar el dialogo sobre el eje de estudio de la Criminología para que esta, no solo pueda adaptarse a las necesidades de la realidad social del momento, sino también constituir una verdadera arquitectura disciplinaria que dote a este saber de la rigurosidad y coherencia que precisa.

10.4. Conclusiones

1-. Tras todo lo anteriormente expuesto, la primera conclusión que se extrae es la necesidad de hacer frente al reto venidero ante distintas propuestas y cambios, y es el de potenciar el rol docente y la especialización del PDI que imparte docencia en este grado, porque somos nosotros mismos los que debemos conocer bien la disciplina que impartimos y quizá no recurrir con tanta transigencia a la multidisciplinariedad y a lo holístico como refugio y respuesta a tanta incertidumbre académica. Es una cuestión, por tanto, de necesaria coherencia académica.

2-. Todos los avances en el estudio criminológico, como se ha intentado exponer especialmente en la primera parte, repercuten y fomentan el estudio del resto de ramas jurídicas, porque los datos y análisis que aporta la Criminología, como disciplina social aplicada, son útiles y valiosos para los estudios teóricos, las nuevas interpretaciones de *lege lata* y las nuevas propuestas de *lege ferenda* que realice el Derecho, especialmente el penal.

3-. El contenido metodológico que constituye los planes docentes universitarios debe ser suficiente para poder profesionalizar al estudiantado como expertos en una disciplina empírica y aplicada, tanto en su vertiente cuantitativa como en la cualitativa. Invertir en investigación y dotar de estos recursos no puede ser una opción, por lo que el manejo de los *softwares* tanto cuantitativos como cualitativos —aunque estos últimos tengan un precio más elevado— más allá de los de licencia libre es una asignatura pendiente que debe reforzarse.

4-. No basta con aludir a las nuevas corrientes o Escuelas criminológicas que se desarrollen, sino incorporarlas como verdaderas asignaturas o, al menos, configurarlas como especialidades posteriores al grado. Pocos son los másteres que pueden encontrarse, como indican SILVA ESQUINAS y PÉREZ SUÁREZ en Criminología crítica, verde o global, entre otras[46].

46 SILVA ESQUINAS, A y PÉREZ SUÁREZ, J. R., *Criminología de frontera: una propuesta crítica a la Criminología española... op. cit.*, p. 98.

5-. En respuesta a la primera pregunta planteada en la introducción sobre la posibilidad y el deber de emancipación de la criminología de las ciencias jurídicas, es conveniente decir que es un hecho difícil y posiblemente desacertado mientras que la disciplina no cuestione sus bases epistemológicas y deconstruya y problematice su objeto de estudio para que este deje de circunscribirse al delito y al delincuente. Por otro lado, tampoco puede desligarse del derecho poque, de una forma u otra, su trabajo, sus resultados, la finalidad de su razón de ser, parten o van dirigidos a él, al sistema penal y a la justicia social.

6-. La segunda cuestión, ligada intrínsecamente a la primera, planteaba la viabilidad y necesidad de la innovación en metodología docente. En efecto, es absolutamente necesaria en las ciencias criminológicas, tanto como en cualquier otra disciplina. Las técnicas que se han experimentado en algunas aulas españolas a través de técnicas como el rol play, el aprendizaje basado en problemas o el recurso a distintos soportes adaptados y mimetizados con la realidad virtual actual son muy útiles para ilustrar determinados conceptos de una forma práctica, y fomentan otro tipo de pensamiento más crítico y activo en el alumnado.

7.- Ahora bien, si se habla de mejoras educativas y de responsabilidad y seriedad científica, hay pasos previos que dar en esta materia para cimentar el futuro de la Criminología sobre una base teórica y metodológica sólida, crítica y reflexiva, comprometida con su *ethos:* la protección y el fomento del respeto por los derechos humanos y la justicia social. La Criminología es responsable, y no puede ser de otro modo, de salvaguardar los derechos humanos de todas y cada una de las personas por el mero hecho de serlo, estudiando cualquier forma de discriminación y exclusión de las personas, especialmente por parte del Derecho.

8-. La Criminología se constituye sobre la multidisciplinariedad en tanto ha ido siendo construida por diferentes ramas del saber, cuyos profesionales poseían el bagaje de la propia, pero por eso es necesario aunar esfuerzos por encontrar un discurso estructural que permita edificar la disciplina sobre una base sólida que autorice construir una Teoría general que contenga un marco conceptual válido para todas las corrientes criminológicas[47].

47 Palacios Pámanes, G. S., *Criminología Contemporánea: introducción a sus fundamentos teóricos*, INACIPE, México, 2012, pp. 361-422.

10.5. Bibliografía

Anitua, G. I. *Historias de los pensamientos criminológicos.*, Editores del Puerto, Buenos Aires, 2005.

Aniyar de castro, L., *Criminología de los Derechos Humanos: Criminología axiológica como política criminal,* Editores del Puerto, Buenos Aires, 2010.

Berdugo Gómez de la torre, I., *Viejo y Nuevo Derecho Penal: principios y desafíos del Derecho penal de hoy,* Iustel, Madrid, 2012.

Bourdieu, P., y **Wacquant, L.**, «La duda radical», en *Respuesta: por una antropología reflexiva*, Grijalbo, México, 1995, pp. 177-184.

Colomer Bea, D., «La importancia del Tribunal Europeo de Derechos Humanos en la enseñanza del Derecho penal», en obra colectiva VV. AA., *Innovación en la docencia e investigación de las ciencias jurídicas, económicas y empresariales,* Vol., I *Experiencias de innovación en la docencia del Derecho*, Dykinson, Madrid, 2021, pp. 650-666.

De la encarnación, A. M., «No es digital todo lo que reluce: innovación docente a la vieja usanza», en obra colectiva VV. AA. *Sobre la innovación docente universitaria y el progreso del derecho a la educación,* Tirant Lo Blanch, Valencia, 2023

Fava, G. C. y **Sande, F. J.**, «Daño social, zemiología y violencia estructural. Nuevos replanteamientos de la cuestión criminal a la luz de los conceptos de conflicto, daño social y violencias», en *Revista Anales de la Facultad de Ciencias Jurídicas y Sociales, Universidad Nacional de La Plata*, núm., 49, 2019, pp. 703-716.

Ferrajoli, L., «Criminología, crímenes globales y Derecho penal: el debate epistemológico en la criminología contemporánea», en *Revista Crítica Penal y Poder*, núm. 4, 2013, pp. 224.

Foucault, M., *Discurso y Verdad en la Antigua Grecia.* Paidós, Argentina, 2004.

Vigilar y castigar, nacimiento de la prisión, Siglo XXI, Argentina, 2003.

Gallardo García, R. M., «Asumiendo el reto de la profesionalización mediante el role play: el jurista y el Derecho Penitenciario», en obra colectiva VV. AA., *Innovación en la docencia e investigación de las ciencias jurídicas, económicas y empresariales,* Vol., I Experiencias de innovación en la docencia del Derecho, Dykinson, Madrid, 2021, pp. 666-684.

González Cobaleda, E., «La evaluación continua y en modalidad online a través de las nuevas herramientas disponibles en la educación superior universitaria: hacia un nuevo rol docente», en obra colectiva VV. AA., *Innovación en la docencia e investigación de las ciencias jurídicas, económicas y empresariales,* Vol., I *Experiencias de innovación en la docencia del Derecho*, Dykinson, Madrid, 2021, pp. 361-381.

Hillyard, P y **Tombs, S.**, «¿Más allá de la Criminología?», en *Revista Crítica Penal y Poder*, núm. 4, 2013, pp. 224.

Larrauri, E., *La herencia de la Criminología crítica,* Siglo XXI de España Editores, 1991.

Martín Lupiánez, Y., «Dangerous Minds y la ambivalencia del control social informal ante la criminalida» en *Innovación en la docencia e investigación de las ciencias jurídicas, económicas y empresariales,* Vol., I *Experiencias de innovación en la docencia del Derecho*, Dykinson, Madrid, 2021, pp. 611- 631.

Miranda, M. J., Bentham en España, en Foucault, M y Miranda, M. J., *Jeremias Bentham. El Panóptico,* Ediciones la Piqueta, Madrid, 1979, p. 141.

Morrison, W., *Criminología, civilización y nuevo orden mundial,* Anthropos, Barcelona, 2012.

Muñiz Oller, M. B., «Seguridad urbana y control social: riesgo y criminología actuarial», en *Derecho y Ciencias Sociales*, núm., 21, mayo-octubre 2019, pp. 145-165.

Palacios Pámanes, G. S., *Criminología Contemporánea: introducción a sus fundamentos teóricos*, INACIPE, México, 2012.

Reyes Mate, M., «Teoría crítica: La "Escuela de Frankfurt". Walter Benjamin: Tesis sobre el concepto de historia», *Filosofía del mal y memoria*, 2012.

Ríos Patio, G., «Archivos de Criminología, Seguridad Privada y Criminalística», en *Archivos de Criminología, Seguridad Privada y Criminalística,* Vol., 2016, agosto-septiembre 2016, pp. 75-105.

Rivera Beiras, I., «La memoria: categoría epistemológica para el abordaje de la historia y las ciencias penales», en *Revista de Derecho Penal y Criminología,* núm. 3, 2011, pp. 33-43.

Sande, F. J., «Recorrido sobre las rupturas epistemológicas en la cuestión criminal y escenario(s) presente(s)», en *Revista Anales de la Facultad de Ciencias Jurídicas y Sociales, Universidad Nacional de La Plata,* núm., 48, 2018, pp. 677-694.

Silva Esquinas, A., y **Pérez Suárez, J. R.**, *Criminología de frontera: una propuesta crítica a la Criminología española,* Eolas, España, 2020.

SOLARI-MERLO., M. N., «Aprendizaje basado en problemas en el ámbito universitario. Propuesta para el Grado en Criminología y Seguridad de la Universidad de Cádiz», en obra colectiva VV. AA., *Innovación en la docencia e investigación de las ciencias jurídicas, económicas y empresariales,* Vol., I Experiencias de innovación en la docencia del Derecho, Dykinson, Madrid, 2021, pp. 632-650.

TAYLOR, I., WALTON, P y **YOUNG, J.**, *Criminología crítica,* Siglo XXI, Madrid, 1981.

— *La nueva criminología: contribución a una teoría social de la conducta desviada,* Amorrortu Editores, Buenos Aires, 1975.

VV. AA., «Estudio Preliminar», en MORRISON, W., *Criminología, civilización y nuevo orden mundial,* Anthropos, Barcelona, 2012, p. XXVII.

ZAFFARONI, E. R., *La cuestión criminal*, Planeta, Buenos Aires, 2012.

11.

LA SIMULACIÓN DE JUICIOS A TRAVÉS DE MEDIOS TELEMÁTICOS

Alberto Manuel Santos Martínez

Magistrado – Profesor colaborador de la UI1

albertom.santos@ui1.es

SUMARIO: 11.1. Introducción. 11.2. La generalización del uso de medios electrónicos y telemáticos en el proceso. 11.3. Las simulaciones de juicios a través de medios telemáticos. 11.3.1. La metodología activa/activa o doble positivo. 11.3.2. Fases de la simulación. 11.4. Conclusiones. 11.5. Bibliografía

RESUMEN: A través de la presente comunicación se analiza y propone una metodología para el desarrollo de la simulación de juicios a través de medios telemáticos en el ámbito universitario. Las últimas reformas legales en materia procesal —en particular, la operada por el Real Decreto-ley 6/2023, de 19 de diciembre— han reforzado, mediante su generalización y preferencia, el uso de los medios electrónicos y telemáticos en el desarrollo del proceso, incluyendo las vistas y los juicios orales. En este sentido, frente a las universidades presenciales, la universidad *online* ofrece en la actualidad notables ventajas en la simulación de juicios a través de medios telemáticos; y ello porque, por su propia concepción y funcionamiento, permite realizar una simulación acorde a las previsiones legales de las normas procesales, facilitando al estudiante una preparación práctica similar a la realidad que se va a encontrar en el ejercicio del Derecho. Por otro lado, es un mecanismo idóneo para estimular la participación del estudiante. Asimismo, ofrece al docente elementos de valoración tanto de la forma escrita como del conocimiento y exposición técnica del Derecho. Por ello, se apuesta por una metodología que, a través de diferentes fases, exija en el desarrollo de las simulaciones una actitud positiva y activa tanto a los estudiantes como al docente, estimulando la participación e implicación en el éxito de la actividad.

PALABRAS CLAVE: Simulación; Juicio; Medio telemático; Universidad online.

11.1. Introducción

La formación del estudiante de Derecho durante el desarrollo del Grado exige la asunción de habilidades que, en buena medida, le doten de herramientas para el ejercicio práctico de profesiones jurídicas. Esta formación práctica debe pasar necesariamente por la simulación de casos mediante el planteamiento de supuestos complejos que demanden del estudiante análisis previo, preparación y esfuerzo argumentativo, y, por otro lado, permitan al docente valorar la madurez jurídica y capacidad resolutiva de aquel.

En general, esta simulación puede hacerse mediante la exposición de un supuesto de hecho práctico y, a continuación, el planteamiento de cuestiones que precisen respuestas jurídicamente fundamentadas. Pero la simulación que puede resultar más atractiva al estudiante es la de un acto de juicio, generando así el espacio y las situaciones a las que se puede enfrentar en el ejercicio práctico del Derecho y, en concreto, de la Abogacía. En este tipo de simulaciones se recrea el entorno de una sala de vistas de un juzgado donde los estudiantes asumen los diferentes *roles* de los operadores jurídicos —juez, fiscal, abogados...— así como de partes y, en su caso, testigos o peritos. Con carácter previo, y una vez definidas las funciones de cada estudiante, estos prepararán documentalmente, para su posterior entrega al docente, los escritos de parte (demanda, contestación), las pruebas y demás resoluciones que procedan. En el acto de vista oral deberán acreditar una buena capacidad expositiva y, en definitiva, el respeto a la formalidad del acto.

Tradicionalmente, en la Universidad *online* venía objetándose la dificultad práctica que suponía sincronizar a diferentes participantes en una simulación que necesariamente debe realizarse a través de las nuevas tecnologías, alejándola así de aquello que el estudiante podía encontrase en la realidad profesional. Sin embargo, la reforma de las normas procesales operada por el Real Decreto-ley 6/2023, de 19 de diciembre, ha generalizado, con vocación de preferencia, el uso de los medios electrónicos y telemáticos en el desarrollo del proceso, incluyendo las vistas y juicios orales.

Esta es la realidad práctica que se va a encontrar el estudiante de Derecho en el futuro inmediato y la Universidad *online*, desde luego, está en disposición de ofrecer una simulación semejante a la presencia telemática de los actos procesales prevista de *lege data*. En consecuencia, lo que hasta ahora podría suponer una objeción —simulaciones no presenciales a través de instrumentos tecnológicos—, se ha convertido en una ventaja.

En la presente comunicación se examina la simulación de juicios a través de medios telemáticos como mecanismo idóneo para estimular la participación del estudiante de Derecho. Y ello porque se le ofrece una preparación práctica de la realidad que se va a encontrar en el ejercicio del Derecho. Es además una simulación acorde a las previsiones legales de las normas procesales. Por otro lado, ofrece al docente elementos de valoración tanto de la forma escrita como del conocimiento y exposición técnica del Derecho.

Finalmente, se propone una metodología de trabajo que apuesta por la implicación de los estudiantes y del docente. Este método —denominado *activo/activo* o *doble positivo*— supera la tradicional concepción del estudiante pasivo y convierte a este en un elemento activo, donde su iniciativa y participación deviene esencial para el desarrollo de la simulación y la asunción de competencias prácticas. Y ello de la mano del docente, quien no actúa como mero evaluador, sino que asume una función positiva en el discurrir del ejercicio práctico.

11.2. La generalización del uso de medios electrónicos y telemáticos en el proceso

La promulgación del Real Decreto-ley 6/2023, de 19 de diciembre, *por el que se aprueban medidas urgentes para la ejecución del Plan de Recuperación, Transformación y Resiliencia en materia de servicio público de justicia, función pública, régimen local y mecenazgo*, ha comportado, entre otras cuestiones, la modificación de las normas procesales con el objeto de generalizar el uso de los medios electrónicos y telemáticos en el desarrollo del proceso. Esta generalización no solo afecta al sistema de notificación y traslado de las resoluciones judiciales, sino que se ha extendido, con vocación de preferencia, al desarrollo de las comparecencias, vistas y juicios orales.

La Exposición de Motivos de la citada norma establece que el derecho a la tutela judicial efectiva (art. 24 CE) no puede quedar al margen de la realidad ni desconectado del progresivo avance y uso generalizado de las *nuevas* tecnologías. En este sentido, la consolidación social de las tecnologías de la información y la comunicación, la evolución cultural ciudadana que ha supuesto —y supone— el reto de la digitalización y, en fin, la utilidad de los instrumentos y herramientas de naturaleza tecnológica en relación con una mejor y más eficiente gestión de los recursos públicos, no pueden quedar al margen del marco de la Administración de Justicia. En este sentido, el legislador ha considerado ineludible delimitar y potenciar el uso del entorno digital en el ámbito de la justicia a fin de favorecer el uso de los instrumentos tecnológicos y, en definitiva, un ejercicio más eficiente de la potestad jurisdiccional.

El uso de los medios telemáticos y tecnológicos en el ámbito de la Administración de Justicia no es, sin embargo, cuestión novedosa. De hecho, la reforma de la LOPJ operada por la Ley Orgánica 13/2003, de 24 de octubre, *de reforma de la Ley de Enjuiciamiento Criminal en materia de prisión provi-*

sional, añadió un apartado tercero al art. 229 LOPJ, posibilitando la práctica de actuaciones judiciales a través de videoconferencia o de cualquier otro medio similar que permitiera la comunicación bidireccional en tiempo real[1]. No obstante, el uso a la videoconferencia —muy extendido en la celebración de todo tipo de comparecencias y actuaciones judiciales— se condicionaba a la decisión judicial y a garantizar, en todo caso, la contradicción de las partes y la salvaguarda del derecho de defensa. Sin perjuicio de ello, durante los últimos años, el uso de instrumentos tecnológicos en la Administración de Justicia y el desarrollo de actuaciones judiciales en entornos digitales se ha venido generalizando y normalizando, gozando de buena acogida y aceptación[2].

Probablemente, el punto de inflexión en esta materia se produce con la promulgación de la Ley 18/2011, de 5 de julio, *reguladora del uso de las tecnologías de la información y la comunicación en la Administración de Justicia*. A través de esta ley se establece el marco tecnológico propio de la Administración de Justicia, discurriendo de la clásica tramitación en papel hacia el denominado *expediente judicial electrónico*, más sencillo de consultar y almacenar, así como al uso de los medios electrónicos para la práctica de actos de comunicación.

Con posterioridad se han venido sucediendo distintas reformas legales con el fin de implantar aplicaciones tecnológicas[3]. En el concreto ámbito judicial, la Ley 42/2015, de 5 de octubre, *de reforma de la Ley 1/2000, de 7 de enero, de Enjuiciamiento Civil*, introdujo las subastas judiciales electrónicas y la obligatoriedad general de comunicación con la Administración de Justicia por medios electrónicos.

Con motivo de la crisis sanitaria sufrida durante el año 2020 como consecuencia del COVID-19, se publicó la Ley 3/2020, de 18 de septiembre, *de medidas procesales y organizativas para hacer frente al COVID-19 en el ámbito de la Administración de Justicia*, que vino a suponer, en la práctica, una aceleración de la adecuación tecnológica en la Administración de Justicia. Probablemente, una de las medidas de mayor calado fue la celebración de vistas y actos procesales mediante presencia telemática; lejos de ser una práctica

1 Con anterioridad a la citada reforma, no eran pocas las experiencias desarrolladas por los Juzgados en la utilización de la videoconferencia para la práctica de diligencias judiciales. Al respecto, el Tribunal Supremo destacó la utilidad de la videoconferencia considerando que los resultados de su uso eran equiparables a la práctica de una comparecencia física (STS n.º 372/2005, de 17 de marzo). Por otro lado, tanto la LEC (art. 520.2 c) como la Lecrim. (art. 306) venían haciendo referencia y posibilitando el uso de la videoconferencia y otros instrumentos telemáticos.

2 *Cfr.* García Sanz, J. y González Guimaraes-Da Silva, J., «Las "vistas telemáticas" en el proceso civil español: visión comparada, regulación y cuestiones prácticas que suscita su celebración (1)», *Diario la Ley*, núm. 9659, 23 de junio de 2020, edición digital.

3 A modo de ejemplo, la Ley 39/2015, de 1 de octubre, *del Procedimiento Administrativo Común de las Administraciones Públicas*, y la Ley 40/2015, de 1 de octubre, *de Régimen Jurídico del Sector Público*.

exclusiva como consecuencia de las limitaciones de movilidad provocadas por la situación pandémica, se han convertido en medios de uso cotidiano y regular en los juzgados y tribunales[4].

A través del Real Decreto-ley 6/2023, de 19 de diciembre, el legislador, consciente de la necesidad de adaptar la Administración de Justicia a la nueva realidad tecnológica, apuesta por la digitalización en aras a mejorar la eficiencia del sistema mediante la creación de un marco legal donde el entorno digital y el uso de instrumentos tecnológicos gocen de preferencia y habitualidad. La tecnología debe servir, por supuesto, como mecanismo de interacción más ágil, pero poniéndose al servicio de la potestad jurisdiccional, debiendo adaptarse a dicha función y respetando los derechos y garantías procesales.

A fin de garantizar, no solo la inmediación judicial en las actuaciones telemáticas, sino también los plenos efectos procesales de estas, el Real Decreto-Ley 6/2023, de 19 de diciembre, ha modificado las diferentes leyes procesales con el objeto de armonizar su regulación en el contexto de la tramitación digital, estableciendo además reglas de preferencia para la realización de actos procesales mediante presencia telemática. En este sentido y como regla general[5], la citada norma, en su art. 7 establece el uso obligatorio de medios e instrumentos electrónicos por parte de la Administración de Justicia.

Más concretamente, las modificaciones operadas en las normas procesales inciden en esta idea. Y así, el art. 129 bis LEC dispone que *los actos de juicio, vistas, audiencias, comparecencias, declaraciones y, en general, todos los actos procesales, se realizarán preferentemente mediante presencia telemática, siempre que las oficinas judiciales tengan a su disposición los medios técnicos necesarios para ello*. El art. 137 bis LEC prevé de forma expresa la realización de actuaciones judiciales mediante el sistema de videoconferencia, estableciendo reglas relativas los aspectos formales y de documentación del acto, así como en relación con el lugar desde el que los profesionales,

---

4 Y lejos de tratarse de una cuestión provisional y transitoria, la adaptación del proceso judicial a los entornos digitales es vista como una evolución natural que, de forma inevitable, conducirá a un uso generalizado de los entornos virtuales en buena parte de los ámbitos sociales y profesionales, donde la justicia no puede quedar excluida (*cfr.* Magro Servet, V., «Hacia el uso habitual de la videoconferencia en las vistas judiciales. Aprovechando las enseñanzas del coronavirus», *Diario la Ley*, n.º 9646, 19 de mayo de 2020, edición digital).

5 Dije en su momento que *«hasta que no se proyecte —y promulgue— una reforma legal de las normas procesales que tenga como objeto la configuración de un proceso telemático, se producirá la coexistencia de sistemas híbridos o un uso parcial de los soportes tecnológicos»*, Cruz Palmera, R. (dir.), *El futuro de la Abogacía ante la transformación digital y las necesidades de la era postcovid*, Dykinson, Madrid, 2022, p. 91. Pues bien, antes incluso de lo que había previsto, se ha producido la confección del marco jurídico apropiado que debe permitir este uso generalizado de los instrumentos telemáticos en el desarrollo de las comparecencias y actos de juicio, convirtiendo en residual la modalidad presencial.

las partes, peritos y testigos puedan intervenir. El uso de la videoconferencia se generaliza también para la práctica de declaraciones domiciliarias de testigos, y para la ratificación e intervención de peritos que residan fuera de la demarcación del órgano judicial

Por su parte, el art. 258 bis Lecrim., relativo a la celebración de actos procesales mediante presencia telemática, prevé que los actos de juicio, vistas, audiencias, comparecencias, declaraciones y, en general, todas las actuaciones procesales, se realizarán preferentemente[6] mediante presencia telemática.

La Ley de Jurisdicción Contencioso-Administrativa se remite en relación con las comparecencias, vistas y actos de juicio al contenido de la LEC (apartados 3 y 4 del art. 63 LJCA), permitiendo la práctica de actuaciones judiciales a través de medios electrónicos (art. 77.4 LJCA). En sentido parecido, el art. 89 de la Ley 36/2011, de 10 de octubre, *reguladora de la jurisdicción social*.

Analizado el contenido de las citadas disposiciones legales, la consecuencia es evidente: las normas procesales han establecido el marco para que las actuaciones judiciales —actos de juicio y vistas incluidas— se desarrollen, con vocación de generalidad y preferencia, a través de medios tecnológicos, superando la tradicional concepción del acto de juicio como acto exclusivamente presencial y desarrollado en la sede judicial y con la presencia física de todos sus intervinientes.

Como ocurre con las universidades *online*, la presencialidad se ha visto desplazada por la interacción virtual en tiempo real a través de la conectividad digital desde diferentes ubicaciones físicas. Y es aquí donde, en mi opinión, la universidad *online* o digital ofrece un marco de interacción semejante al establecido normativamente para el proceso judicial y donde las simulaciones de juicios permiten el desarrollo práctico del entorno que, en el futuro, el estudiante se va a encontrar cuando ejerza profesionalmente.

---

6 Condicionado, no obstante, a que las oficinas judiciales o fiscales tengan a su disposición los medios técnicos necesarios para ello, y salvo que el juez o tribunal, atendidas las circunstancias, disponga otra cosa. Sin perjuicio de ello, será necesaria la presencia física del acusado en la sede del órgano judicial de enjuiciamiento en los juicios por delito grave y juicios de Tribunal de Jurado y cuando, por delito menos grave, la pena exceda de dos años de prisión o, si fuera de distinta naturaleza, cuando su duración exceda de seis años. En el resto de los juicios, cuando el acusado comparezca, lo hará físicamente ante la sede del órgano de enjuiciamiento si así lo solicita él o su abogado, o si el órgano judicial lo estima necesario. También, y en todo caso, cuando el acusado resida en la misma demarcación del órgano judicial que conozca o deba conocer de la causa. Igualmente, si el acusado comparece físicamente, también tendrá que hacerlo su abogado.

11.3. Las simulaciones de juicios a través de medios telemáticos

En general, la formación práctica del estudiante de Derecho suele reservarse al periodo final de su formación universitaria mediante el desarrollo de prácticas externas en despachos profesionales u organismos e instituciones que guardan vinculación directa con el ámbito jurídico. Pero, antes de esta experiencia externa, la formación del estudiante debe combinar el estudio teórico —mediante el examen autónomo del temario y de los textos legales, junto con las clases magistrales— con la adquisición de competencias y capacidades de carácter eminentemente práctico. Estas competencias suelen trabajarse, entre otras, sobre la base del análisis de supuestos de casos prácticos de cierta complejidad —mediante el planteamiento de cuestiones que precisen respuestas jurídicamente fundamentadas—, la participación en foros académicos, el examen de jurisprudencia y la simulación de actos de juicio. Esta última actividad suele generar un alto grado de aceptación por parte del estudiante.

Al margen del esfuerzo de preparación y argumentativo que la simulación supone para el estudiante, así como los *inputs* valorativos que este ejercicio aporta para el docente, la simulación de un acto de juicio es de por sí atractiva para los estudiantes, pues con ella se genera el espacio y las situaciones similares a las que se pueden enfrentar en el ejercicio práctico del Derecho y, en concreto, de la Abogacía. En este tipo de ejercicio, el docente procura recrear el entorno de una sala de vistas de un juzgado, asumiendo los estudiantes la posición de los diferentes operadores jurídicos —juez, fiscal, abogados...— así como de partes y, en su caso, testigos o peritos, que pueden intervenir en un juicio. La experiencia demuestra que el grado de implicación —e incluso de entusiasmo— de los estudiantes en las simulaciones de juicios es elevado y los resultados positivos.

Tradicionalmente, la simulación de juicios parecía cuestión vedada a las universidades *online*. Por razones obvias, al no existir, en principio, un espacio físico común que permitiera coincidir a los estudiantes y al docente, se había considerado que su ejecución no resultaba viable y, por consiguiente, no se acostumbraba a hacer uso de tan valiosa herramienta formativa. Precisamente, lo que se pretendía con la simulación de un juicio era recrear la realidad práctica de vistas y comparecencias judiciales. Sin embargo, la realidad que se iba a encontrar el estudiante cuando, en su momento, ejerciera la profesión no era la que le podía ofrecer la universidad *online*. Al menos, hasta ahora. El marco consolidado por el legislador, donde la celebración telemática del acto procesal es la preferencia, ha convertido lo que antes era un impedimento, en una clara ventaja. La universidad *online* está en disposición de ofrecer al estudiante de Derecho una simulación de los actos de juicio y comparecencias acorde con las disposiciones de las normas procesales. Por consiguiente, siendo viable la simulación de juicios a través de medios telemáticos, el docente debe proponer esta interesante actividad práctica recreando para ello el espacio digital donde poder llevarla a cabo.

11.3.1. La metodología activa/activa o doble positivo

A continuación, se procede a proponer una metodología de trabajo para el desarrollo de la simulación de juicios a través de entornos virtuales. Se trata de una metodología con la que el autor de esta ponencia está familiarizado[7] y que, de hecho, ya ha venido siendo usada como método docente en universidades *online*, si bien, hasta el momento, para la dirección de Trabajos Finales de Grado y Trabajos Finales de Máster en entornos digitales. Sin embargo, no se observa la existencia de obstáculos que impidan el uso de esta metodología para la simulación de un juicio pues, de hecho, el tránsito hacia una formación más activa y participativa por parte del estudiante se consolida tanto con la elaboración de los TFG y TFM como a través de las simulaciones prácticas.

La metodología propuesta recibe la denominación de método *activo/activo* o *doble positivo*. Este método se caracteriza por realizar una distribución equitativa de las funciones a desarrollar para la correcta preparación y ejecución de la simulación, de manera que tanto los estudiantes como el docente interactúan de forma proactiva, cediéndoles a ambos capacidad de iniciativa y de organización. Para poder obtener el máximo aprovechamiento de la simulación de juicios, el estudiante debe superar el papel pasivo que, en general, asume en su formación —en la que actúa como receptor de los conocimientos teóricos que se le trasladan y, en las prácticas, su función consiste en dar respuesta a las propuestas de trabajo (ejercicios predispuestos) que se le facilitan— para adoptar un papel activo y, llegado el caso, creativo. Cambiar esta dinámica no es sencillo toda vez que, durante el Grado, en buena medida, el estudiante ha focalizado su actividad a solucionar los casos prácticos y ejercicios que se le han venido proponiendo con el objeto de proceder a su entrega cumpliendo con el calendario de actividades. Sin embargo, ahora se le va a solicitar la toma de decisiones y la gestión, aunque sea parcial, del desarrollo de la actividad.

En la simulación de juicios, la actuación positiva del estudiante se concentra, como mínimo, en varios aspectos: i) la elección del papel o función que quiera asumir en la simulación[8]; ii) la posibilidad de ofrecer al

---

7 *Vid.* SANTOS MARTÍNEZ, A. M., «Dirección de TFG y TFM a través de las TIC: La planificación del análisis reflexivo y crítico», en DELGADO GARCÍA, A. M.ª y BELTRÁN DE HEREDIA RUIZ, I. (coord.), *Las TIC y las buenas prácticas en la docencia del Derecho*, Huygens, Barcelona, 2017, págs. 57-66.

8 Precisamente una de las ventajas de la simulación de juicios es la concurrencia de diferentes actores con funciones muy definidas (es evidente, que, en la simulación de un

docente aspectos o factores que expresamente no se recogen en el supuesto práctico; iii) la investigación de las características propias, competencias y labor desarrollada por el rol o función por la que ha optado; iv) la investigación y anticipación a los argumentos y posiciones del resto de estudiantes que intervienen en la simulación; y v) la preparación de la *actuación*, esencialmente desde el plano de la oralidad, asumiendo la liturgia, lenguaje y dinámica propia de los actos judiciales. Esta última cuestión puede actuar de estímulo para que el estudiante asista, mediante visitas a sedes de juzgados y tribunales, a actos judiciales —ya sea en su modalidad presencial o bien digital (conviene no olvidar que los actos de juicio son, en principio, en audiencia pública)— con el fin de *empaparse* de la manera de desenvolverse y actuar por parte de los operadores jurídicos. No es tampoco mala idea que el estudiante, movido por esta actitud proactiva, se dirija de forma personal a abogados, fiscales o jueces a fin de interesarse por aquellos aspectos más relevantes de sus funciones en las vistas y comparecencias judiciales.

Por su parte, el docente debe asumir también un papel activo, mostrando la máxima implicación en el éxito formativo de la simulación. Sin ánimo de exhaustividad, le corresponde al docente: i) preparar la propuesta del caso o supuesto práctico sobre el que versará la simulación; ii) crear el entorno virtual sobre el que se desarrollará la simulación; iii) colaborar, cuando proceda, con un equilibrado reparto de las tareas y funciones asumidas por los estudiantes, pudiendo aclarar las consecuencias y aspectos a tener en cuenta con la asunción de determinado papel; iv) facilitar información, fuentes y recursos a los estudiantes; v) estimular que estos puedan hacer sugerencias y propuestas, solventando las dudas que se susciten; vi) dirigir el *debate* (esto es, la simulación del acto); y vii) naturalmente, la evaluación de los estudiantes.

En definitiva, el método *activo/activo* prescinde de la visión clásica —todavía fuertemente arraigada en la universidad presencial— *docente activo/estudiante pasivo*, para apostar por una fórmula donde tanto los estudiantes como el profesor sean activos, positivos y participativos en aras a la obtención del máximo beneficio de la experiencia y a la consecución de las competencias y los resultados pretendidos con la simulación de juicios.

juicio por delito, la actuación y los argumentos del Ministerio Fiscal y del abogado de la defensa no van a coincidir, siendo asimismo diferente la función que ejerza quien asuma la posición del juez). A diferencia de un caso práctico genérico —donde las soluciones a las preguntas suelen discurrir en un sentido determinado— en la simulación encontramos posturas antagónicas e intereses contrapuestos, lo cual comporta que la *propuesta de solución* del caso pueda diferir en función del papel que el estudiante ha escogido.

11.3.2. Fases de la simulación

En el esquema que se propone, la simulación de juicios se divide en cuatro fases: fase previa, fase de preparación, fase de ejecución y fase de evaluación.

1) **Fase previa**

- *Presentación del caso*. En esta fase, el docente expone el caso práctico que deberá ser preparado por los estudiantes. Existe la tendencia a proponer casos de complejidad excesiva, planteando cuestiones más propias de un *laboratorio jurídico* y ello con la finalidad de que puedan analizarse múltiples instituciones y problemas jurídicos (muchos de los cuales la mayor parte de los estudiantes, una vez ejerzan profesionalmente, no se va a encontrar). Si lo que pretendemos con la simulación es que en un mismo juicio se susciten todos los problemas sustantivos y procesales posibles, quizá nos hemos equivocado de actividad. Por consiguiente, es preferible apostar por casos reales, los que asiduamente se producen en la práctica forense. No se trata de mostrar cuán complejo puede ser el proceso, sino de preparar al estudiante para lo que se va a encontrar en la realidad. Es decir, familiarizar al estudiante con la dinámica práctica de los juicios y las comparecencias, dejando a un lado la excelencia y la profundidad de conocimiento de determinadas instituciones jurídicas, lo cual tampoco implica, desde luego, que se haga una simulación sin rigor alguno. Al respecto, puede ser de utilidad que el docente solicite, vía organismo competente, que se faciliten expedientes sobre casos reales —omitiendo cualquier identificación a fin de no conculcar la normativa en materia de protección de datos— para trabajar sobre estos. Si bien corresponde al docente la propuesta del caso práctico que debe prepararse, es conveniente que se dote de libertad a los estudiantes a fin de que estos puedan proponer aspectos sustantivos y procesales concretos.
- *Asignación de funciones*. Si bien llegados a este punto de la formación del estudiante, este debería ser sobrado conocedor de los diferentes operadores jurídicos que pueden intervenir en un acto de juicio, el docente, de forma resumida, puede exponer los diferentes papeles o funciones entre las que pueden escoger los estudiantes. Es recomendable que estos gocen de libertad para elegir aquella función con la que puedan sentirse más cómodos. Una buena solución es proponer diferentes supuestos prácticos para que los estudiantes puedan *repartirse* posiciones antagónicas en los distintos supuestos. Es enriquecedor que un estudiante pueda en una de las simulaciones asumir, por ejemplo, el papel del Ministerio Fiscal y, en otra, el de abogado de la defensa o, si se trata de una simulación de un juicio civil, en una de ellas, actuar como demandado y, en la otra, como

demandante. De esta manera, no solo será capaz de entender con mayor claridad las funciones que ejercen el resto de los intervinientes, sino que el propio estudiante tendrá que adecuar la preparación y estudio de los supuestos prácticos en función de su posición en la simulación. Se debe confiar en la madurez de los estudiantes y, solo en casos extremos, asignar directamente la función a realizar por cada uno de ellos.

- *Debate.* Presentado el caso y realizadas las asignaciones, se abre un debate entre los estudiantes y el docente para que, tras una valoración general, estos puedan plantear dudas y sugerencias en relación tanto con los elementos de la propuesta de caso práctico como con cuestiones relativas al desarrollo técnico de la simulación, pudiendo además realizarse valoraciones a título particular sobre instituciones analizadas o funciones concretas.

Es recomendable que la fase previa se desarrolle mediante reunión telemática entre el docente y los estudiantes. De esta manera se posibilita una interactuación ágil, pudiendo hacerse las modificaciones oportunas y aclarar las dudas que, en un primer momento, suscita a los estudiantes la realización de una actividad novedosa. Se evita así tener que ofrecer explicaciones individualizadas y reiterar la respuesta a dudas que vienen siendo compartidas por la mayoría de los estudiantes, pudiendo el docente constatar que estos han entendido el objeto del ejercicio y cómo va a discurrir a partir de ese momento.

2) Fase de preparación

Es la fase que exige del estudiante un trabajo individual de documentación, estudio y preparación, sin perjuicio de poder consultar al docente —en las universidades *online*, normalmente se hace a través del correo electrónico o tutorías individualizadas— aquellas cuestiones que le puedan ir surgiendo.

- *Estudio de la función o papel.* Asignada la función o representación en la simulación, el estudiante debe conocer qué papel desarrolla el profesional en el juicio. Por un lado, tiene que conocer la normativa legal o estatutaria que afecta al profesional en cuestión, cuáles son sus funciones más notables en el proceso y cómo las ejerce. A este conocimiento genérico, se le une otro más preciso: saber qué papel específico va a desarrollar en la simulación, a fin de adaptar las funciones al caso práctico. Este estudio es híbrido, de manera que puede combinar el examen normativo o doctrinal de la figura con el visionado de juicios o la asistencia a actos judiciales para conocer de primera mano cómo actúa el profesional cuyo papel asume en la simulación.
- *Preparación documental.* El estudiante redacta los escritos de parte (demanda, contestación, querella...), prepara las pruebas a practicar en la simulación (puede auxiliarse de otros estudiantes para que estos

actúen como testigos o peritos) y otros escritos y resoluciones que procedan. Con la redacción y preparación de documentos el estudiante se familiariza con la estructura y lenguaje de los escritos procesales, pudiendo hacer uso de formularios y otras herramientas que le auxilien en la confección de los escritos.

- *Ensayo*. Preparar la simulación implica también realizar algún pequeño simulacro de la actuación. No es conveniente dejar nada a la improvisación y menos cuando el ejercicio exige realizar una exposición oral frente a terceros que, además, va a ser objeto de evaluación. Por consiguiente, es recomendable que el estudiante, junto con otros compañeros e incluso de forma individual, ensaye previamente lo que va a decir en la simulación. Es una buena forma de autoevaluarse y ganar seguridad en la exposición verbal, a fin de corregir las deficiencias u omisiones que pueda detectar. Al respecto, la mayoría de los dispositivos electrónicos cuentan con herramientas de grabación, por lo que grabar este ensayo para luego visionarlo puede ayudar al estudiante a perfeccionar su exposición con el objeto de que esta, al margen de ser comprensible para los demás intervinientes, se adecúe a lo que se espera de él en la simulación.

3) Fase de ejecución

Es la fase en la que se realiza la simulación del juicio.

El entorno —*la sala de vistas virtual*— deberá haber sido creado previamente por el docente a través de las diferentes posibilidades que, en general, ofrecen las plataformas digitales de las universidades *online*. En este sentido, la opción que permite la creación de tutorías, reuniones virtuales o *webinars*, puede ser apta para generar el entorno de la simulación toda vez que garantiza su accesibilidad, la presencia y la participación en tiempo real de diferentes sujetos, previo acceso mediante enlace que se habrá facilitado con anterioridad.

El docente puede optar por asumir únicamente el papel de moderador —limitándose a hacer la presentación del ejercicio, ceder la palabra a los estudiantes y garantizar que se respeten los turnos de intervención— o bien tener una función más activa y participativa, asumiendo la función de juez dirigiendo el debate y, por consiguiente, la simulación. Pero conviene no olvidar que los estudiantes son los verdaderos protagonistas de la fase de ejecución y, por consiguiente, son ellos los que, sin perjuicio de la dirección —y auxilio— del ejercicio por parte del docente, deben dar dinamismo a la simulación, interpretando la función que les ha sido asignada e interviniendo cuando proceda, todo ello como si de un auténtico juicio se tratara.

4) Fase de evaluación

La valoración del ejercicio siempre debe ser constructiva. Una vez finalizada la simulación, se abre un debate activo donde se valora esencialmente la capacidad expositiva del estudiante, la adecuación de su intervención a la función que ha elegido o se le ha asignado y, en última instancia, el respeto a los aspectos formales del acto. Sin perjuicio del resultado numérico que, en su caso, proceda para este ejercicio, la valoración realizada por el docente debe sustentarse en señalar los aspectos positivos de la actividad desarrollada por el estudiante, así como aquellas cuestiones donde se han detectado deficiencias con el ánimo de que el profesor pueda hacer sugerencias en aras a una constante mejora[9]. Al ser una valoración oral y en presencia de otros estudiantes, siempre será preferible una sugerencia o recomendación antes que un reproche.

Una técnica que puede resultar útil consiste, previa aceptación de los intervinientes, en grabar la simulación y, una vez finalizada, visionar la grabación en presencia de los estudiantes y el docente. Con este visionado, el estudiante podrá detectar sus aciertos y deficiencias, posibilitando así que el docente pueda comentar estas cuestiones e indicarlas al estudiante para que este pueda hacer un aprendizaje autocrítico.

La evaluación final del ejercicio debe reservarse para un momento posterior, pudiendo hacerse de forma escrita e individualizada. El docente valorará el ejercicio escrito —el redactado de escritos procesales, básicamente— y la exposición oral del estudiante en la simulación, teniendo en cuenta la adecuación a la función asignada, la calidad expositiva, el uso acertado del lenguaje jurídico y la capacidad para ofrecer soluciones a los problemas sustantivos o procesales que se susciten durante la actividad práctica.

11.4. Conclusiones

PRIMERA. - La simulación de juicios a través de medios telemáticos es un mecanismo idóneo para la formación práctica del estudiante de Derecho y también para estimular su participación en entornos virtuales. Y ello porque se le ofrece una preparación práctica similar a la realidad que, en general, se va a encontrar en el ejercicio de profesiones jurídicas.

SEGUNDA. - Es además una simulación acorde a las previsiones contenidas en las normas procesales ya que, con la promulgación del Real Decreto-ley 6/2023, de 19 de diciembre, el legislador ha generalizado el uso preferente de los medios electrónicos y telemáticos en el desarrollo del proceso, incluyendo las vistas y los juicios orales.

TERCERA. - Frente a la universidad presencial, el uso de medios y entornos virtuales en las universidades *online* ofrece la ventaja de disponer de un espacio digital que permite la realización de simulaciones de juicios acorde con el actual marco establecido por las normas procesales.

9 *Vid.* PHILLIPS, E. M. y PUGH, D. S., *Cómo obtener un doctorado*, Gedisa, Barcelona, 2003, pág. 128.

CUARTA. - El método *activo-activo* o *doble positivo* posibilita el reparto de funciones entre docente y estudiante, permitiendo una mayor interacción e implicación de los sujetos intervinientes en el desarrollo y éxito de la simulación.

QUINTA. - El desarrollo de la simulación de juicios a través de la metodología citada ofrece al docente la posibilidad de contar con elementos de valoración de la labor del estudiante tanto de la forma escrita —con el redactado y presentación de escritos procesales— como del conocimiento y exposición oral de cuestiones jurídicas.

11.5. Bibliografía

Cruz Palmera, R. (dir.), *El futuro de la Abogacía ante la transformación digital y las necesidades de la era postcovid*, Dykinson, Madrid, 2022.

García Sanz, J. y **González Guimaraes-Da Silva, J.**, «Las "vistas telemáticas" en el proceso civil español: visión comparada, regulación y cuestiones prácticas que suscita su celebración (1)», *Diario la Ley*, n.º 9659, 23 de junio de 2020, edición digital.

Magro Servet, V., «Hacia el uso habitual de la videoconferencia en las vistas judiciales. Aprovechando las enseñanzas del coronavirus», *Diario la Ley*, n.º 9646, 19 de mayo de 2020, edición digital.

Phillips, E. M. y **Pugh, D. S.**, *Cómo obtener un doctorado*, Gedisa, Barcelona, 2003.

Santos Martínez, A. M., «Dirección de TFG y TFM a través de las TIC: La planificación del análisis reflexivo y crítico», en Delgado García, A. M.ª y Beltrán De Heredia Ruiz, I. (coord.), *Las TIC y las buenas prácticas en la docencia del Derecho*, Huygens, Barcelona, 2017.

12.

EXPERIENCIAS EN LA GAMIFICACIÓN DE LA ENSEÑANZA EN DERECHO PROCESAL: DE LO ANALÓGICO A LO VIRTUAL

Ana María Vicario Pérez
Contratada postdoctoral FPU – Universidad de Burgos
amvperez@ubu.es

RESUMEN: El objeto de esta contribución es presentar las experiencias de gamificación en el proceso de enseñanza-aprendizaje en el ámbito de las Ciencias Jurídicas, con carácter más concreto, en las asignaturas propias del Área Derecho Procesal en la Universidad de Burgos. Con carácter específico, se ponen de manifiesto las experiencias en las distintas titulaciones donde se ha impartido docencia, así el Grado en Derecho, el Doble Grado en Derecho y ADE y el Doble Grado en Derecho y Ciencias Políticas. Se analizan, en este sentido, las técnicas empleadas tanto desde un punto de vista de la gamificación consistente en la simulación (debate y juicio simulado), como de la integrada por juegos didácticos online, realizados en las aulas o fuera de ellas como actividad voluntaria. Junto con ello, se ponen de manifiesto las ventajas y desventajas de cada una de estas modalidades por cuanto se refiere al aprendizaje del alumnado, así como al incentivo de su participación en el desarrollo de la asignatura. En fin y a modo de conclusión, aportaremos nuestra valoración personal al respecto del recurso a la gamificación como método de enseñanza del Derecho Procesal.

PALABRAS CLAVE: gamificación; debate; juicio simulado; online; Derecho.

12.1. Introducción ¿en qué consiste la *gamificación*?

El concepto de «gamificación» (adaptación española del término inglés *gamification*) puede definirse como la utilización de elementos del juego o el diseño de juegos como método de enseñanza-aprendizaje, en aras de incrementar el compromiso e involucración del estudiantado[1].

Es importante, en este sentido, matizar la diferencia entre «juego» y «jugar» a los efectos que nos ocupan. Y es que, la gamificación supone la traslación de elementos del juego a contextos no jugables, como lo es la impartición de docencia. Así, mientras que el juego «*se encuentra dentro de un círculo separado del mundo real, para intentar meter al sujeto dentro de ese círculo, involucrándole*», jugar «*es libertad, pero dentro de unos límites, y se basa en el hecho de disfrutar de la propia acción, de divertirse*»[2]. Por medio de la gamificación, en consecuencia, se busca no tanto la diversión del alumnado sino la involucración del sujeto en su propio proceso de aprendizaje. Así, se señala que, «*Según la definición clásica, la gamificación es el uso de los elementos y de la mecánica del juego en contextos ajenos al mismo, con el objetivo de orientar el comportamiento de las personas y conseguir determinadas metas, como estimular el interés, incentivar un cambio de comportamiento o transmitir un mensaje o contenido*»[3].

La gamificación tiene por finalidad motivar el aprendizaje autónomo, proporcionando un escenario en el que aplicar los contenidos teóricos para reflexionar sobre los mismos sin que predomine la retención memorística. De esta suerte, se concibe la gamificación del aprendizaje como «*el uso de las mecánicas de juego en entornos ajenos al juego, resultando ser una metodología de aprendizaje que proporciona una gran oportunidad para trabajar aspectos como la motivación, el esfuerzo, la fidelización y la cooperación, entre otros, dentro del ámbito escolar*»[4].

Con base en ello y como ya hemos comentado, tiene lugar una utilización de los elementos básicos del juego, cuáles son las mecánicas, las dinámicas y los componentes. Siguiendo las definiciones que sobre los mismos ofrece

---

1 Deterding, S., Dixon, D., Khaled, R. y Nacke, L., «From game design elements to gamefulness: defining gamification», *Proceedings of the 15th International Academic MindTrek Conference: Envisioning Future Media Environments*, 2011, pp. 9-15.

2 Borras Gené, O., *Fundamentos de la gamificación*, Universidad Politécnica de Madrid, Madrid, 2015, pp. 1-33, esp. p. 4.

3 Carreras, C., «Del homo ludens a la gamificación», *Quaderns de Filosofia*, 2017, núm. 4-1, pp. 107-118, esp. p. 109. También

4 Prieto Andreu, J. M., «Una revisión sistemática sobre gamificación, motivación y aprendizaje en universitarios», *Revista Interuniversitaria*, 2020, núm. 32-1, pp. 73-99, esp. p. 74.

Herranz, las mecánicas se conciben como las «*acciones básicas dirigidas a motivar al usuario*», comprendiéndose en las mismas los retos, la competición, la obtención de recompensas, las transacciones o la cooperación; las dinámicas, como las directrices o los «*aspectos globales a los que un sistema gamificado debe orientarse*», dentro de las cuales puede hablarse de narrativa, normas, restricciones o refuerzo de emociones; y los componentes, como «*las instancias específicas de las dinámicas y las mecánicas*», pudiendo considerarse por tales los logros, lo avatares, los triunfos, los puntos y demás elementos configuradores del juego específico de que se trate[5].

El concepto de gamificación suele entenderse como inherente al uso de las nuevas tecnologías, pero, desde una perspectiva más amplia, el recurso a técnicas de juego no digitalizadas, en lo que en adelante denominaremos «gamificación analógica», presenta también importantes incentivos a la participación del alumnado. Más si cabe en el ámbito de las Ciencias Jurídicas, donde la predominancia de los contenidos teóricos a memorizar exige en el profesorado un esfuerzo por trasladar la materia a supuestos de hecho concretos que promuevan en el estudiante un interés por la aplicación práctica de la asignatura.

Con todo, a lo largo de los apartados que siguen, detallaremos las técnicas de juego utilizadas en nuestra experiencia como docentes en el Área de Derecho Procesal de la Universidad de Burgos, distinguiendo entre aquéllas consistentes en la simulación de escenarios reales y aquéllas en las que se presentan ejercicios para su realización por medios tecnológicos. Junto con ello, señalaremos las principales ventajas y desventajas observadas en cada modelo de gamificación, ofreciendo como conclusión final una valoración en cuanto al rendimiento que proporciona el uso de esta metodología de enseñanza-aprendizaje.

12.2. *Gamificación* analógica

En el presente apartado se analizan las dos modalidades de «gamificación analógica» utilizadas en el Doble Grado en Derecho y Administración y Dirección de Empresas (DADE) y en el Doble Grado en Derecho y Ciencias Políticas (DEPO) de la Universidad de Burgos, en las asignaturas pertenecientes al Área de Derecho Procesal en las que se impartió docencia, cual viene siendo en los últimos cursos académicos la asignatura de Derecho Procesal Civil.

Las prácticas se corresponden con el debate, realizado en DADE, y el juicio simulado, realizado en DEPO. En ambos casos, la actividad representa un

5 Herranz, E. *Gamification*, I Feria Informática – Universidad Carlos III Madrid España, Madrid, 2013, disponible en https://uadedigital.wordpress.com/wp-content/uploads/2014/08/gamification-techfest2013-eduardoherranz-slideshare-130221043508-phpapp02.pdf (última consulta: 12 de junio de 2024).

10 % del total de la evaluación tanto en primera como en segunda convocatoria, de forma tal que se trata de una parte de la nota no recuperable en cuanto que inherente a la evaluación continua.

12.2.1. El debate como actividad educativa

Como primer ejemplo de «gamificación online», la práctica del debate[6] se inserta en esta conceptualización del aprendizaje colaborativo, el cual se define como «*una metodología de enseñanza basada en la creencia de que el aprendizaje se incrementa y mejora cuando los estudiantes desarrollan destrezas cooperativas para aprender, solucionar problemas y realizar actividades significativas*»[7]. Más concretamente, el debate tiene por finalidad la adquisición de dos competencias básicas, cuales son, primero, el estudio de técnicas de argumentación y de retórica, esto es, el desarrollo de la capacidad investigadora; y, segundo, la improvisación, la imaginación y la toma de iniciativa[8].

Al objeto de analizar cuál es la técnica que incentiva cada una de estas competencias, pueden señalarse dos modalidades básicas de debate: i) Debate sobre cuestiones jurídicas, con preparación y definición de posiciones previas; ii) Debate sobre cuestiones de actualidad, sin preparación ni definición de posiciones previas[9].

En la primera modalidad, el debate se caracteriza por centrarse en un tema de actualidad estrechamente vinculado con el temario de la asignatura que haya dado tiempo a impartir durante las horas de docencia teórica hasta el momento de su celebración. En los cursos de docencia impartidos hasta la fecha y que han podido ser objeto de análisis, algunos de los temas elegidos han sido «a favor o en contra de la figura del Tribunal del Jurado en España»; o «a favor o en contra de la digitalización del proceso».

La característica esencial de esta tipología de debate es que, días antes de la práctica, se lleva a cabo un sorteo para definir la postura a defender por

6 Definido como «*cualquier proceso de Intercambio dialéctico entre dos o más partes con el objetivo final del voto favorable o aprobación de un tercero*», SÁNCHEZ, G., «El debate académico en el aula como herramienta didáctica y evaluativa», en *IV Jornadas Internacionales de Innovación Universitaria. Métodos docentes afines al EEES* 2007.

7 ESTEBAN GARCÍA, L. y ORTEGA GUTIÉRREZ, J., «El debate como herramienta de aprendizaje», en *VIII Jornada de Innovación e Investigación Docente 2017*, pp. 48-56, esp. p. 50.

8 *Ibidem* p. 51; RODRÍGUEZ PRIETO, R., «El debate como estrategia de innovación docente. Experiencias en Filosofía del Derecho y Teoría de la Cultura», *Revista UPO Innova*, 2012, núm. 1, pp. 493-503, esp. p. 500; ORIHUELA GALLARDO, F. y SIERRA CASANOVA, C., «Una experiencia de innovación docente: el debate académico en Administración de Empresas», *Revista de Estudios Socioeducativos*, 2020, núm. 8, pp. 64-79, esp. p. 67.

9 VICARIO PÉREZ, A. M., «La práctica del debate en el aula. Modalidades y resultados en el aprendizaje del Derecho procesal», en J. MARTÍNEZ CALVO y M. V. MAYOR DEL HOYO (dirs.), *La comunicación en el aprendizaje jurídico*, Aranzadi, Cizur Menor, 2023, pp. 449-456.

cada alumno. De este modo, la conformación de los dos grupos («a favor» vs. «en contra») no se deja en manos de los participantes, evitándose con ello la integración en base a criterios de afinidad o amistad, así como quejas y problemas derivados de la preferencia personal por una u otra postura.

Con esta modalidad, dos son los objetivos fundamentales. En primer lugar, que los alumnos profundicen en el estudio de un punto concreto del temario, en aras no sólo de preparar su posición, sino de poder responder a las alegaciones del equipo contrario. Ciertamente, el conocimiento previo del tema de debate, correspondiente en el sentido indicado *ut supra* con un punto del temario previamente explicado, permite preparar intervenciones más precisas desde el punto de vista jurídico-procesal. Junto con ello, puede constatarse que el grado de aprendizaje respecto de la figura del Tribunal del Jurado o de las implicaciones de la digitalización del proceso en aspectos como los principios del proceso penal fue superior, tras la realización del debate, al alcanzado en otros cursos anteriores en los que no se desarrolló esta actividad.

En segundo lugar, con esta tipología de debate se pretende fomentar la cooperación y colaboración entre compañeros, habida cuenta de que la previa definición de los dos equipos se lleva a cabo con el propósito de que los integrantes de cada uno de ellos se coordinen en la preparación de los argumentos a defender, realizando un intercambio de impresiones con anterioridad a la celebración de la práctica.

En la segunda modalidad, esto es, el debate sobre cuestiones de actualidad, sin preparación ni definición de posiciones previas, se pretende la práctica de ciertas habilidades oratorias imprescindibles en el ejercicio de cualquier profesión vinculada a la rama de las ciencias jurídicas. Así, a principio de curso se acuerda con el alumnado la fijación de un día para la celebración del debate, pero sin definir el tema del mismo hasta el mismo momento de realización de la práctica. No se permite, en consecuencia, una preparación previa reflexiva por los participantes.

En este sentido y con ánimo de facilitar las intervenciones, se opta siempre por una cuestión de actualidad no estrictamente vinculada con el contenido teórico de la asignatura, como es, a modo de ejemplo, el tema «a favor o en contra de la elección de los miembros del Consejo General del Poder Judicial por los propios miembros de la carrera judicial» (en días previos puede haberse explicado la figura del CGPJ, pero claro está limitándose a referenciar la composición del mismo legalmente prevista, sin ahondar en valoraciones acerca de la conveniencia de uno u otro sistema de elección). De igual modo, en ese mismo momento se establece, mediante sorteo, la postura a ser defendida por cada alumno.

En consecuencia, el objetivo no es tanto profundizar en el aprendizaje de un punto del temario, sino promover la capacidad de improvisación ante un escenario imprevisto, así como la aptitud para contraargumentar con ideas propias, no previamente preparadas.

12.2.2. Juicios simulados

La práctica de los juicios simulados es por excelencia el ejercicio de *role playing* en el ámbito de la enseñanza del Derecho. Como docente de asignaturas de Derecho Procesal, por medio de esta modalidad de gamificación se pone de manifiesto el conocimiento de las distintas figuras que intervienen en el desarrollo de una vista, así como las nociones de índole procesal que son necesarias para el correcto desenvolvimiento en la misma.

No nos referimos en este caso a los juicios simulados que, en la Universidad de Burgos, se desarrollan en el marco del Máster de Acceso a la Abogacía y la Procura, donde se presentan como una prueba obligatoria y evaluable dentro del programa curricular y cuya realización tiene lugar en los Juzgados con jueces, magistrados y profesores asociados del Máster (en su mayoría abogados en ejercicio). Con la gamificación de los juicios simulados que aquí y ahora nos ocupa, nos referimos a las prácticas llevadas a cabo en las propias aulas por los estudiantes de Grado, donde ellos mismos representan las funciones de juez, fiscal, abogado, procurador, partes y demás personal que en cada supuesto deba intervenir en la vista.

Estos juicios guardan estrecha similitud con el debate con preparación previa que hemos analizado en apartados anteriores, en el sentido de que los alumnos conocen el personal de la jurisdicción o externo a la misma que habrán de representar, así como las vicisitudes del litigio que culmina en el desarrollo de la vista. Se trata de un ejercicio ciertamente completo para el conocimiento de la dinámica procesal, toda vez que el mismo no se limita a la celebración del acto del juicio, sino que comienza semanas antes con la preparación de los actos procesales de parte y los consiguientes escritos y resoluciones judiciales. Para ello, el profesor se encargará de proporcionar un supuesto de hecho. Tres son, de esta suerte, los objetivos fundamentales: adopción de un rol concreto en el proceso; profundización en una profesión jurídica; refuerzo del conocimiento de la norma procesal y sustantiva.

Con base en lo anterior, la calificación de los juicios simulados aborda distintos puntos. Así, un primer punto evaluable consistirá en la redacción individual por cada alumno de los escritos de parte (como pudieran ser, en el ámbito del proceso civil, el escrito de demanda y de contestación a la demanda). Un segundo punto consistiría en la contestación, también individual, de distintas preguntas relativas al desarrollo del proceso teniendo en cuenta el litigio concreto que se plantea. Finalmente, y como tercer punto, se evaluará el desempeño del alumnado durante la simulación, tomándose en consideración la terminología jurídico-procesal, la capacidad de comunicación oral, el grado de preparación de la intervención y la corrección de la técnica procesal en el desarrollo de la práctica.

La ejecución eficiente del juicio simulado exige la existencia de un número reducido de estudiantes en la asignatura. Ello permitirá la conformación de tres grupos de alrededor de ocho alumnos, de tal forma que a cada uno se le asigne, respectivamente, la posición de juez y de cada una de las dos partes en el litigio[10]. De ser un número mayor de alumnos, pueden igualmente crearse uno o dos grupos que se encarguen de los roles de fiscalía, peritos, testigos, etc.

Con esta dinámica, la evaluación del juicio simulado constará de una parte de trabajo individual[11], consistente en la presentación de los escritos y en la resolución de las cuestiones procesales; así como de una parte de trabajo colectivo, presente en la preparación por los equipos del rol asignado.

12.2.3. Resultados: ventajas y desventajas

Tomando como referencia las competencias a adquirir por el alumnado de conformidad con la guía docente de la asignatura Derecho Procesal Civil en el Doble Grado DADE y el Doble Grado DEPO, tanto el debate como el juicio simulado se erigen en ejercicios idóneos para la consecución de buena parte de ellas, siendo cada una de las prácticas adecuada para ciertas de estas habilidades.

Así, con respecto a la práctica del debate, la conclusión que puede extraerse es que la modalidad referente a cuestiones jurídicas, con preparación y definición de posiciones previas, promueve en mayor medida la intervención de los alumnos con mayores reticencias o dificultades a hablar en público. Ciertamente, la posibilidad de preparación previa y el hecho de que se trate de un tema abordado en las clases teóricas brinda una mayor confianza y seguridad a la hora de expresar sus argumentos. Predomina así en esta tipología de debate la competencia de «Adquirir la capacidad para el manejo de fuentes jurídicas (legales, jurisprudenciales y doctrinales)», siendo menos destacado el refuerzo de la oralidad y capacidad de comunicación.

---

10 Así también la práctica descrita en ARMENGOT VILLAPLANA, A., «La metodología docente en la simulación de un proceso», en M. TURULL I RUBINAT y E. ALBERTÍ ROVIRA (eds.), *74 experiencias docentes del Grado en Derecho*, Octaedro ICE-UB, Barcelona, 2016, pp. 33-36; y en LÓPEZ PICÓ, R., «La simulación de judicial como técnica de innovación docente en la enseñanza del Derecho Procesal», en C. SÁNCHEZ HERNÁNDEZ (coord.), *Aprendizaje colaborativo y técnicas de simulación*, Tirant lo Blanch, Valencia, 2020, pp. 345-351.

11 Si el profesor imparte la misma asignatura en distintos grupos, es recomendable que los escritos se intercambien entre los mismos, esto es, por ejemplo, que los escritos de demanda de un grupo se trasladen a los alumnos de otro grupo, quienes se encargarán de realizar el escrito de contestación. Como señala LLOPIS NADAL, ello *«contribuirá a dotarla de mayor realismo, pues desde que se cruzan los escritos la relación entre los miembros de los distintos grupos será estrictamente profesional, lo que no impide que se pongan en contacto, p. ej., para llegar a un acuerdo que ponga fin al proceso civil al inicio de la audiencia previa o del juicio»*, LLOPIS NADAL, P. «La simulación de juicios como actividad de innovación docente del Grado en Derecho», *Anuario da Facultade de Dereito da Universidade da Coruña*, 2020, núm. 24, pp. 222-230, esp. p. 226.

Por el contrario, los alumnos con mayores facilidades para expresarse en público destacan en el debate sobre cuestiones de actualidad, sin preparación ni definición de posiciones previas. Al no tratarse de un tema de compleja profundidad jurídica, la competencia de «Desarrollar la oratoria jurídica y la capacidad de expresarse apropiadamente ante un auditorio» se pone en práctica con mayor desenvoltura en los alumnos que, pese a no contar con una preparación y fundamentación estrictamente jurídica que respalde sus argumentos, son menos introvertidos.

Lógica consecuencia de todo lo anterior es que, con respecto al segundo de los indicadores, la calidad jurídica de los contenidos del debate es sobradamente superior en la primera modalidad, la cual se muestra más apropiada para el desarrollo de la competencia «Fomentar un aprendizaje autónomo».

Con respecto al juicio simulado, es en este ejercicio donde se profundiza en mayor medida en la competencia de «Avanzar en la capacidad de comunicación oral y escrita en la lengua nativa», dado que se conjuga la preparación de escritos procesales (profundizándose en este sentido también en la competencia «Adquirir la capacidad de redactar escritos jurídicos») con las habilidades comunicativas requeridas en el desarrollo de una vista. Junto con ello, es también destacada la promoción de la competencia «Adquirir conocimientos básicos de la profesión», pues cada uno de los grupos o equipos encarna el trabajo de una tipología de personal interno y externo de la jurisdicción. De igual modo, la competencia «Conseguir la percepción del carácter unitario del ordenamiento jurídico y de la necesaria visión interdisciplinaria de los problemas jurídicos» se muestra presente, habida cuenta de que el desarrollo de una vista precisa de la no consideración las áreas del Derecho como compartimentos estancos, sino que debe trabajarse la interconexión entre el derecho procesal y el derecho sustantivo.

Como desventajas u obstáculos al desarrollo de esta tipología de gamificación analógica, el principal aspecto a destacar lo encontramos en la dificultad de llevar a cabo su implementación en grupos muy numerosos. De esta suerte, tanto la actividad de debate como la del juicio simulado se viene llevando a cabo como parte de la evaluación continua de las asignaturas Derecho Procesal Civil y Derecho Procesal Penal del Doble Grado DADE y el Doble Grado DEPO. En efecto, en cada curso académico, los alumnos matriculados en las respectivas dobles titulaciones no superaban los 30, en tanto que sobrepasaban los 80 en los grupos correspondientes al Grado en Derecho. Actividades como las analizadas requieren de un número limitado de participantes, habida cuenta de que tan sólo se dispone de una clase de dos horas para su desarrollo[12]. Un grupo numeroso de alumnos como el existente

12 De acuerdo con la distribución horaria aprobada para el Doble Grado DADE y el Doble Grado DEPO, la asignatura Derecho Procesal Civil se desarrolla a lo largo de 54 horas de

en el Grado en Derecho restaría efectividad a la práctica, pues se limitaría el tiempo y calidad de las intervenciones de aquéllos.

Asimismo, señalamos como punto crítico la fata de participación de parte del alumnado. Por más que se trate de prácticas evaluables, los alumnos con más reticencias a expresarse oralmente en público no se muestran lo suficientemente incentivados para mejorar esta habilidad. En fin, como última consideración, tanto el debate con preparación previa como el juicio simulado pueden acabar convirtiéndose en una suerte de «representación teatral», al ponerse los alumnos de común acuerdo en cuanto a las réplicas y contrarréplicas lo que, a la postre, resta naturalidad a unos ejercicios que pretenden asimilarse a la realidad.

12.3. *Gamificación* online

Comentamos a continuación la experiencia en la utilización de juegos online para el proceso de enseñanza-aprendizaje. A estos efectos, distinguimos entre aquellos que pueden ser desarrollados por el alumnado en diferido, esto es, fuera de las horas lectivas, de aquellos otros cuya realización se dará en las aulas como un ejercicio práctico adicional.

12.3.1. Juegos online

Con respecto al primer grupo, hemos podido manejar la aplicación H5P, la cual consiste en un complemento de Moodle (sistema de gestión en el que se inserta la plataforma UBUVirtual) para la creación de contenidos interactivos, tanto de difusión de información como de ejercicios a responder por el alumno. En este último elenco se incluyen, entre muchas otras hasta un total de cuarenta, opciones como preguntas de verdadero o falso, cuestiones de respuesta múltiple, ensayos, gráficos, tarjetas, juegos de cartas, emparejamiento de imágenes, crucigramas, juegos de memoria, elección de imágenes o arrastres de palabras. Todos estos juegos son editables por el profesor, permitiendo crear numerosas presentaciones de preguntas y ejercicios que incentiven al alumno a su resolución mediante la adición de un reto añadido, como la competición entre compañeros por conseguir más puntos, la cumplimentación de misiones o la obtención de transacciones o beneficios.

En nuestro caso, utilizamos la aplicación en el cuarto curso del Grado en Derecho, en la asignatura Derecho Procesal Civil. Ello por cuanto que el recurso a esta tipología de gamificación no se ve obstaculizado por la existencia de una

clase, de las cuales 12 se destinan a la realización de actividades prácticas. La parte práctica engloba tanto el debate o el juicio simulado, a la que se destina, respectivamente, un único día de clase, como la realización de presentaciones orales por parte de los alumnos, a lo que se destina la mayor parte de las horas.

elevada matrícula (unos ochenta alumnos en el curso analizado). Así, se editaron en la plataforma UBUVirtual diferentes actividades, como juegos de cartas en materia de competencia de los órganos judiciales en el orden civil, crucigramas con definiciones de ciertas figuras jurídicas o cuestionarios de respuesta múltiple. Estos ejercicios se fueron habilitando a medida que se avanzaba en el contenido de la asignatura, dejándolos abiertos a disposición del alumnado hasta la finalización del semestre. Los mismos pudieron realizarse de forma voluntaria, no tomándose en consideración para la evaluación final su realización ni, en su caso, el resultado obtenido en el juego.

Tratándose de ejercicios a realizar fuera del tiempo de clase y de manera totalmente voluntaria, lo cierto es que los resultados de participación no fueron los deseables. De los casi ochenta alumnos matriculados en la asignatura, apenas el cinco por ciento realizaron alguno de los juegos. De entre ellos, el juego que más interés suscitó fue el cuestionario, tal vez como forma de preparación o ensayo del examen parcial de la asignatura, consistente en un test.

En relación al segundo grupo de juegos, esto es, el realizado durante las horas lectivas, hemos empleado las ya clásicas aplicaciones de *Quizz* y *Kahhot*. En ambos casos, se trata de aplicaciones externas que cuentan con versiones gratuitas para la confección de cuestionarios de respuesta única o múltiple. Por medio de un código QR o de un enlace facilitado por el profesor, el alumnado puede acceder al mismo y realizarlo en tiempo real, proporcionándose con posterioridad las respuestas correctas y ofreciendo una estadística del grado de acierto de la clase. De igual forma, la configuración permite diseñar un juego competitivo en el que las respuestas acertadas se valoran con puntos. En cuanto que forma de insertar el uso de los smartphones en las aulas, se aprecia un elevado grado de participación, siendo que todos los alumnos presentes en el aula participaron en la actividad. Además, el hecho de competir por la obtención del mayor número de puntos incentivó un mayor intento de acertar las respuestas. Como señala Prieto Andreu, *«la gamificación se presenta en la literatura como una innovación pedagógica que puede aumentar el compromiso, la motivación y el aprendizaje. Merquis (2013) indica que la gamificación en educación puede aportar a los estudiantes mejores oportunidades para desarrollar habilidades de compromiso (haciéndoles más interesados por lo que están aprendiendo), flexibilidad (flexibilidad mental y habilidades de resolución de problemas), competición (permitiendo a los estudiantes aprender de sus errores y no a ser penalizados por ellos) y colaboración (local y en línea)»*[13].

En cualquier caso, los resultados obtenidos no fueron objeto de valoración en la evaluación de la asignatura, considerándose a todos los efectos como una actividad voluntaria pese a su realización durante las horas de docencia.

13 Prieto Andreu, J. M., «Una revisión sistemática sobre gamificación, motivación y aprendizaje en universitarios», *op. cit.* p. 79.

12.3.2. Resultados: ventajas y desventajas

Como se ha comentado *ut supra*, la principal ventaja de este modelo de gamificación es la posibilidad de hacer partícipes a un elevado número de alumnos, con independencia de que los ejercicios se desarrollen o no durante las horas de docencia. Ahora bien, el éxito en cuanto a su utilización como forma de reforzar conocimiento depende única y exclusivamente de la implicación del propio alumnado. A la vista del escaso número de estudiantes que realizaron los ejercicios de H5P, puede concluirse que existe un escaso interés por las actividades no estrictamente evaluables. Tal vez por la excesiva carga de trabajo derivada de la evaluación continua impuesta por el Plan Bolonia, que somete al alumnado al ejercicio de prácticas constantes en las diversas asignaturas, o tal vez por una falta de interés o estudio en la materia, lo cierto es que sólo cabe inferir que son preferibles las técnicas de gamificación que puedan realizarse en el aula.

Con respecto a estas últimas, sí se observa una predisposición del alumnado a su realización. El uso de herramientas como *Quizz* o *Kahhot* supone romper la dinámica habitual de clases teóricas, captando la atención del alumnado y haciéndolos partícipes de su aprendizaje[14]. La resolución de cuestionarios por esta vía sirve, en adición, de ensayo del examen tipo test, pudiendo conocer los alumnos la forma en que se estructuran y redactan las preguntas o el tipo de éstas.

12.4. Conclusiones ¿cómo valoramos la *gamificación*?

Expuestas las prácticas anteriores, procede a continuación ofrecer, a modo de conclusión, una valoración de la gamificación en la enseñanza del Derecho Procesal. A estos efectos, tratamos de dar respuesta a una serie de preguntas.

---

14 Blanco García, A. I., Borges Blázquez, R., Luis García, E. y Simó Soler, E., «Gamificación y derecho procesal: ¿diversión o perversión?», *Revista de Innovación y Buenas Prácticas Docentes*, 2020, núm. 9-2, pp. 46-60, esp. pp. 49-50, donde se añade que *«la consolidación de conocimientos a través de la herramienta se refuerza si, tras la finalización del juego, se dedica un espacio de tiempo a comentar y debatir con los/las estudiantes el motivo para elegir una u otra respuesta y explicar los errores que se hayan podido cometer, a partir del feedback inmediato que ofrece la propia plataforma»*(...) *«A todo ello debe sumarse la enorme utilidad de la información que el/la docente recoge de los informes que elabora automáticamente la plataforma Kahoot, no solamente en lo relativo a la participación y resultados individuales de cada alumno/a, sino respecto de los conceptos que menos asimilados tienen los/las estudiantes (esto es, las preguntas en las que mayores errores se registran), así como aquellos que están más consolidados e incluso si la redacción de alguna pregunta no es clara o adecuada para los objetivos del juego por ofrecer unos resultados que no corresponden con la realidad»*.

En primer lugar, ¿observamos realmente un aumento de la implicación del estudiantado? En nuestra experiencia, los alumnos se muestran poco proclives a la realización de tareas voluntarias, esto es, que no tienen reflejo alguno en la calificación de la asignatura. Como hemos puesto de manifiesto al analizar la gamificación por medio de la aplicación H5P, el número de estudiantes que realizaron los ejercicios propuestos fue escasamente significativo. Empero, cuando se trata de actividades insertas en el desarrollo de la asignatura, independientemente de que sean evaluables (debate y juicio simulado) o no (*Kahhot* y *Quizz*), sí se constata una implicación y un esfuerzo porque su resultado sea óptimo. Puede realizarse un examen test a través de una aplicación *online*, pero ¿realmente eso sería una gamificación? En este supuesto, no estaríamos más que utilizando un cuestionario online como actividad sustitutiva de un cuestionario en papel.

Coincidimos en este sentido con CARRERAS cuando afirma que «*En la gamificación de las actividades escolares y académicas, esta participación voluntaria es un factor que se pone en cuestión en la medida en que utilizamos el juego (o algunos de sus elementos) para realizar actividades de participación o de evaluación no optativas. Aunque la libre participación se ha presentado como una característica necesaria del juego, en el planteamiento gamificador de las aulas ha pasado a ser una característica secundaria. Habría que reflexionar si esto llega a poner en cuestión el carácter lúdico de la actividad gamificada: ¿deja de ser un juego? Parece que perder la condición de voluntario es perder también la condición de "juego"*» [15].

Ello nos lleva a la segunda cuestión de si la gamificación debe ser calificada como un ejercicio práctico más de la asignatura. En nuestra opinión, ello desvirtúa en cierto modo el sentido de esta técnica de estudio-aprendizaje, habida cuenta de que su finalidad es romper con la dinámica habitual de clases estrictamente teóricas para dinamizar la asignatura al tiempo que el alumno desarrolla una habilidad o conocimiento determinado. La atribución a estos juegos de un porcentaje en la nota final es, como hemos comentado en el párrafo anterior, la manera de estimular su realización, pero sería desde luego deseable que la intervención de los alumnos fuera independiente de la obtención de una calificación numérica.

Como tercera cuestión a plantear, ¿mejor la gamificación la retención de conocimientos? La respuesta no puede sino ser afirmativa. Como resulta lógico, el resultado del juego a estos efectos estará condicionado por el grado de compromiso de cada alumno en su propio aprendizaje, pero sí encontramos que la inserción de esta tipología de prácticas favorece una mayor comprensión de los contenidos de la asignatura, bien sea por la necesidad de comprender los argumentos que se aducirán en un debate o en un juicio simulado, bien sea para responder con ciertas garantías los cuestionarios y

---

15 CARRERAS, C., «Del homo ludens a la gamificación», *op. cit.*, p. 112.

ejercicios online. La traslación de los contenidos teóricos a supuestos de hecho concretos permite no sólo dejar atrás la consideración de las ramas del ordenamiento jurídico como compartimentos estancos, sino también inspirar un aprendizaje basado en la comprensión y no en la mera memorización de contenidos, lo cual, a su vez, optimiza la retención de lo aprendido.

En fin, ¿qué problemática puede plantearse en la gamificación de la asignatura? Ha de prestarse especial atención al logro de un equilibrio entre lo lúdico y lo formativo. Como hemos indicado al inicio del presente trabajo, «juego» no debe confundirse con «jugar», siendo así que los ejercicios o actividades planteadas no deben tener por finalidad (o al menos por finalidad única) el entrenamiento, sino el cambio de dinámica hacia un aprendizaje más participativo. En este sentido, no puede perderse el foco sobre los contenidos esenciales de la asignatura. En adición, debe valorarse que los juegos no impliquen un coste en términos de tiempo que no venga acompañado de resultados suficientes en la formación del alumnado, tanto desde el punto de vista de la preparación por parte del profesor, como desde la perspectiva de las horas de clase que se requieren, en su caso, para su realización.

12.5. Bibliografía

Armengot Villaplana, A., «La metodología docente en la simulación de un proceso», en M. Turull i Rubinat y E. Albertí Rovira (eds.), *74 experiencias docentes del Grado en Derecho*, Octaedro ICE-UB, Barcelona, 2016, pp. 33-36.

Blanco García, A. I., **Borges Blázquez, R.**, **Luis García, E.** y **Simó Soler, E.**, «Gamificación y derecho procesal: ¿diversión o perversión?», *Revista de Innovación y Buenas Prácticas Docentes*, 2020, núm. 9-2, pp. 46-60.

Borras, Gené, O., *Fundamentos de la gamificación*, Universidad Politécnica de Madrid, Madrid, 2015, pp. 1-33.

Carreras, C., «Del homo ludens a la gamificación», *Quaderns de Filosofia*, 2017, núm. 4-1, pp. 107-118.

Deterding, S., **Dixon, D.**, **Khaled, R.** y **Nacke, L.**, «From game design elements to gamefulness: defining gamification», *Proceedings of the 15th International Academic MindTrek Conference: Envisioning Future Media Environments*, 2011, pp. 9-15.

Esteban García, L. y **Ortega Gutiérrez, J.**, «El debate como herramienta de aprendizaje», en *VIII Jornada de Innovación e Investigación Docente 2017*, pp. 48-56.

Herranz, E. *Gamification*, I Feria Informática – Universidad Carlos III Madrid España, Madrid, 2013, disponible en https://uadedigital.wordpress.com/wp-content/uploads/2014/08/gamification-techfest2013-eduardoherranz-slideshare-130221043508-phpapp02.pdf

Llopis Nadal, P., «La simulación de juicios como actividad de innovación docente del Grado en Derecho», *Anuario da Facultade de Dereito da Universidade da Coruña*, 2020, núm. 24, pp. 222-230.

López Picó, R., «La simulación de judicial como técnica de innovación docente en la enseñanza del Derecho Procesal», en C. Sánchez Hernández (coord.), *Aprendizaje colaborativo y técnicas de simulación*, Tirant lo Blanch, Valencia, 2020, pp. 345-351.

Orihuela Gallardo, F. y **Sierra Casanova, C.**, «Una experiencia de innovación docente: el debate académico en Administración de Empresas», *Revista de Estudios Socioeducativos*, 2020, núm. 8, pp. 64-79.

Prieto Andreu, J. M., «Una revisión sistemática sobre gamificación, motivación y aprendizaje en universitarios», *Revista Interuniversitaria*, 2020, núm. 32-1, pp. 73-99.

Rodríguez Prieto, R., «El debate como estrategia de innovación docente. Experiencias en Filosofía del Derecho y Teoría de la Cultura», *Revista UPO Innova*, 2012, núm. 1, pp. 493-503.

Sánchez, G., «El debate académico en el aula como herramienta didáctica y evaluativa», en *IV Jornadas Internacionales de Innovación Universitaria. Métodos docentes afines al EEES* 2007.

Vicario Pérez, A. M., «La práctica del debate en el aula. Modalidades y resultados en el aprendizaje del Derecho procesal», en J. Martínez Calvo y M. V. Mayor del Hoyo (dirs.), *La comunicación en el aprendizaje jurídico*, Aranzadi, Cizur Menor, 2023, pp. 449-456.

Made in United States
Cleveland, OH
05 November 2026

47659892R00114